नंगातलाई का गाँव

(स्मृति-आख्यान)

नंगातलाई का गाँव

(स्मृति-आख्यान)

विश्वनाथ त्रिपाठी

राजकमल प्रकाशन

ISBN : 978-81-267-0876-5

मूल्य : ₹ 350

पहला संस्करण : 2004
तीसरा संस्करण : 2016

प्रकाशक : राजकमल प्रकाशन प्रा. लि.
1-बी, नेताजी सुभाष मार्ग, दरियागंज
नई दिल्ली-110 002

शाखाएँ : अशोक राजपथ, साइंस कॉलेज के सामने, पटना-800 006
पहली मंजिल, दरबारी बिल्डिंग, महात्मा गांधी मार्ग, इलाहाबाद-211 001
36 ए, शेक्सपियर सरणी, कोलकाता-700 017

वेबसाइट : www.rajkamalprakashan.com
ई-मेल : info@rajkamalprakashan.com

मुद्रक : बी.के. ऑफसेट
नवीन शाहदरा, दिल्ली-110 032

NANGATALAI KA GAON
by Vishwanath Tripathi

छोटके काका
भरत किशोर तिवारी को

भूमिका

यह किताब मेरे गाँव के बारे में है। जैसा कि मैं अपने गाँव को जानता हूँ। बोला मैंने है, लिखा बिसनाथ ने। कहीं-कहीं बिसनाथ ने जानबूझ कर इसकी भाषा को किताबी बना दिया है। बिसनाथ को लेखक बनने-कहलाने का शौक है, सो हमने कहा—अपने नाम से छपवा लो। सौ फीसदी सच कौन बोल सकता है ! बहुत बातें सुनी-सुनाई हैं। हाँ, जान-बूझकर किसी का दिल नहीं दुखाया।

नंगातलाई
पच्छूँ टोला, गाँव-बिस्कोहर
जिला-सिद्धार्थ नगर
उत्तर प्रदेश

9.11.2003
कतकी नहान
दिन सनीचर

दूसरे संस्करण की भूमिका

अपने गाँव के बारे में जो कहा उसे लोगों ने पसंद किया। जनकदुलारी काकी जरूर गुस्साईं। कुदूदन काका ने अब्बदुल अजीज़ की मौजूदगी में उन्हें पढ़कर सुनाया। सुनकर बोलीं—हमने अपना समझकर उन्हें बताया। चारों ओर गन्धवाने की का पड़ी रही। गाँव के बारे में किताब छपी। इससे गाँव के पढ़कुए खुस हैं। खुस तो हम भी हैं लेकिन मगनामगन बिसनाथ हैं। बोले आगे का हाल भी लिखवाइए। खास तौर पर दलितों और बेड़िनों का। हमने कहा—तारीफ़ी से ज़्यादा उछलो मत। वो भी बोल देंगे। छपवा लेना।

नंगातलाई

क्रम

नंगातलाई का गाँव

बिसनाथ को अपने गाँव की याद छाया देती है। बचपन में रहे हुए या देखे हुए गाँव की स्मृति बिसनाथ के लिए बहुत कुछ माँ-बाप की गोद या प्रेमिका की आँखों की उस शीतलता की तरह है जिसके बारे में फ़िराक साहब ने कहा है :

ये ज़िन्दगी के कड़े कोस याद आता है
तेरी निगाहेकरम का घना-घना साया।

पूर्वी उत्तर प्रदेश बस्ती जिले (अब सिद्धार्थ नगर) में गाँव है—बिस्कोहर। यह हिमालय की तलहटी में बसा हुआ है। तराई का क्षेत्र है। अगर आप बिसनाथ के घर के सामने खड़े हो जाएँ तो आपको बहुत दूर तक हिमालय की चोटियाँ दिखलाई पड़ेंगी। बरसात के बाद जब शरद आता है तो वे चोटियाँ, गहरे नीले रंग की लम्बी माला-सी दिखलाई पड़ती हैं। गरमी में, वे पहाड़ की चोटियाँ कभी-कभी बहुत भयंकर दृश्य उपस्थित करती हैं। अधिकांश लोगों ने दावाग्नि या दावानल का केवल नाम सुना होगा। बिसनाथ ने दावाग्नि देखी है। बचपन में जब बड़ी गरमी पड़ती थी और रात को जब बिसनाथ पहाड़ की ओर देखते थे तो उसमें जगह-जगह अग्निचक्र होते थे, जैसे एक साथ, एक निगाह में बीस अग्निचक्र दिखलाई पड़ रहे हों। पूछते तो अम्मा या गाँव के और लोग बताते कि पहाड़ में आग लगी है। पहाड़ पर जंगल था और यह आग दावाग्नि थी। दावाग्नि चक्र में होती है। एक निश्चित क्षेत्र चारों तरफ से आग में घिर जाता है। उसके अन्दर पशु-पक्षी, हाथी से लेकर चींटी तक कुछ नहीं बचता, सब समाप्त हो जाता है। दिल्ली शहर की गरमी चाहे जितनी भीषण हो, गाँव में जो पहाड़ का दृश्य दिखलाई पड़ता था उसकी तुलना में कुछ नहीं है। लोग कहते हैं कि समुद्र में भी बड़वानल होता है, उसे तो बिसनाथ ने नहीं देखा। लेकिन गरमी में समुद्र का गर्जन किसी घायल शेर की कराह जैसा लगता है।

गाँव में गरमी का नाम लेते ही बिसनाथ को अपनी फुलवारी में लगा इमली का पेड़ याद आता है। वे तिवारी खानदान के हैं और वह फुलवारी, तिवारी फुलवारी कहलाती थी। यहाँ फुलवारी का मतलब केवल फूल नहीं है। वह

फुलवारी बहुत बड़ी थी। करीब दस बीघा क्षेत्र में कई तरह के पेड़ लगे थे, जैसे बेर, आम, शरीफा, आँवला, बाँस, बेल, नींबू, केला, अमरूद, जामुन इत्यादि। बीच में तालाब था। कुआँ भी था उसमें। चैत-बैसाख में जब बेल में फूल आते थे, सफेद बेला नहीं, बिल्व फल—उसके फूल की जैसी ख़ुशबू होती है वैसी मादक वन्य ख़ुशबू शायद ही किसी अन्य फूल की होती हो। उस बेल के फूल की ख़ुशबू फुलवारी में आती। इमली का वह पेड़ बहुत छायादार और विशाल था। गरमी के दिनों में, बिस्कोहर में व्यापारिक उद्देश्य से बैलगाड़ी वाले आते थे। कम-से-कम पचास-साठ बैलगाड़ियाँ उस इमली के पेड़ के नीचे आ जाती थीं। वह इतना सघन था कि एक पत्ते के नीचे दूसरा पत्ता ही दिखलाई पड़ता था। उसके नीचे खड़े हो जाएँ तो लगता था जैसे पत्तों से कोई विशाल मकान छाया हुआ है। उसके नीचे धूप कभी नहीं आती थी। बिसनाथ उसमें बहुत खेलते। बड़ी बहन भी अपनी सहेलियों के साथ उसमें खेलती, झूला डालती। कभी-कभी डराने के लिए चुड़ैल बनती। उसका चुड़ैल बनने का तरीका ये था कि उपने सिर के अगले हिस्से के बाल नाक के ऊपर से मुँह पर लाकर दाँतों से दबा लेती थी और मिनमिनाकर बोलती। बिसनाथ डर जाते। गरमी में उस इमली के पेड़ के नीचे मोहल्ले के सभी लोग आ जाते।

वह जमाना ऐसा था जब गाँव के लोग फल वगैरह बेचते नहीं थे। घर के पास काफी गरीब मुसलमानों की बस्ती थी। गरीब सिर्फ मुसलमान ही नहीं थे, लेकिन उस मोहल्ले में ज़्यादातर कुँजड़े रहते थे। उनके बच्चे फुलवारी में आ जाते थे और बेल, आम, बेर, आँवला, इमली तोड़कर खाते थे। यह एक रिवाज-सा था। जब तिवारी परिवार का कोई आदमी जाता तो उन बच्चों को डाँटकर या गाली देकर भगा देता। बस इतना ही। उनको मारा कभी नहीं जाता था। तब कोई सोच भी नहीं सकता था कि इन फलों से किसी तरह की आमदनी भी की जा सकती है।

उस इमली के पेड़ को दादा यानी पिताजी ने कटवा दिया। बिसनाथ को अपने दादा की जो बात सबसे ख़राब लगी वह यही कि उन्होंने वह इमली का पेड़ कटवा दिया। मोहल्ले भर के, गाँव भर के सब लोगों ने भी इस बात का बुरा माना। लेकिन दादा का तर्क था कि (वह स्वतन्त्रता मिलने के बाद का समय था) वे पेड़ कटवाकर उस जमीन पर खेती शुरू करेंगे। दूसरी बात ये कि इमली का पेड़ बड़ा चीमर पेड़—बड़ा मजबूत पेड़ होता है। ईंट के भट्टे के लिए सबसे उपयुक्त लकड़ी इमली के पेड़ की होती है। दादा ने अपना नया मकान बनवाया तो उस पेड़ को कटवा करके उससे ईंटें बनवायी थीं। उन्होंने उसकी बहुत-सी लकड़ी बेची

भी होगी क्योंकि वह एक भट्टे ईंट से बहुत ज़्यादा थी।

वह पेड़ बिसनाथ के रक्त में रहता है। बरसात के दिनों में उसमें फूल आते थे। इमली, उसके फूलों और उसके पत्तों की चटनी बनती थी।

गाँव में कुएँ और मन्दिर बहुत हैं। एक बार जब पंडित हजारीप्रसाद द्विवेदी ने बिस्कोहर नाम सुना तो उन्होंने कहा कि 'बिस्कोहर' ? फिर मन में कुछ मुनमुनाकर बोले—'विंशकूपधर' यानी बिस्कोहर गाँव में बीस कुएँ रहे होंगे। प्राचीनकाल में गाँवों के नाम इस बात पर भी रखे जाते थे कि उनमें कुएँ कितने हैं। बिसनाथ ने कहा कि 'पंडित जी हमारे गाँव की बगल में एक गाँव है—सिकटोहर'। उन्होंने कहा कि 'वह शतकूपधर—वहाँ सौ कुएँ रहे होंगे। बिसनाथ ने फिर कहा कि 'पंडितजी एक गाँव है डेंगहर'। तो वे हँसने लगे और कहा कि 'ये मैं नहीं बता पाऊँगा'।

असल में, बिस्कोहर ऐसा गाँव है जो नवाबों के जमाने में यानी 1857 से पहले नेपाल से व्यापार का केन्द्र था। वह बूढ़ी राप्ती के किनारे है जो कभी व्यापार का रास्ता रही होगी। जगदम्बा पंडित 'जगेश' ने बूढ़ी राप्ती पर एक कविता लिखी थी जिसकी एक पंक्ति है—

तेरी धारा में ऐ सरिते। पटना तक नावें चलती थीं।

"दक्खिन में एक विशाल तालाब पूरे बाज़ार के आकार के सामांतर फैला था, जिसे 'सगरा' कहा जाता। उसमें 'तिन्ना' होता जिसे बाबू साहेब (ज़मींदार) का हाथी खाता। चिड़ियाँ बड़ी संख्या में उतरतीं। उन्हें फँसाकर बेचते। सगरा में कहीं-कहीं पक्के घाट भी, टूटे-फूटे मिलते थे। अल्हैत बड्डे महाराज लौंडो को समझाते—"तू लोग जानौ का। अरे इसी बिस्कोहर में सोनभद्र बहती थी—कलिजुग में सूख गई। वही सगरा है—'सौ-सौ हाथी भुजदंडन पर तौलै सोनभद्र के तीर' मलखान यहीं डंड-बैठकी लगाता थां।"

गरमी में जब कुएँ रो पानी भरा जाता था तो पानी भरने वाले से कहा जाता कि "भई ऐसा करना कि मेघा के तरके पानी लाना।" गाँव में मेघा, मेंढ़क को कहते हैं। 'मेघा के तरके पानी लाना' का मतलब है—बहुत गहराई से पानी लाना। गरमी में अक्सर लोग जाकर, उबहन से पानी निकालकर गगरा भर-भरके हर-हर करके नहाते रहते थे। कई लोग एक साथ नहाते थे।

कुएँ के मुकाबले जहाँ ज़्यादा सार्वजनिक रूप से गरमी का ताप दूर किया जाता था वे थे—पोखरे। गाँव में पोखर बहुत थे। बिस्कोहर जैसे कस्बे में छह-सात पोखर थे। तालाब तो और ज़्यादा रहे होंगे। बिसनाथ और दूसरे लोग गरमी की दोपहर पोखर में घंटों पड़े रहते थे और नाना प्रकार के खेल खेलते थे। पोखर के

या तालाब के बहुत खेल होते हैं। जैसे घुड़दौड़ होती है, दौड़कर एक दूसरे को पकड़ने का खेल होता है वैसे ही पोखर में, तालाब में या नदी में भी एक दूसरे को पकड़ने का खेल होता है, ऐसा खेल पेड़ पर चढ़कर भी होता है जिसे लच्चीडारी कहते हैं। वे सब बहुत खतरनाक खेल हैं। शायद यही वजह है कि गाँव में बहुत से लड़के ऐसे होते थे जो लूले-लंगड़े होते थे। किसी का कुछ टूटा होता, किसी का कुछ। पेड़ पर बन्दर की तरह चढ़ना और इस डाली से उस डाली पर कूदना, एक दूसरे को पकड़ना। हर साल कम से कम छह-सात लड़के पेड़ से गिरकर मरते थे। जामुन के पेड़ की डाल बड़ी कच्ची डाल होती है इसलिए जामुन के पेड़ से लड़के अक्सर गिरकर मरते थे। जामुन पकना शुरू होता है जून में। पानी गिरते ही तो सब खत्म हो जाता है। पूरब में जामुन बहुत बड़ा-बड़ा होता है जिसे फरेन्दा कहते हैं। बाबू चिखरू सिंह का लड़का जामुन के पेड़ से गिरकर मरा था।

आम के पेड़ के नीचे लेटते थे। बैठे आराम करते थे। गप्प लगाते थे। गुल्ली-डंडा खेलते थे। वहाँ शतरंज तो नहीं होता था लेकिन सोरागोटी होती थी--कंकड़ पत्थर लेकर जो खेला जाता है। वहीं पर आम तोड़कर खाते थे, झगड़ा करते थे, तमाम प्रकार की गालियाँ सीखते थे, इधर-उधर की बातें सुनते थे। आल्हा भी उन्हीं दिनों शुरू हो जाता था। कजली-चैती भी शुरू हो जाती थी। वयप्राप्त किशोर प्रेम इत्यादि वहीं शुरू करते थे। प्रेम का कांड किशोरों में कम होता था अधेड़ लोगों में ज़्यादा। बाग में बहुत लोग इकट्ठा होते थे। कहीं-कहीं किनारे कोई प्रेमलीला भी चला करती थी जिसे सब लोग देखते रहते थे। इस तरह इमली, आम जामुन के पेड़ के नीचे बैठकर लोग जैसे गरमी को भूल जाते थे।

प्रसंग पोखरों का चल रहा था। लोग कोशिश करते थे कि बड़ी देर तक पोखर में रहें। गाँव में पोखर का कितना उपयोग होता था ये आज सोचने पर बड़ा अजीब और आश्चर्यजनक लगता है। वह स्मृति का एक सुखद लोक भी लगता है। लोग कहते थे कि कुएँ के पानी से नहीं, पोखर के पानी से दाल गलती है। ज़्यादातर औरतें पोखर से पानी लाकर दाल बनाती थीं। पोखर की चिकनी मिट्टी से सिर धोया जाता था। इससे शीतलता आती थी। जैसे भुने कच्चे आम से सिर धोने पर शीतलता मिलती है। पोखर पर कपड़े भी धोये जाते थे लेकिन साबुन से कपड़े धोना बहुत विलास का काम माना जाता था। जो लोग साबुन से अपने कपड़े धोते थे, उनको आवारा या शोहदों की संज्ञा दी जाती थी। बड़े लोग अपने कपड़े धोबी से धुलवाते थे।

प्रायः उन पोखरों के साथ कोई मन्दिर होता था। पत्थर की सीढ़ियाँ होती थीं, बुर्ज होते थे। उन बुर्जो से लोग पानी में कूदते थे। बिसनाथ जैसा डरपोक लड़का

भी बुर्ज से चार-पाँच बार पानी में कूदा है। वहाँ मछली मारना मना था बल्कि कभी-कभी धार्मिक लोग ऐसा करते थे कि किसी मछली को पकड़कर उसे नथुनी पहना देते थे। जो पैसे वाले होते थे वे सोने की नहीं तो पीतल की नथुनी। फिर मछली को सिंदूर लगाकर पानी में ही छोड़ देते थे। मछली तालाब से मारी जाती थी।

लोग पोखर में इतनी देर तक रहते थे कि जब बाहर निकलते तो हाथों की उँगलियों की चमड़ी सिकुड़ जाती थी। जिस लड़के की चमड़ी सबसे ज़्यादा सिकुड़ जाए वह अपने आपको बहुत प्रभावशाली या हीरो जैसा मानता था। इसलिए सब एक-दूसरे से स्पर्धा करते थे कि किसकी चमड़ी ज़्यादा सिकुड़ती है। जब पेड़ के नीचे जामुन खाते तो एक-दूसरे को ज़बान दिखा-दिखाकर स्पर्धा करते कि किसकी ज़बान ज़्यादा काली हो गई है।

पोखर में नहाने के किस्से के साथ बिसनाथ के जीवन की एक घटना जुड़ी हुई है। बच्चे पौंड़ते थे। पौंड़ना का अर्थ है तैरना। बिसनाथ भी पौंड़ना सीखना चाहते थे। लेकिन तैरना सिखाए कौन ? पोखर में, थोड़ी दूर आगे जाकर पानी गहरा था। बिसनाथ आठ-नौ साल के रहे होंगे, एक थे—दुर्बल पंडित जो बिसनाथ के स्कूल में पढ़ते थे। दुर्बल पंडित अपनी टोली में सबसे बलशाली थे। जब किसी दूसरे स्कूल के लड़कों से झगड़ा होता तो दुर्बल पंडित ही उनसे पंजा लड़ाते थे, उनको मारते थे। दुर्बल पंडित खेल में चिक्का बने थे और उनकी टाँग टूट गई थी। दुर्बल पंडित से बिसनाथ ने कहा कि हमें भी पौंड़ना सिखा दो। उन्होंने कहा 'ठीक है हम तुम्हें पौंड़ना सिखा देते हैं'। उस पोखर में पानी हमेशा भरा रहता था। बीच में एक खम्भा था। बच्चों से यह कहा जाता था कि जहाँ खम्भा है वहाँ पातालफोड़ गहराई है। उसे चन्द्रफोड़ भी कहा जाता था यानी चन्द्रमा से भी ऊँचा। कहते थे कि यह खम्भा रात में पाताल से भी नीचे और चन्द्रमा से भी ऊपर चला जाता है। दुर्बल पंडित यहाँ से डुबकी मारते थे और पानी के अन्दर ही अन्दर तैरते हुए खम्भे के पास निकलते थे। फिर वहाँ से डुबकी मारकर यहाँ चले आते थे। उन्होंने बिसनाथ से कहा कि तुम दोनों हाथों से मेरी पीठ को कसकर बाँध लो। बिसनाथ ने दुर्बल पंडित की पीठ को दोनों हाथों से अच्छी तरह पकड़ लिया और उनकी पीठ पर लेट गए। वे डुबकी मारकर चले और खम्भे के पास जा निकले। खम्भे को पकड़कर थोड़ी देर साँस ली, बिसनाथ उनकी पीठ पकड़े रहे। फिर डुबकी मारकर वहाँ से लौटे। जब वे लौट रहे थे तो रास्ते में बिसनाथ के हाथ उनकी पीठ से छूट गये। ये मुश्किल से एक-दो सेकंड की बात रही होगी। बिसनाथ घबराए। घबराकर दोनों हाथ आगे बढ़ाए तो उनका जनेऊ

हाथ में आ गया। दुर्बल पंडित के पिताजी पुरोहिताई करते थे। बहुत मोटी जनेऊ पहनते थे। उनकी चुटिया गोपद के बराबर होती थी और जनेऊ बहुत तगड़ा होता था। उस जनेऊ को जब पकड़ा तो वह टूटा नहीं। बिसनाथ ने फिर उनकी पीठ पकड़ ली। बाहर आए। दुर्बल पंडित को इस बात का पता नहीं चला क्योंकि पानी के अन्दर वजन के होने न होने का पता नहीं चलता। बिसनाथ डरे। फिर दोबारा उनकी पीठ पर चढ़कर पानी में नहीं गए। लेकिन पौंड़ना सीख गए। अब वे तैर सकते हैं, नदी में भी तैर सकते हैं। त्रिलोचन शास्त्री और नामवरजी तो बहुत बड़े तैराक हैं। बिसनाथ उतने नहीं हैं, लेकिन गंगा में भी तैरे हैं।

गाँव में गरीब मुसलमानों, कुँजड़ों की बहुत बड़ी आबादी है। करीब पचास प्रतिशत से ज़्यादा आबादी मुसलमानों की होगी और प्रधान हमेशा गाँव का कोई मुसलमान ही होता है। अब तक भी बिस्कोहर में कोई नहीं सोच सकता कि हिन्दू-मुसलमान का झगड़ा भी हो सकता है। ये कोई रोमान्टिक कल्पना नहीं है। वहाँ सचमुच, मोहर्रम के जलूस में मुसलमानों से कहीं ज़्यादा हिन्दू हिस्सा लेते हैं। जब कोई मस्जिद बनती है तो उसके लिए सब पैसा देते हैं। रामलीला की व्यवस्था बुद्धू प्रधान करते थे। मन्दिर बनाने के लिए मुसलमान भी पैसा देते हैं। आल्हा ज़्यादातर बरगदवा के पठान गाते हैं, बरगदवा एक गाँव का नाम है। बिसनाथ ने जो आल्हा अपने बचपन में सुना है, वह घुट्टाहे से सुना है। गरमी में, गाँव के कुँजड़े तरबूज और खरबूजे की खेती करते थे। तरबूज और खरबूजे नदी के किनारे होते हैं। इसलिए कुँजड़ों की पूरी आबादी गरमी में नदी किनारे चली जाती थी। वे वहाँ से तरबूज, खरबूजे, ककड़ी और फूट लाते थे। फूट को कांकर कहते हैं। ककड़ी से बड़ी होती है इसलिए कांकर। वे कुँजड़े दूसरी जगह किसी मंगल बाज़ार में तरबूज इत्यादि बेचते भी थे लेकिन उनके तरबूज और खरबूजे की लगभग वही स्थिति थी जो तिवारी फुलवारी के बेल, आम, आँवला, शरीफा और इमली की थी। अगर उनके खेत में चले जाते तो वे खूब खिलाते। गाँव में आकर भी जवार, मोहल्ले के लोगों को मुफ्त दे देते थे।

उन दिनों शराब केवल चार-पाँच लोग ही पीते थे और वे साहब लोग थे, ज़मींदार थे। या गाँव के पच्छूँ टोले के बेड़िये कभी-कभी शराब पीते थे। चुपचाप माँस-मछली तो खाया जाता था लेकिन चोरी-चोरी माँस-मछली खाने वाले ब्राह्मण भी शराब पीना अधार्मिक समझते थे। हाँ भांग बहुत व्यापक चीज़ थी। गाँव में भांग को खरीदना नहीं पड़ता। ऐसे ही घास-फूस की तरह उपजी रहती है। लोग जाते थे, झौआ भर भांग तोड़कर ले आते, सुखा देते और उसी का प्रयोग करते। गुड़, काली मिर्च और सौंफ का शरबत बनाकर उसमें भांग का गोला डालकर

पीते। गाँव के लोग कहते कि इससे बड़ी शीतलता आती है। गाँव में, फिर काशी में बिसनाथ ने भी इसका सेवन किया है। भांग कोई आदमी अकेले नहीं पीता था। शाम के समय बहुत कुछ सार्वजनिक उत्सव या समारोह के रूप में भांग पी जाती थी। भांग जब तैयार की जाती थी तो अनेक लोगों को अलग-अलग काम दिया जाता था। कोई भिगोने का काम करता था, कोई सिल-लोढ़ा लाने का काम करता था, कोई पीसता था, कोई गुड़ लाता था। करीब दस-पन्द्रह लोग मिलकर भांग पीते थे और मगन रहते थे।

इसके बाद भाँति-भाँति के शरबत थे। गाँव में शरबत बनाने में चीनी का इस्तेमाल नहीं होता था। शरबत ज़्यादातर गुड़ का बनता था। जो लोग गुड़ का शरबत पीते हैं, जानते हैं कि गुड़ का-सा सोंधापन किसी और चीज़ में नहीं होता। सौंफ और काली मिर्च के साथ गुड़ का संयोग बहुत अच्छा होता है। दही जिसे यहाँ छाछ या लस्सी कहते हैं, उसमें गुड़ डालकर शरबत बनाया जाता था। जो चीजें बिसनाथ को खाने-पीने में बहुत पसंद हैं और जिनका नाम आते ही उनका तन-मन विह्वल हो जाता है उनमें से एक यही है। तब ये नहीं था कि बर्फ के बिना ठंडक नहीं आती या ताप नहीं जाता, बिना बर्फ के भी चोला तर हो जाता था।

गुड़ के बाद जो चीज़ इस्तेमाल होती थी वह थी 'सेवारी शक्कर'। सेवारी शब्द का सम्बन्ध शैवाल से है। तालाब में जल की सतह पर जो वनस्पति उपजती है उसको शैवाल कहते हैं। जाड़े में उसे निकाल लिया जाता है। जब शक्कर बनकर तैयार हो जाती थी जो कि भूरे लाल रंग की होती थी, उसके ऊपर इस सेवार को रख देते थे। इससे शक्कर की तासीर बड़ी शीतल हो जाती थी। इसी को हमारे यहाँ सेवारी शक्कर कहते थे जिसमें से एक खास तरह की सुगंध आती थी। उस काल की सुगंधों की बात बड़ी है। वे सचमुच सुगंधें थीं—निसर्गदत्त सुगंधें। उस सेवारी शक्कर का शरबत बनता था।

पैसे वाले लोग बादाम की ठंडाई पीते। ठंडाई बड़ी ऊँची चीज़ होती थी। केवल सम्पन्न लोगों के यहाँ बनती थी। बिसनाथ के घर भी कभी-कभी बन जाती। उसमें खरबूजे का बीज होता। बादाम की गिरी होती। किशमिश मुनक्का भी डाला जाता था और सौंफ तो उसमें होती ही थी। गुलाब के पत्ते भी होते थे—ये सब मिलकर ठंडाई बनती थी जिसके नाम से ही प्रकट है कि वह ठंड करने वाली चीज़ है, शीतल पेय है। भांग की ठंडाई का तो क्या पूछना।

आम के पने को बिस्कोहर में अमझोरा कहते हैं। 'झोर' यानी झोल, बंगाली वाला झोल। अमझोरा का अर्थ हुआ आम का रसा। आम को भूनकर या

उबालकर उसमें गुड़ और पानी मिलाकर शरबत बनता था, गरीब लोग भी उसे पी सकते थे क्योंकि आम इफरात होता था। इमली का भी शरबत बनता था। बिसनाथ की अम्मा इमली का शरबत बहुत बनाती थीं जो बड़ा स्वादिष्ट होता था। नींबू और पुदीने की शिंकजी के बारे में तो सब लोग जानते ही हैं। दीवारें मिट्टी की होती थीं और छप्पर की छावन होती थी। उसमें गरमी के ताप की भीषणता नहीं होती थी। ज़रा-सी भी हवा चलती तो उसमें आकर कैलाशी हवा का-सा सुख़ देती।

गरमी में सबसे बुरी हालत औरतों की होती थी। अवर्ण, गरीब, निम्नतम वर्ग की औरतों की नहीं, मध्यवर्ग के बनियों, लालाओं, ठाकुरों, पंडितों की औरतें बहुत तकलीफ उठाती थीं। रात में जब गरमी बहुत बढ़ जाती थी जैसे भुना हुआ वातावरण हो, कहीं से हवा नहीं आती थी तब भी वे घरों में ही रहती थीं। नहाने का बहुत कम इन्तजाम होता था। इतनी गरमी में भी सास-ननद की सेवा करती थीं। पति के साथ रहती थीं। गर्भवती होती थीं। बच्चे पैदा करती थीं और उनमें से कई औरतें और बच्चे मर भी जाते थे।

औरतों का एक बड़ा सहारा बेना या बिजना होता था। यानी हाथ का पंखा। सब औरतें मूँज या बाँस का पंखा बनाना जानती थीं। जिसमें कला भी होती थी। उसी पंखे को वे पति पर भी डुलाती थीं। लोकगीतों के शृंगार-प्रसंगों में भी यही माना जाता है कि पंखा प्रेमिका ही डुलाएगी, प्रेमी नहीं। एक लोकगीत में हाथ के पंखे को रसबेनिया कहा गया है।

बिस्कोहर का सबसे बड़ा त्यौहार मुहर्रम था। बिस्कोहर में शायद ही किसी मुसलमान के घर ताजिया रखा जाता हो। सबसे शानदार ताजिया जाफरी जान के यहाँ रखा जाता। ताजिया से पता चल जाता कि उस वर्ष कमाई क्या थी। हिन्दू अवर्णों के यहाँ ताजिए रखे जाते। छांगुर ठठेर अयोध्यावासी का ताजिया मशहूर था, या जाफरी का। ताजिया रखने वाले व्रत-उपवास रखते। स्वच्छ स्नाता शुभ्रवस्त्रावृता सुन्दरी बेड़िनें उस अवसर पर देह का पेशा करने वाली नहीं धर्म-परायणा देवियाँ लगतीं।

मुहर्रम का असली पर्व तो दसवीं को मनाया जाता। नवीं कतल की रात जिस दिन हसन हुसैन शहीद हुए थे। लेकिन तैयारी महीने भर होती। रात को बड़ा-सा ढोल बजता, झैयम् ताशा बजता। ताशा, ढोल की संगति की नकल बच्चे करते—कडिक् काका, कडिक् काका झैयम् झैयम्। मरसिए गाए गाते। मरसिया अवधी लोकगीत के रूप में गाया जाता। जैसे, आल्हा, चनैनी, गाया जाता है वैसे। करुण संगीत का प्रतिमान है मरसिया। बिस्कोहर में मरसिया गाने वाले भी

ज़्यादातर हिन्दू ही थे। बिसनाथ की ननिहाल में ताजिया उठने पर लोटे से पानी छिड़कती हुई मामी गाती थीं—अबकी गवा कब अइहौ रे हाय हाय। वह अकेली ब्राह्मणी थीं जिनको मरसिया गाते सुना। वह शायद मरसिया नहीं दाहा था। दाहा मुहर्रम में गाया जाने वाला एक और करुण गान-रूप है। मुहर्रम में बिस्कोहर और बिस्कोहर का पूरा जवार जग उठता था। एक महीना पहले से ही डेरे की पतुरियाँ आ जाती थीं। वे शाम को सज-बजकर निकलतीं। छैल-चिकनियों की जमात जगह-जगह दिखलाई पड़ती। सजी-सँवरी पतुरियाँ बहुत अच्छी लगतीं। उनके पास जाओ तो खुशबू आती। हँसती तो वातावरण कल्लोलित हो उठता। एक दिन बड़ी बहन साफ-सुथरे कपड़े पहन, कंघी कर के आई, बिसनाथ से पूछा—बाबू हम कैसन लग रही हैं। बिसनाथ ने कहा—बिल्कुल पतुरिया सुग्गन जान की तरह, गाल पर चाँटा पड़ा। समझ में कुछ नहीं आया चाँटा क्यों पड़ा। 'तीसरी कसम' शायद बिसनाथ को इसीलिए इतना समझ में आती है। डेरे की वेश्याओं के अनेक पक्के प्रेमी भी उनके साथ बिस्कोहर आ जाते। एक बच्चों के लिए टीन के छोटे-छोटे हवाई जहाज बनाकर बेचने वाला अधेड़ था। कई तो आकर उनके घरों में ही जम जाते।

नवीं-दसवीं की रात और दिन में जगर-मगर रहता। सैकड़ों पायक घूमते। सिर पर जाली की पगड़ी, हाथ में मोरछल, नंगे पाँव। 'अली बरहक' कहते, मरसिया गाते घूमते। पायक यानी हसन हुसैन की सेना के पैदल सिपाही। मुसलमान पायक नहीं बनते। हिन्दुओं को ही पायक बनते देखा। दो-तीन घरों के सामने 'मुँड़कटवा' बनता। बिना सर के लेटी हुई-मिट्टी की मानव-प्रतिमा। हुरदुल नचाते। लिल्ली घोड़ी नचाते। लोग लाठी खेलते, गतका खेलते। कुश्ती का दंगल करते। गट्टा, बताशा, जिलेबी, लड्डू, लाई, चना, भूजा की अनेक दुकानें खुल जातीं। दसवीं के दिन करीब दो बजे दिन में ताज़िये निकलते। पूरा बिस्कोहर घूमकर दिन ढले ताजिए करबलवा पहुँचते। वहाँ उनको सेराया जाता। बिस्कोहर का मुहर्रम देखने आस-पास के लोग अपने रिश्तेदारों के यहाँ आकर दो-तीन दिन मेहमान रहते। सुन्नी मुसलमान खासतौर पर मजहबी लोग मुहर्रम का बायकाट करते।

दीपावली को 'दिया-देवारी' कहते थे। दिया, दीप है और 'देवारी' दीवाली का रूपांतर। बिसनाथ के बचपन की दीवाली दिल्ली की महानगरीय 'बल्बावली' से बिल्कुल अलग थी। दीवाली कार्तिक की अमावस्या को होती है, निहायत खुशगवार हल्का जाड़ा पड़ता है। कार्तिक की चाँदनी रात ही शरद पूर्णिमा होती है, जब खीर रात भर खुले आसमान के नीचे रख कर सबेरे खाई जाती है क्योंकि शरद पूर्णिमा की रात में चंद्रमा से पृथ्वी पर अमृत टपकता है। खीर में अमृत टपक जाता है।

अमर होते हुए तो किसी को नहीं देखा गया, लेकिन अमृत का स्वाद खीर में मिल जाता है। कार्तिक की चाँदनी रात पर हिंदी में सबसे अच्छी कविता सेनापति की है :

कातिक की रात थोरी-थोरी सिहरात सेनापति को सुहात सुखी जीवन के गन हैं।

फूली है कुमुद फूली मालती सघन बन राम कैसो जस अध-अरध गगन है।

कवि कल्पना करता है 'मानहु जगत छीर-सागर मगन है' संसार क्षीर समुद्र में डूबा है।

लेकिन यह कातिक की चाँदनी की बात है। कातिक की अमावस्या की नहीं। कातिक की अमावस्या काली होती है। औसत अमावस्याओं से ज़्यादा काली। बंगाल में तो इस अवसर पर काली पूजन होता है। शरद पूर्णिमा की चाँदनी तो प्रकृति की दी हुई सुषमा है। काली रात में मनाई जाने वाली दीपावली मानव-कृत यानी संस्कृति की सुषमा का प्रतीक है। मनुष्य की चेतना के इस आग्रह का प्रतीक है कि हम अंधकार को प्रकाश में बदल देंगे।

गाँव की दिया-देवारी को देखकर लगता था कि मनुष्य अंधकार को प्रकाश में बदल सकता है। दिया-देवारी का सबसे सुन्दर चित्रण महादेवी वर्मा के एक संस्मरण में है। संस्मरण दीवाली पर नहीं–एक सामान्य नारी के जीवन पर है। उसका बच्चा रात में गुजरती हुई रेल को देख कर महादेवीजी को बताता है–'दीवाली भगी जा रही है।' गाँव की दीवाली की याद आती है तो पचास साल पहले की देखी हुई दीवाली भगी जा रही मालूम पड़ती है।

दीवाली की आहट दशहरे से ही मिलने लगती थी। वस्तुतः दीवाली का पर्व दशहरे से जुड़ा है। दशहरा का अर्थ है दश+हरा। दश सिर वाले रावण का संहार। गाँव में प्रचलित था कि दीवाली का उत्सव अयोध्या में राम के लौट आने के उल्लास में किया गया था। दशहरा और दीवाली के बीच में एक और पर्व होता है–करवा चौथ–शुक्ल पक्ष कार्तिक की चतुर्थी। बिसनाथ की अम्मा अक्सर गुनगुनाती थीं :

करवा करवारी। ओकरे बरहें दिया दिवारी।
दिवारी बैठी कोनें–तब आग लाग डिठौने।

डिठौने यानी देवोत्थान का पर्व। जिस दिन सबेरे गाया जाता है–

ईसरी आवैं दरिद्री जाएँ–ईसरी अर्थात ऐश्वर्य और दरिद्री यानी दारिद्रय। शायद यह लक्ष्मी-पूजन के अभिप्राय का द्योतक है। यह धान पकने का समय है। पके हुए धान की बालों से भरे खेत शरद–लक्ष्मी का रूप हैं। लक्ष्मी व्यापार की

देवी बाद में हुई होगी। शायद मूलतः वे भी कृषि देवी हैं।

गाँव में दशहरे के बाद से ही घरों की सफाई शुरू कर दी जाती थी। घरों की सफाई का मतलब तोड़ना-फोड़ना-अतिक्रमण नहीं बल्कि तालाब की चिकनी मिट्टी से दीवालों को लेपना, गोबर से घर का आँगन और शेष भूमि तल लेपना। दशहरे पर गाँव में गोबर के दस पिंडों पर कोंहड़े (काशीफल) का एक-एक फूल खोंस दिया जाता था। अम्मा बताती थीं--गोबर के दस पिंड रावण के दस शिर है और कोंहड़े का पीताभ फूल उसके दस स्वर्ण मुकुट हैं। शरद ऋतु में कुम्हारों का रोजगार-व्यवसाय बहुत बढ़ जाता था। दीवाली के लिए दिए तो बनाने ही होते हैं, कलसा, चक्की, गुल्लक आदि भी बनाने होते थे। कलसा (कलश) में ही करवा चौथ का चिउरा या चावल भरा जाता है। चक्की, गुल्लक आदि बच्चों के क्रीड़ा-विनोद की वस्तुएँ हैं। लक्ष्मी-गणेश की मूर्तियाँ गाँव में कुम्हार बनाते थे। तब प्लास्टिक की मूर्तियाँ थी ही नहीं। होती भी तो घर में प्रवेश नहीं मिलता विशेषतः पूजा-स्थल पर।

इस अवसर पर सबसे उत्साहित बच्चे होते। सबसे कम उत्साहित गरीब माँ-बाप। मध्यप्रदेश के वयोवृद्ध स्वतन्त्रता सेनानी महेशदत्त मिश्र का सुनाया शेर है :

माँ-बाप बहुत रोए घर लौट अकेले में
मिट्टी के खिलौने भी सस्ते न थे मेले में।

यह गाँव में दीवाली के अवसर पर लगने वाले मेले में गरीब माँ-बाप की व्यथा है। उस समय के--शायद आज भी गाँव के अबोध बच्चे सहज उत्सवधर्मी होते हैं। वे गरीबी में भी पर्वो-उत्सवों का मजा लेते हैं--वंचित, किन्तु अकुंठ। लेकिन यह निम्नतम वर्ग के बच्चों की बात है। जो बच्चे कम गरीब परिवार के होते थे उनमें कुंठा होती थी। वे इतने सहज नहीं होते थे, लेकिन वे भी घर से छूटकर समवयस्क मित्रों के साथ मस्ती काटने में कुंठा फेंक देते थे--खेलत में को काको गुसैया वाली बात समझिए। 'कातिक का महीना खेलने का सर्वोतम मौसम होता था। खासतौर पर कबड्डी, ततलमतूल और रात में ऊपर देखो 'हिरना कि हिरनी।' ऊपर देखो हिरना की हिरनी तो खास अँधेरी रात का ही खेल है क्योंकि अँधेरी रात में ही तारे खिलते हैं चमकदार। आकाश में तारों से हिरन की शक्ल बनती है। वही दिखा कर पूछा जाता है कि वह आकृति 'हिरन की है या हिरनी की ?' जब तक उत्तर देने वाला देखने में मशगूल तब तक साथी खिलाड़ी छिप जाता है और उसे ढूँढ़ने का काम शुरू हो जाता है।

दीवाली, बच्चे इसी तरह के क्रीड़ा-विनोद के मूड में मनाते थे। उनकी रुचि

लक्ष्मी पूजन में कम, दियों को घर के दरवाजे पर पंक्तिबद्ध सजाने में ज़्यादा होती थी। तब सरसों के तेल में रुई की बत्ती बर कर डाली जाती थी। पूरा गाँव छोटे-छोटे दियों की पंक्तियों से सज जाता था। ऊपर तारों की पंक्ति प्रकृति सजाती थी। नीचे दियों की पंक्ति मनुष्य सजाता था। सरसों के तेल से जलते दियों का प्रकाश आँखों को चकाचौंध नहीं करता था। एक दुलार भरी आत्मीय ज्योति देता था। वह प्रकाश हमसे अलग नहीं मालूम पड़ता था। वह हमारा अपना लगता था। लगता वह सदा-सनातन से हमारे जीवन, समाज का सुख-सौंदर्य है। जैसे प्रकृति, घास, नदी, आकाश, माता-पिता, मित्र, अनाज, बोली अपने हैं, वैसे ही दिया-देवारी—यह प्रकाश उत्सव। रिश्तेदार की तरह हर साल आता है, उपहार लाता है, कुछ देर मिलजुल कर रहता है, सबसे मिलता है और फिर आने के लिए विदा हो जाता है।

कहने की जरूरत नहीं कि दिये मिट्टी के बनते थे। सेठों, महाजनों के यहाँ पीतल के दीपाधार होते थे। लेकिन उनकी संख्या ज़्यादा नहीं होती थी। उन्हें दीवाली में माँज कर चमका दिया जाता था। माँजने के बाद पीतल, स्वर्ण की तरह चमकता है। संध्या खत्म होते ही, जैसे ही रात आ जाती, दिये जलने शुरू हो जाते थे। बच्चों में जलते हुए दियों को सजाने की होड़ लग जाती थी। वे निहायत जिम्मेदारी से इस काम में बड़ों का हाथ बँटाते। साफ-सुथरे घरों में सरसों के तेल से जलते हुए दीपों की अनेकानेक पंक्तियाँ, देहातों, कस्बों और तत्कालीन नगरों को, दिव्य-अलौकिक बना देती थीं। वह सचमुच प्रकाश-पर्व होता था। दिये का प्रकाश आक्रामक नहीं होता—सरसों के तेल के दियों का प्रकाश सुखद आत्मीय और आँखों के लिए हितकर होता था। वस्तुतः काजल इसी प्रकाश से तैयार किया जाता था। काजल निकालने को, काजल 'पारना' कहते हैं। दीवाली में काजल पारकर बच्चों की आँखों में लगाया जाता था। वह काजल आँखों को फायदा पहुँचाता था। किशोरियाँ दिये सजाते समय उन्हें आँचल से ढँक लेती थीं ताकि वे बुझें नहीं। यह सौन्दर्य का अनुपम जीवंत बिम्ब होता—'शशि मुख पर घूँघट डाले, आँचल में दीप छिपाए', प्रसाद की पंक्ति दृश्य होती थी। इस अवसर पर रंगीन कागजों के कंदील बनाए जाते थे। प्रायः चौकोर। उनमें दीपक या मोमबत्ती जलाकर इस तरह रख दी जाती थी कि कागज की बनी कंदील में आग न लगे। उसे ऊँचे बाँस से लटका दिया जाता था। मानो वह आकाश में लटक रही है।

सामान्य लोग दीपावली के पर्व पर मिट्टी के हाथी बनाकर घर के सामने रख देते थे। जीवित हाथी रखना, सम्पन्न जमींदारों के ही वश की बात होती थी। एक लफ्ज चलता था—हाथीनशीन यानी हाथी रखने की हैसियत वाले। मिट्टी का हाथी

धन-सम्पत्ति का प्रतीक होता था। धन-सम्पत्ति के प्रतीक कमल और शंख भी होते थे। हाथी गणेश का भी प्रतीक हो सकता है। गणेश मंगल के प्रतीक देवता हैं। ब्राह्मण लक्ष्मी-पूजन नहीं करते थे। यह त्यौहार मुख्यतः व्यापारियों का माना जाता था। हमारे यहाँ त्यौहारों का भी वर्ण-विभाजन प्रसिद्ध था। ब्राह्मण का पर्व श्रावणी या रक्षाबन्धन, क्षत्रियों का पर्व विजयदशमी, वैश्यों का पर्व दीपावली तथा इतर वर्ण का पर्व होली। होली को चांडाल-स्पर्श भी कहते हैं। गाँव के पुरोहित ब्राह्मणों को मिठाई जरूर दान में दी जाती थी। गाँव में मिठाई अच्छी बनती थी। लेकिन ब्राह्मण खोए की मिठाई ही लेते या खाते थे। अन्न की बनी हुई मिठाई नहीं खाते थे। दीवाली में चीनी के खिलौने, जैसे हाथी, घोड़ा, तोता बनते थे। बच्चे दीवाली के कई दिनों बाद भी उसे खाते। मिठाई के खिलौनों से बच्चे पहले खेलते, साथियों को ललचाते, फिर आहिस्ता से उसे तोड़ने का सुख लेते, फिर स्वाद का मजा। जिस साथी पर खुश होते उसे भी देते। चीनी के छोटे बर्तन में जिसे कलसी कहते--बताशा, चिउड़ा, लावा (भूने हुए धान का लाजा) भरा रहता। सवेरे धूप में छोटे-छोटे खूबसूरत पिल्लों से खेलते हुए आपस में बाँट कर खाते। कभी-कभी कुछ अंश पिल्लों को भी खिलाते। देहात में बच्चे, पशुओं के बच्चों से बहुत खेलते हैं। बच्चों की बकरी, कुत्तों के बच्चों से खास दोस्ती होती है। शरद, खासतौर पर दीवाली जैसे उल्लास-पर्व पर यह दोस्ती और बढ़ जाती। बच्चों की मिठाई और खाने-पीने की चीजों में पशुओं के बच्चों का भी हिस्सा होता।

दीवाली में मिठाई और चिउड़ा की ही बहार नहीं होती। खास तरह के पकवान और सब्जी भी बनती। गाँवों में और किसी सीमा तक शहरों में भी अलग-अलग पर्वों-उत्सवों के अलग-अलग व्यंजन है। होली में गुझिया, दही-बड़ा है। दशहरा में राजपूतों के यहाँ पशुबलि का मांसाहार। इसी तरह दीवाली में पूर्वी उत्तर प्रदेश में चने की दाल भरी हुए पूड़ी और जमीकंद (सूरन या ओल) की सब्जी जरूर खाई जाती है। वस्तुतः व्यंजन मौसमी उपज और स्थिति के अनुकूल होता है।

दीवाली की बात हो और जुआ यानी द्यूत-क्रीड़ा की बात न हो, यह असंभव है। दीपावली के साथ द्यूत-क्रीड़ा कैसे जुड़ गई, यह पता लगाना मुश्किल है। लक्ष्मी से इसका सम्बन्ध खींच-खाँच कर बिठाया जा सकता है। जो लोग साल भर पैसा कमाते हैं वे एक दिन धन की क्रीड़ा करते हैं। लेकिन यह कोई संतोषजनक एवं प्रामाणिक समाधान नहीं है। दीपावली पर विचार करते समय पं. हजारीप्रसाद द्विवेदी ने इसका सम्बन्ध यक्ष जाति से जोड़ा है। यक्ष धनपति और विलासी होते थे। कुबेर यक्ष-देवता थे। सोने की लंका का अधिपति रावण कुबेर

का भाई था। यह तो ठीक। लेकिन बीच में द्यूत-क्रीड़ा कहाँ से जुड़ गई। दीवाली को यक्ष-रात्रि भी कहते थे। यक्ष धनाढ्य और विलासी थे। वे दीवाली में बहुत कुछ वैसा जश्न मनाते रहे होंगे, जैसा आज के धनाढ्य या नवकुबेर मनाते हैं। उसी विलास-क्रीड़ा में द्यूत-क्रीड़ा भी आ गई होगी। लेकिन द्यूत-क्रीड़ा का एक आयाम और है। कहते हैं द्यूत-क्रीड़ा पहली बार शंकर-पार्वती ने की थी। शंकर जी के पास धन-दौलत कहाँ ! उसमें रुपया-पैसा दाँव में नहीं लगा होगा। कुछ और लगा हो तो लगा हो। विवाहोपरान्त कन्या और वर दोनों के यहाँ द्यूत-क्रीड़ा से ही मिलती-जुलती क्रीड़ा होती है। हो सकता है शंकर-पार्वती की पहली द्यूत-क्रीड़ा कुछ उसी प्रकार की रही हो। जो हो, दीवाली के साथ द्यूत-क्रीड़ा जुड़ी हुई है और अति प्राचीन काल से जुड़ी है। पाणिनि के समय में इसका प्रचलन था, महाभारत में था। मृच्छकटिक की रचना के समय था और आज भी है। जिन्हें धर्म का आदर्श पुरुष यानी धर्मराज कहा जाता है, उन युधिष्ठिर ने तो अपनी पत्नी को ही दाँव पर रख दिया था। बिस्कोहर नेपाल की सीमा पर है। नेपाल में जुआ खेलने पर कोई मनाही नहीं थी। इसलिए यहाँ के पक्के जुआरी सीमा पार नेपाल, कृष्णा नगर चले जाते थे। वहीं पीते थे, खाते थे, सोते थे और लगभग हफ्ते भर जुआ खेलते थे। जिसके घर पर जुआ खेला जाता था, उसे चिरागी दी जाती थी। दीवाली के दिनों में चिरागी से अच्छी आमदनी हो जाती थी।

किशोर वय के लोगों के पास उतने पैसे नहीं होते थे। वे छोटे पैमाने पर जुआ खेलते थे। ताश से कम, कौड़ी से ज़्यादा। इसीलिए किशोरों के जुए को कौड़ी खेलना कहा जाता था। जुए में कभी-कभी मारपीट भी होती थी। लेकिन उन दिनों मारपीट ही, हत्या नहीं होती थी। उदार जुआरी आसपास मँडराते हुए गरीब लोगों को पैसा भी खूब देते थे। नेपाल में जुए के साथ शराब खूब चलती थी। भारत में जुआ कानूनी जुर्म था इसलिए पुलिस की आमदनी दीवाली में बहुत बढ़ जाती थी।

दीवाली में बम-पटाखे छोड़ने का रिवाज नहीं था। कनफोड़ आवाज नहीं होती थी। आतिशबाजी होती थी। तरह-तरह की आकृतियाँ आतिशबाजी से बनती थीं। यह आतिशबाजी दीवाली में चार चाँद लगा देती थी। पटाखा छोड़ने का एक पारम्परिक तरीका था। कोंहड़े (काशीफल)के दो पत्तों के बीच जलते हुए अंगारे रखकर उस पर भारी हथौड़े से चोट करते थे। इससे बहुत जोर की आवाज पैदा होती थी। आवाज करने के लिए आतिशबाजी तब प्रचलित नहीं थी। आतिशबाजी का काम हिन्दू नहीं मुसलमान ही करते थे। अभी भी आतिशबाजी का काम ज़्यादातर उन्हीं के हाथों में है। तब साम्प्रदायिक द्वेष नहीं था। दीवाली से

मुसलमान आतिशबाजों की भी आमदनी हो जाती थी। रावण, कुम्भकरण, मेघनाद के पुतले भी वही बनाते थे और उन्हें जलाने के सामान भी।

दादा के कई मुसलमान मित्र थे। दीवाली के अवसर पर उन्हें भोजन के लिए निमंत्रित किया जाता था। उन्हें भोजन कराने के लिए बच्चों को विशेष दौड़-धूप करनी पड़ती। पड़ोस के किसी मुसलमान के घर से थाली, कटोरियाँ, गिलास, बधना (मुसलमानों द्वारा प्रयुक्त टोंटी वाला लोटा) लाते। जमीन पर कंबल बिछाते बैठने के लिए। उसके आगे थोड़ी ही दूर पर लकड़ी का पीढ़ा या पटरे का टुकड़ा रखते। इस पर वे थाली रखकर खाते। मुसलमान खाना जमीन पर रखकर नहीं खाते जमीन के ऊपर दस्तरखान बिछा कर उस पर थाली रखते हैं। वे लोग ईद के दिन बना हुआ खाना तो नहीं भेज सकते थे। इसलिए गेहूँ, गोश्त, घी, मिठाई भेजते। दादा मांसाहारी थे। एक हकीम साहब थे खान साहब। वे दादा की दवा करते थे। मुफ्त ! उनको जरूर निमंत्रित किया जाता।

दीवाली के दो ही चार दिन बाद एक मनोरंजक पर्व होता जिसे 'हड़ा-हड़वाई' कहते हैं। रात को रस्सी के सिरे पर कपड़ा बाँधकर उसे तेल में डुबो देते। फिर उसमें आग लगाकर उसे दोनों हाथों से चारों तरफ घुमाते। घुमाने के साथ-साथ गाते भी—हड़ा-हड़वाई। मधवक दाई करैं सगाई। (हड़ा-हड़वाई। माधव की पितामही शादी कर रही हैं) उस गीत का सम्बन्ध मुहल्ले में रहने वाली सबसे अधिक वय वाली वृद्धा भगवंता दाई से था। वे जीवित थीं और कैसे बच्चों के गीत का विषय बन गई, किसने ये पंक्तियाँ लिखीं, कोई नहीं जानता।

लाल-लाल बरिया पातर पना।
चीखो भगंता दाई कैसन बना।

लाल रंग के बड़े हैं। पतला पना है। भगवंता दाई जरा चखकर बताओ कैसा बना है। यह गीत वृद्धा को चिढ़ाने के लिए रचा गया होगा। लाल बड़े और पतले पने से जुगुप्सित बिम्ब बनाया गया है।

कहने को दीवाली के बाद गोवर्धन पूजा, अन्नकूट और यम द्वितीया भी होती है, जिनका अपना महत्त्व है। किन्तु ये पर्व पारिवारिक हैं। सामुदायिक सामाजिक पर्व है कतिकी-स्नान जो कार्तिक पूर्णमासी को होता है। इसमें गाँव के पास से बहने वाली बूढ़ी राप्ती के परसोहन घाट पर मेला लगता था। सूरज निकलने के पहले नदी में स्नान करते। शरद में नदी का जल आकाश के समान हो जाता है। आकाश और जल का रंग समान हो जाता है और नीला आकाश नीले जल में प्रतिबिम्बित होता है। कतकी का स्नान अनुभव की चीज है। मेले में मौसमी वस्तुएँ बिकने को आती हैं। सिंगारा, ईख, मूँगफली, मूली, गुड़, खिलौने आदि।

उनका मजा वहीं मेले में लिया जाता है। दीपावली का वातावरण जिसे दीपावली का नशा कहें—कतकी मेले के बाद उतर जाता है। विजयादशमी से लेकर कतकी नहान तक के समय को दीपावली का समय समझा जाता है।

जिस दीवाली का वर्णन अभी तक किया, वह पचास-साठ साल पहले की है। अब ऐसी दीवाली गाँव में भी नहीं होती। यों समझिए कि अब तक हम अपने को किसी सपने में भटका रहे थे। करीब चालीस साल से बिसनाथ दिल्ली में रह रहे हैं। हर साल दीवाली झेलते हैं। उच्च रक्तचाप के मरीज हैं। दीवाली गुजर जाती है तो राहत की साँस लेते हैं कि इस दीवाली में भी बच गये। अब दीवाली में सरसों के तेल से जलते हुए मिट्टी के दियों की आत्मीय रोशनी नहीं होती। आँखों को बिजली के तेज प्रकाश जलाते हैं, कानों को असह्य पटाखे दहलाते हैं, आवाज कानों तक ही नहीं जाती, दिल-दिमाग में भूकम्प के झटके देती है। हर साल बच्चे झुलसते हैं, कई लोग कान-आँख से महरूम होते हैं। पटाखों या बिजली की दुकानों में आग लगती है। इन सब बातों की कोई परवाह किए बगैर बेईमानी और उठाईगीरी से कमाए हुए धन का अश्लील प्रदर्शन होता है। लक्ष्मी का पूजन नहीं, लक्ष्मी का तांडव होता है। लक्ष्मी के वाहन उल्लू अँधेरी रात में जश्न मनाते हैं।

दीवाली चापलूसी, भ्रष्टाचार घूसखोरी के असीम, अनगिनत द्वार खोल देती है। दीवाली में कीमती से कीमती सामान दीवाली-उपहार के नाम पर दिए जाते हैं। उनकी कोई जाँच-पड़ताल नहीं हो सकती क्योंकि दीपवली में उपहार देने की 'भारतीय सांस्कृतिक परम्परा' है।

भारत में अनेक धर्म हैं जिनमें मुसलमान, ईसाई, पारसी, सिख प्रमुख हैं। इनके भी पर्व-उत्सव, त्यौहार हैं। हिंदुओं की तुलना में इनके त्यौहार अधिक शिष्ट, शान्त और सभ्य तरीके से मनाए जाते हैं। ईद, शबेबरात, गुरु नानक, गुरु अंगद आदि के जन्म दिन, नौरोज जैसे त्यौहार भद्दे या कनफोड़ ढंग से नहीं मनाए जाते। त्यौहार ही नहीं उनके संस्कारों से भी धन का ऐसा अश्लील प्रदर्शन नहीं होता। मध्यवर्गीय हिन्दुओं की शादी में जो पाखंड-प्रदर्शन, अपव्यय और कहासुनी, बदमगजी होती है वह अन्य मतावलंबियों की शादियों में नहीं दिखलाई पड़ती। आप मुसलमानों, सिखों, ईसाइयों की शादी में शामिल हों तो सादगी और शिष्टाचार से प्रभावित हो उठेंगे। हिन्दू शादी, दुर्भाग्यवश किसी सम्पन्न, अफसर, सेठ या प्रापर्टी डीलर की शादी में शामिल हुए तो वहाँ क्या हो जाए, कुछ नहीं कह सकते। बंदूक दागी जाती है। अक्सर पढ़ने को मिलता है गलती से बंदूक की गोली से कोई मर गया या घायल हो गया। शराब पीकर छोकरों ने छुरेबाजी

की। ऐसा ज़्यादातर—ज़्यादातर क्यों सिर्फ हिन्दुओं के ही उत्सवों, पर्वों, संस्कारों में होता है ? शायद दहेज की वजह से बहू को जलाने की घटनाएँ सिर्फ हिन्दुओं के यहाँ होती हैं। तथाकथित हिन्दुत्ववादियों को इसकी कोई चिन्ता नहीं होती। इससे भी बुरी हालत आज के जमाने में हिन्दू पूजा पद्धति, जागरण और कीर्तन की है। क्या कारण है कि टीवी पर केवल हिन्दुओं के सत्संग-नृत्य, गान इस ढंग से दिखाए जाते हैं कि उनमें और फिल्मी दृश्यों में कोई अन्तर नहीं। शायद इसलिए कि फिल्म देखने वाले भी तथाकथित धार्मिक दृश्यों का आनन्द ले सकें। इतने बड़े पैमाने पर हिन्दू देवी-देवताओं, पुराकथाओं को धनार्जन का माध्यम बनाया जा रहा है। धर्म का ऐसा व्यापारीकरण अन्यत्र शायद ही कहीं हो रहा हो—वह भी भारतीय संस्कृति का नाम लेकर सत्ता में आने वाली सरकार के शासन-काल में।

सो, लक्ष्मी-पूजन और लक्ष्मी-वाहनों का जश्न सर्वत्र चल रहा है। आर्थिक सुधार, उदारीकरण, भूमण्डलीकरण का दौर, महालक्ष्मी पूजन का दौर है। गाँव की दीवाली पीछे छूट गई है। अब उदारीकृत महानगरीय कनफोड़ू दीपावली झेलिए। पुरानी दीवाली बहुत याद आए तो यह शेर गुनगुना लिया कीजिए :

इसी खंडहर में कहीं, कुछ दिए हैं टूटे हुए
उन्हीं से काम चलाओ बहुत उदास है रात

इस उदासी का अहसास भी मूल्यवान है क्योंकि उसी में इस उदासी को दूर करने की इच्छा और अँधेरे से प्रकाश की ओर बढ़ने का संकल्प भी है।

गाँव के पच्छूँ टोले में, लखखा बुआ के घर के सामने बड़ा जकशन रहता। इस टोले से और पश्चिम में बेड़िनों का टोला था, जिसे 'डेरा' कहते थे। लखखा बुआ, डूडू और महरिन दाई की लड़की थीं। उनके घर के ठीक सामने अम्मर गोसाईं का घर था। महरिन दाई और गोसाईन का झगड़ा देखने मेला लग जाता। झगड़ा सबेरे शुरू होता, दोपहर को रुक जाता। झगड़ा देखने-सुनने का चकल्लस लेने वाले कहते–"चलो लोगो अपने-अपने घरे, तीसरे पहर फिर आना है।" तीसरे पहर झगड़ा फिर चालू होता। दीया-बाती के समय फागू मिसिर प्रकट होते, बोलते–"का रे लखवा, का रंडियन के मोहल्ला बनाए है। औ तुहैं का कहैं गोंसाइन। बहुत बलबलान हौ। सीधै डंडा करैं, औ निकाल लेय, अस मन करता है।" फिर लोगों की ओर देखकर बोलते–"सारे दुनियाभर के लुंगाड़े इकट्ठा होय गए हैं–भगौ सारे–अब्बै दुइ-दुइ डंडा चूतरै पै लगावैंगे–सारी भूसी छूट जाएगी। दीया-बाती का बखत ओ ई राम-रमौझा।"

लोग खिसकना शुरू हो जाते। अम्मर गोसाईं के भाई परगट गोसाईं हकलाते थे–"लू लू लूगै बाबाबू दुइ-दुइ भँडुअन का।" फागू मिसिर के भाई किन्नी बाबा लम्बे चौड़े थे, बलिष्ठ इतने कि बैल बैठ जाएँ तो बैलगाड़ी में खुद जुत जाएँ। शादी नहीं हुई थी। उनकी तृप्ति स्त्रियों से नहीं, पुरुषों से होती थी। झगड़ा लगाकर मजा लेने में माहिर थे। बोलते–"भगो सारे, हियाँ का धरा है–कटहर ? बिना लाठी के सारन के चूतर भब्भात हैं, ऐसा भए हैं कलजुगी-सारे।"

लाल बहादुर बनिया–लड़का दादा बोलते–"जाय देव, मिसिर। कुटैम कै लीन हैं सारे। इनकै का दोष। जूता तो मारैक चाही इनके महतारि-बाप का"।

इस सारे झमेले से अम्मर गोसाईं और डूडू अलग रहते। गोसाईं घर के पिछवाड़े खाट पर लेटे रहते मानो भगवान के ध्यान में लीन हों और डूडू तमाखू पीते रहते।

अम्मर गोसाईं कुश्ती लड़ते थे और घर-खलिहान फूँकने में माहिर थे। फज्जे मौलवी के लड़के ने उनकी लड़की से बदफेली कर दी। अम्मर गोसाईं ने घर के चारों कोनों पर आग रख दी। फज्जे वगैरह तो बच गए लेकिन बकरी, घोड़ी, मुर्गी स्वाहा हो गए।

डूडू कुआँ से गगरा-लोटा निकालने, सेंध लगाने, कभी-कभार डकैती में निपुण थे। फरेंदा के पेड़ पर नहीं चढ़ते थे—डार आरर होती है, टूट जाए– बाकी आम, इमली, अमरूद पर बन्दर की तरह चोरी से फल तोड़ लेते थे।

डुडुआइन यानी महरिन दाई यानी लखखा बुआ की माँ बनिए की औलाद थीं। डूडू बाबा उन्हें कहीं से उठा लाए थे। तब दाई की उमिर 12-13 साल की थी। डूडू कहते—"का भवा, खवाइ पियाइ के जल्दी सयान कै लेब।" और महरिन दाई आशानुकूल गति से सयानी हुई। 15 साल की थीं, तब लखखा बुआ का जन्म हुआ। बुआ पेटपोंछनी थीं। बाद में कोई आल-औलाद नहीं।

डूडू बाबा रोजी-रोटी, कुआँ में डुबकी लगाने और चोरी से कमाते थे। घर फूँकने से वे डरते थे। कहते थे—इससे आदमी कोढ़ी हो जाता है। लेकिन मौका मिलने पर मजूरी पूरी वसूलते थे। एक बार चौक में रहने वाले थवई का 5-6 साल का लड़का खेलते-खेलते कुएँ में गिर गया। हल्ला मच गया। कुआँ पुराना, बिना जगत का था। डूडू मौजूद थे लेकिन कुएँ में नहीं उतरे। बच्चे के माँ-बाप रो-रोकर बेहाल। लोग लानत-मलामत करें। लेकिन डूडू कहते रहे—पहिले एक रुपया हाथ में रख देव तब डूडू फेंटा कसेंगे। रुपया थवई के पास नहीं था। बच्चा मर गया। लहास फूल के उतरा आई, तब झउआ में चारों ओर रस्सी बाँधकर निकाली गई। डूडू खड़े रहे। डूडू बहुत बुढ़ाने के पहिले ही चल बसे। अन्त तक वे छोटे-छोटे बच्चों को इकट्ठा करके औरत-मर्द के सम्बन्धों की नंगी कहानियाँ रस ले-लेकर सुनाते। कहते—"मजा लिहिन तिरबेनी तेवारी—बच्चे सारे चाहे बहि बिलाय जाएँ लेकिन वै दाल-भात बिना तरकारी के कबहूँ न खाइन। गोभी-आलू कै तरकारी, लौकी का बरिया, ऊपर से सोवा धनिया कै चटनी जरूर रहै—नहीं तो थाली उठाय कै फेंक देवें का मजाल की सोनारिन चौका मां पैर रखि देय। गोड़-मूँड करने के लिए सोनारिन लेकिन चौके में तिवराइन, धरम नेम से रहे और गद्दा साफ, ऊपर से चादर दकादक।"

सोनारिन को तिरबेनी तेवारी भगा ले आए थे। सोनारिन की शादी हो चुकी थी। जबर्दस्त लोग थे। लाठी चली। डूडू, तेवारी की ओर से लाठी चलाने गए थे। दिन-दहाड़े डंके की चोट पर पच्छूँ टोले के लोगों ने पूरब टोले में रहनेवाले सोनारिन के घरवालों को मार भगाया। बाद में लोगों ने उन्हें समझाया—"जाय देव, कुलच्छिनी के लिए कब तक फौजदारी करोगे। बांभनै पर बैठी कौनो जात-कुजात तौ नहीं धरा। आज लाठी चली है—कल कतल होगा—ऐसे प्रानी का संग ठीक नहीं।"

तिरबेनी तेवारी के तीन पूत—ब्रह्मानन्द, बिन्दा, लालता। ब्रह्मानन्द सीधे-सादे।

पढ़ने में तेज, साधु आदमी। बिन्दा उजड्ड पहलवान। जवार में कोई मुकाबले में अखाड़े में उतरनेवाला नहीं, बिना मारे बात न करनेवाले। लालता दब्बू।

ब्रह्मानन्द 1916-17 में अखबार मँगाते थे। अखबार पढ़-पढ़कर सुराजी हो गए। 1921 में गिरफ्तार हुए। घर की कुर्की हुई। मेहरारू की नथुनी-झुलनी बिक गई। मेहरारू मरी तब तीन लड़कों को छोड़कर सधुआय गए। प्रयाग के संगम पर किसी रानी ने कुटी बनवा दी। वहीं चोले का त्याग किया।

तिरबेनी तेवारी लम्बे-चौड़े, गोरे, सुन्दर थे। 60 की उमर तक महिलाओं को पसन्द आते थे। लेकिन अपनी ब्याहता को बड़ा कष्ट दिया। ब्रह्मानन्द, बिन्दा, लालता जब तक छोटे थे, मार खाते रहे। महतारी को पकड़े उसके साथ सुबुकते रोते रहे। तिरबेनी तेवारी और सोनारिन दाल-भात, तरकारी, सजावल दही-रबड़ी उड़ाते रहे। सोनारिन से लड़का हुआ—वह भी लम्बा-तगड़ा। बिन्दा ने जब पहलवानी शुरू की तब तिरबेनी चुटकी लें—"का बिन्दा का करिबो कुश्ती लड़िकै। मूस मोटाई लोढ़ा होई। रामअवतार से न अंकड़ेब, नहीं तो तोड़-ताड़ कै रख देयगा।" रामअवतार तिरबेनी और सोनारिन के पुत्र का नाम था। बिन्दा दाँत पीसते और चुपचाप रियाज़ करते। अखाड़े में उस्ताद कालाजंग सिखावैं, लंगडी सिखावैं, धोबिया-पाट सिखावै—बिन्दा को खूराक न मिलै—उस्ताद का घूँसा गरदन पर पड़ै—आँख से चिनगारी छूटै। एक अहीरिन से इश्क किया। वह एक लोटा दूध पिलावै। बिन्दा तगड़े पड़ने लगे।

बाप के मारे तीनों भाइयों में बड़ा प्रेम था। बिन्दा पढ़ते-वढ़ते नहीं थे लेकिन बड़े भाई ब्रह्मानन्द की बहुत इज्ज़त करते थे। एक दिन रामअवतार ने ब्रह्मानन्द की पढ़ाई को लेकर ताना कसा—"तोहार पढ़ाई तो भग्गो पतुरिया क—तौ का होय गया—खतमै नाहीं होत।" ब्रह्मानन्द सीधे, रामअवतार तगड़े—ब्रह्मानन्द रोने लगे। बिन्दा ने रामअवतार को धोबिया पाट दिया। फिर कालाजंग लगा कर फाँस दिया—छोड़ा। उठे तो दे लँगड़ी दे लँगड़ी। हल्ला सुनकर तिरबेनी तेवारी दाढ़ी फटकारते हुए दौड़े। बिन्दा को जुनून सवार था। बाप को भी धोबिया पाट दिया—मुँह पर थूक दिया। बोले—"महतारी की पीठ का एक-एक निशान याद है, सामने से भाग जाओ।"

तब बुधराज दुबे ने बिन्दा को तीन तमाचा मारकर छुड़ाया—"सारे ! आखिर तोहार बाप हैं। सात पुश्त की इज्ज़त आज माटी में मिल गई। तिरबेनी तेवारी के पेशाब से चिराग जलता था। आज उनकी औलाद होकर उन पर हाथ उठाया—थुड़ी है।" बिन्दा चुपचाप रहे।

दूसरे दिन तिरबेनी तेवारी की लहास मिली। अफीम, कड़ुआ तेल फेंटकर एक

कटोरा पी गए। सोनारिन-रामअवतार ने नैपाल धरा।

बुधराज दुबे के भी तीन पूत—दशरथ, पहलाद, रामपरसाद—तीनों छोटे कद के। पहलाद सबसे छोटे—मोहल्लेवाले उन्हें 'खूँटी' कहते थे। बुधराज मारते तो गाली देते हुए—"हाथी के घर मां मूस जन्मा है सार।" दुबे जल्दी चल बसे। दुबाइन बहुत दिन तक रहीं। झगड़ा-परपंच में बहुत रहतीं। तीनों में से किसी लड़के की शादी नहीं हुई। कोई शादी की बात चलाता तो खुद ही उसके पास पहुँच जातीं। दुबे के जमाने की बातें इतनी करतीं कि लड़की वाला ऊब जाता। वह लड़की की शादी दुबाइन के लड़के से न करता तो दुबाइन की उससे ठन जाती—वह रास्ता बचाकर निकलता। दुबाइन उसके पीछे पड़तीं। मिलने पर खूब कड़कड़-ठकठक होती। लड़के तंग आ जाते। कहते—"महतारी ! जहाँ तक तुहार चली हमार बियाह न होई पाई।" बड़े भाई दशरथ दुबे अपनी बात पीछे रखकर छोटे भाइयों की शादी के लिए निकलते लेकिन काम नहीं बनता।

बाज़ार में कई दुकानें ऐसी थीं जिन पर आदमी से ज़्यादा औरतें बैठती थीं। बनियों की परचून की दुकान, हलवाई की दुकान, पान की दुकान—तीनों भाई इन दुकानों पर बैठने लगे। बैठे-बैठे सहुआइनों, हलवाइनों, बरइनों का सत्संग करने लगे। सहुआइन कहतीं—"कहाँ जात हो दुबे ! बइठो दोहरा-तमाखू खाते जाओ।" दुबे बैठते। सुपारी देर तक कटती रहती। दशरथ दुबे गाते-गुनगुनाते, दोहरा खाते, गुड़ खाकर पानी पीते। खैनी तम्बाकू ठोंकते। सहुआइन का लड़का खिलाते—"पढ़ो बच्चा पहाड़ा—मौसी एक मौसिया अठारा।" कोई गरीब-गुरबा गाहक आता। सहुआइन एक का तीन, तीन का एक करतीं। गाहक गुड़बुड़ाता तो दुबे रंग जमाते—ससुरो, सारी दुनिया ठग है, सतवादी तुम्हीं हो। भुच्चड़। अब्बै रऊफ चौकीदार आवेगा—गठरी-मोटरी छीनकै दुइ जमावैगा—बड़-बड़ ना करो, सीधा रास्ता देखो।"

भगौती साहू समधियाने गए तो रात को घर में हल्ला हुआ तो दशरथ दुबे रोब से कहते घूमे—"होई कौनो चाण्डाल ! अरे सारी दुनिया दशरथ दुबे नहीं है। हियाँ छाती का बाल सफेद हो गया लेकिन कोई अँगुली नहीं उठाय सकत दुबे की तरफ।"

तेवारी, दुबे, मिसिर के घरों के पास घरकार, ठठेर, कसेर, लहेर, दमगड़, कुँजड़ों के घर थे। सबसे ज़्यादा घर कुँजड़ों के थे। कुँजड़े मुसलमान थे। उनमें से किसी के पास ज़मीन नहीं थी। तेवारी, मिसिर, दुबे से हर साल लगान पर डेढ़-दो बीघे खेत साल भर के लिए ले लेते। कुदाल से गोंड़कर, ढेंकी से पानी चलाकर उसमें सब्जी की खेती करते। गर्मी के दिनों में बूढ़ी राप्ती की बलुआ भूमि

में खरबूजा-तरबूज की पैदावार करते। उनके घरों में मुर्गी, बकरी, घोड़े, कुत्ते जरूर होते। सर पर सब्जी रखकर वे बाज़ार में बेचते। गाँवों में जाते। वहाँ अनाज लेकर गाँववालों को सब्जी देते। घोड़े-घोड़ी पर गैंसड़ी टेशन तक की सवारी लादते। ज़्यादातर बनियों के सामान को कोइलाबास लादकर ले जाते। कोइलाबास नेपाल में था। गाँव से करीब 12 कोस उत्तर में। कुँजड़ों में थोड़ी जमीन, लगभग पाँच बीघा किन्नू कुँजड़े के पास थी। इसी बूते पर उन्होंने एक और बीवी कर ली थी। कुँजड़े टूटकर मेहनत-मजूरी करते थे। खाने भर को नहीं मिलता था। लेकिन दबकर नहीं रहते थे। सच्ची बात यह कि तेवारी, मिसिर, दुबे भी उनसे मोर्चा लेने में घबड़ाते थे। नंगा, फटहा थे। कौन मुँह लगे। मुसलमान सब एक होकर लाठी चलाते थे। पुरुष कुश्ती लड़ते थे। औरतें खेतों में काम करती थीं। घर में बकरियाँ में में करतीं, घर के सामने सड़क पर मुर्गियाँ कुड़-कुड़ करतीं, कुत्ते भों भों करते। घोड़े-घोड़ियों की लीद पड़ी रहती। उनके बच्चे बहुत होते। डेढ़ साल में दो बच्चे हर कुँजड़िन को होते। बच्चियाँ सात-आठ साल तक नंगी घूमतीं। बच्चों की करीब पाँच साल के उमर में मुसलमानी होती। मुसलमानी करते समय बच्चे को फुसलाने के लिए उसकी जूजी पर कैंची चलाने के पहले उसे चिउड़ा, इमली या भेली खिलाई जाती। चिउड़ा, इमली, भेली अक्सर तेवारी, मिसिर या दुबे के घर, बच्चे की माँ माँगने जातीं। कोई कुँजड़ा बहुत अकड़ने लगता तो तेवारी उसकी घोड़ी या बकरी 'कांजी हाउस' में कर देने की धमकी देकर पकड़ लेते।

तेवारी की बहुत बड़ी खुली फुलवारी थी। फुलवारी में पेड़ थे, कुआँ था, तालाब था। दो इमली के बहुत बड़े पेड़–खटौवा और मिठउवा इमली के। बेल, बेर, बाँस, बबूल, शरीफा, आँवला के पेड़ थे। तालाब में सिंगाड़ा होता। कुँजड़ों के घोड़ा-घोड़ी, मुर्गे-मुर्गियाँ उसी में चरने आते।

इन कुँजड़ों में घुट्ठाहे आल्हा गाते थे। आल्हा वे बहुत गनगनाकर ताव से गाते थे। वे बहुत छोटे और पतले थे। जवानी में कुश्ती लड़ते थे, दाँव जानते थे। अब शरीर में ताकत नहीं थी। अखाड़े के बाहर बैठकर लड़नेवालों को दाँव समझाते रहते थे–लगा घस्सा, दे पटकली, निकल बगल से। घुट्ठाहे का असल नाम यूनुस था। उनके चार लड़के थे–लाले, यूसुफ, हबूबी और रोजन। लाले दुबले-पतले, गुस्सैल, बीवी हँसमुख–उसे बहुत पीटते थे। बीबी तब भी हँसती रहती थी। लाले 'खीसा' सुनाते थे।

घुट्ठाहे किसी को कुछ नहीं समझते थे। न तेवारी, दुबे, मिसिर को न डूडू, अम्मर गोसाईं को, न लाल बहादुर बनिया को। किसी से झगड़ा होता तो गंभीरता से कहते–"देखौ हम हन कुँजड़ा, घर मां घुस-घुस कै मारब–सारी भलमनसाहत

घड़ी भर मां निकार लेव।"

पूरब टोले के पोखर में कमल फूलते। भोज में हिन्दुओं के यहाँ भोजन कमल-पत्र पर परोसा जाता। कमल पत्र को पुरइन कहते। कमल के नाल को भसीण कहते। आस-पास कोई बड़ा कमल-तालाब था—लेंवडी का ताल। अकाल पड़ने पर लोग उसमें से 'भसीण' (कमल-ककड़ी) खोद कर बड़े-बड़े खाँचों में सर पर लाद कर खाने के लिए ले जाते। कमल-ककड़ी को सामान्यतः अभी भी गाँव में नहीं खाया जाता। कमल का बीज कमल गट्टा जरूर खाया जाता है। कमल से कहीं ज़्यादा बहार कोइयाँ की थी। कोइयाँ वही जल-पुष्प है जिसे कुमुद कहते हैं। इसे कोका-बेली भी कहते हैं। शरद में जहाँ भी गड्ढा और उसमें पानी होता है, कोइयाँ फूल उठती है। रेलवे लाइन के दोनों ओर प्रायः गड्ढों में पानी भरा रहता है। आप उत्तर भारत में इसे प्रायः सर्वत्र पाएँगे। बिसनाथ बहुत दिनों समझते थे कि कोइयाँ सिर्फ हमारे यहाँ का फूल है। एक बार वैष्णो देवी दर्शनार्थ गए। देखा यह पंजाब में भी रेलवे-लाइन के दोनों तरफ खिला था—अनवरत—निरन्तर। शरद की चाँदनी में सरोवरों में चाँदनी का प्रतिबिम्ब और खिली हुई कोइयाँ की पत्तियाँ एक हो जाती हैं। इसकी गंध को जो पसन्द करता है वही जानता है कि वह क्या है। इन्हीं दिनों तालाबों में सिंघाड़ा आता है। सिंघाड़े के भी फूल होते हैं—उजले और उसमें गंध भी होती है। बिसनाथ को सिंघाड़े के फूलों से भरे हुए तालाब से गंध के साथ एक हल्की-सी आवाज़ भी सुनाई देती थी। वे घूम-घूमकर तालाबों से आती हुई वह गंध-मिश्रित आवाज़ सुनते। सिंघाड़ा जब बतिया छोटा-दूधिया होता है तब उसमें वह गंध भी होती है।

और शरद में ही हरसिंगार फूलता है। पितर-पक्ख (पितृपक्ष) में मालिन दाई घर के दरवाज़े पर हरसिंगार की राशि रख जाती थीं। रख जाती थीं, तो खड़ी बोली हुई। गाँव की बोली में 'कुरइ जात रहीं।' बहुत ढेर सारा फूल मानो इकट्ठे ही अनायास उनसे गिर पड़ते थे। 'कुरइ देना' है तो सकर्मक लेकिन सहजता अकर्मक की है। गाँव में ज्ञात-अज्ञात वनस्पतियों, जल के विविध रूपों और मिट्टी के अनेक वर्णों-आकारों का एक ऐसा समस्त वातावरण था जो सजीव था। बिसनाथ आदि बच्चे उसे छूते पहचानते, उससे बतियाते थे। सभी चीज़े प्रत्येक चीज़ में थीं और प्रत्येक सब में थीं। आकाश भी अपने गाँव का ही एक टोला लगता। चन्दा मामा थे। उसमें एक बुढ़िया थी। जो बच्चों की दादी की सहेली थी। माँ आँचल में छिपाकर दूध पिलाती थी। बच्चे का माँ का दूध पीना सिर्फ

दूध पीना नहीं। माँ से बच्चे के सारे सम्बन्धों का जीवन-चरित होता है। बच्चा सुबुकता है, रोता है, माँ को मारता है, माँ भी कभी-कभी मारती है, बच्चा चिपटा रहता है, माँ चिपटाए रहती है, बच्चा माँ के पेट का स्पर्श, गंध भोगत। रहता है, पेट में अपनी जगह जैसे ढूँढता रहता है। बिसनाथ ने एक बार जोर से काट लिया। माँ ने जोर से थप्पड़ मारा फिर पास में बैठी नाउन से कहा—दाँत निकाले है, टीसत है, बच्चे जब दाँत निकालते हैं तब हर चीज़ को दाँत से यों ही काटते हैं, वही टीसना है। चाँदनी रात में खटिया पर लेटी माँ बच्चे को दूध पिला रही है। बच्चा दूध ही नहीं, चाँदनी भी पी रहा है, चाँदनी भी माँ जैसा ही पुलक-स्नेह-ममता दे रही है। दूध पिलाने वाली माँ युवती है, उसके स्तन भरे हैं। वह बच्चे को माँ, नारी, मित्र, सबका सुख एक साथ देती है। माँ के अंक से लिपटकर माँ का दूध पीना—जड़ के चेतन होने यानी मानव-जन्म लेने की सार्थकता है। पशु-माताएँ भी यह सुख देती-पाती होंगी। और पक्षी-अण्डज !

यह बिसनाथ ने बहुत बाद में देखा-समझा दिलशाद गार्डन के डियर पार्क में तब बत्तखें होती थीं। बत्तख अंडा देने को होती तो पानी छोड़कर ज़मीन पर आ जातीं। इसके लिए एक सुरक्षित काँटेदार बाड़ा था। देखा—एक बत्तख कई अंडों को से रही है। पंख फुलाए उन्हें छिपाए है—दुनिया से बचाए है। एक कौवा थोड़ी दूर ताक में। बत्तख की चोंच सख्त होती है। अंडों की खोल नाजुक। कुछ अंडे बत्तख-माँ के डैनों से बाहर छिटक जाते। बत्तख उन्हें चोंच से इतनी सतर्कता, कोमलता से डैनों के अन्दर फिर छुपा लेती थी कि बस आप देखते रहिए, कुछ कह नहीं सकते—इसे 'सेस, सारद' भी नहीं बयान कर सकते। और माँ की निगाह कौवे की ताक पर भी थी। कभी-कभी वह अंडों को उसी सतर्कता से उलटती-पलटती भी।

किसने दी बिसनाथ की माँ और बत्तख की माँ को इतनी ममता। जैसे पानी बहता है, हवा चलती है, वैसे ही माँ में बच्चे की ममता-प्रकृति में ही सब कुछ है। जड़ चेतन में रूपान्तरित होकर क्या-क्या अन्तर्बाह्य गढ़ता है, लीलाचारी होता है। गुरूवर हजारीप्रसाद द्विवेदी प्रायः कहते हैं—

"क्या यह सब बिना किसी प्रयोजन के है ? बिना किसी उद्देश्य के है ?"

होगा कोई महान निहित उद्देश्य, प्रयोजन ! लेकिन अभी तो 'बुश-ब्लेयर ने इराक़ फतह किया है। कहाँ माँ का बच्चे को दूध पिलाना कहाँ बत्तख का अंडा सेना !

बिसनाथ पर अत्याचार हो गया। जब वह दूध पीने वाले ही थे कि छोटा भाई

आ गया। बिसनाथ दूध कटहा हो गए। उनका दूध कट गया। माँ के दूध पर छोटे भाई का कब्ज़ा हो गया। लेकिन बिसनाथ आसानी से कब्ज़ा छोड़नेवाले नहीं थे। गाय का दूध पीने से उन्होंने मना कर दिया। गाय के दूध का स्वाद पहचान कर चीखने लगते–"हम गैयक दूध नाहीं पियब, अम्मंक दूध पियब।" अब क्या हो। लोग संकट में पड़े। तब कसेरिन दाई ने तरकीब बताई। अम्मा ने बिसनाथ से चालाकी की। अपने स्तनों पर 'बुकवा' (उबटन) का लेप करके बिसनाथ को दूध पिलाने लगीं। उबटन का तीता, कसैला स्वाद जबान पर पड़ते ही बिसनाथ चीखे–"तोर दूध खराब है, हम ई नाहीं पिअब रे" बस यही तो लोग चाहते थे। छोटा भाई हुमक-हुमक कर अम्माँ का दूध पीता और बिसनाथ गाय का बेस्वाद दूध। कसेरिन दाई पड़ोस में रहती थीं। बिसनाथ को उन्होंने ही पाला-पोसा। सूई की डोरी से बनी हुई कथरी सुजनी कहलाती है। साफ़-सफ्फ़ाक सुजनी पर कसेरिन दाई के साथ लेटे तीन बरस के बिसनाथ चाँद को देखते रहते। लगता है उसे हाथ से छू रहे हैं, उसे खा रहे हैं, उससे बातें कर रहे हैं। वह धुक-धुक करके चलता रहता। बादल में छिप जाता, फिर उसमें से निकल आता। इमली के छतनार पेड़ के अन्तरालों से छन कर चाँदनी के कितने टुकड़े बिखरते। शीशम की फुनगी को चाँदनी कैसे चूमती।

फूलों की बात हो रही थी-कमल, कोइयाँ हरसिंगार की। लेकिन ये तो फूल हैं और फूल कहे जाते हैं–ऐसे कितने फूल थे जिनके फूलों की चर्चा फूलों के रूप में नहीं होती, और हैं वे असली फूल–तोरी, लौकी, भिंडी, भटकटैया, इमली, अमरूद, कदम्ब, बैगन, कोंहड़ा (कासी फल), शरीफ़ा, आम के बौर, कटहल, बेल (बेला चमेली जूही वाला बेला नहीं), अरहर, उरद, चना, मसूर, मटर के फूल, सेमल के फूल, कदम (कदम्ब) के फूलों से पेड़ लदबदा जाता। कृष्ण जी उसी पर झूलते थे–'झूला पड़ा कदम की डाली,' 'नन्दक नन्द कदम्बक तरुतर' क्या कदम्ब और भी देशों में होता है। मुझे तो लगता है कदम्ब का दुनिया भर में एक ही पेड़ है–बिस्कोहर के पच्छूँ टोला में ताल के पास। सरसों के फूल का पीला सागर लहरता हुआ। खेतों में तेल-तेल की गंध, जैसे हवा उसमें अनेक रूपों में तैर रही हो। सरसों के अनवरत फूल-खेत सौन्दर्य को कितना पावन बना देते हैं। बिसनाथ के गाँव में एक फूल और बहुत इफरात होता था–उसे भरभंडा कहते थे, उसे ही शायद सत्यानाशी कहते हैं। नाम चाहे जैसा हो सुन्दरता में उसका कोई जवाब नहीं। फूल पीली तितली जैसा, आँखें आने पर माँ उसका दूध आँख में लगातीं। और दूबों के अनेक वर्णी छोटे-छोटे फूल–बचपन में इन सबको चखा है, सूँघा है, कानों में खोसा है। और देखिए–धान, गेहूँ, जौं के भी फूल होते हैं–जीरे की शक्ल

में—भुट्टे का फूल धान के खेतों और भुट्टे की गंध जो नहीं जानता उसे क्या कौन समझाए।

फूल खिले खिले फूल
धान फूल, कोदो फूल
कुटकी फूल खिले।
फूल खिले, खिले फूल
गोभी फूल, परवल फूल
करेला, लौकी, खेक्सा
मिर्ची फूल खिले
फूल खिले खिले फूल
खीरा फूल, तोरई फूल
महुआ फूल खिले।
ऐसी हो बारिश
खूब फूल खिलें।

—नवल शुक्ल

घास-पात से भरे मेड़ों पर, मैदानों में, तालाब के भीटों पर नाना प्रकार के साँप मिलते थे। साँप से डर तो लगता था लेकिन वे प्रायः मिलते दिखते थे। डोंड़हा और मजगिदवा विषहीन थे। डोंड़हा को मारा नहीं जाता। उसे साँपों में वामन जाति का मानते थे। धामिन भी विषहीन है लेकिन वह लम्बी होती है, मुँह से कुश पकड़ कर पूँछ से मार दे तो अंग सड़ जाए। सबसे खतरनाक गोंहुअन जिसे हमारे गाँव में 'फेंटारा' कहते थे। और उतना ही खतरनाक 'घोर कड़ाइच' जिसके काट लेने पर आदमी घोड़े की तरह हिनहिनाकर मरे। फिर भटिहा-जिसके दो मुँह होते हैं। आम, पीपल, केवड़े की झाड़ी में रहने वाले साँप बहुत खतरनाक।

अजीब बात है साँपों से भय भी लगता था और हर जगह अवचेतन में डर से ही सही उनकी प्रतीक्षा भी करते थे। छोटे-छोटे पौधों के बीच में सरसराते हुए साँप को चलते देखना भी भयानक रस हो सकता है। इसी तरह बिच्छू ! साँप के काटे लोग बहुत कम बचते थे। बिच्छू काटने से दर्द बहुत होता था, कोई मरता नहीं था। फूलों की गंधों से साँप, महामारी, देवी, चुड़ैल आदि का सम्बन्ध जोड़ा जाता था। गुड़हल का फूल देवी का फूल था। नीम के फूल और पत्ते चेचक में रोगी के पास रख दिए जाते। फूल बेर के भी होते हैं और उनकी गंध वन्य, मादक होती है। बसन्त में फूल आते हैं। बेर का फूल सूँघकर बर्रे ततैया का डंक झड़ जाता है। तब उन्हें हाथ से पकड़ लेते, उन्हें जेब में भर लेते। उनकी कमर में

धागा बाँध कर लड़ाते।

खूब गरमी चिलचिलाती पड़ती। घर में सबको सोता पाकर चुपके से निकल जाते। दुपहरिया का नाच देखते। गर्मी में कभी-कभी लू लगने की घटनाएँ सुनाई पड़ती। माँ लू से बचने के लिए धोती या कमीज़ से गाँठ लगाकर प्याज़ बाँध देतीं। लू लगने की दवा थी कच्चे आम का पना। भून कर गुड़ या चीनी में उसका शरबत पीना, देह में लेपना, नहाना। कच्चे आम को भून या उबाल कर उससे सिर धोते थे। कच्चे आमों के झौंर के झौंर पेड़ पर लगे देखना, कच्चे आम की हरी गंध, पकने से पहले ही जामुन खाना, तोड़ना—यह गर्मी की बहार थी। गर्मी का फल और तरकारी भी है कटहल।

वर्षा ऐसे सीधे एकाएक नहीं आती थी। पहले बादल घिरते-गड़गड़ाहट होती। पूरा आकाश बादलों से ऐसा घिर जाता कि दिन में रात हो जाती। 'चढ़ा आकास गगन घन गाजा, घन घमंड गरजत घन घोरा और कम्पित-जगम-नीड़ बिहंगम'। वर्षा ऐसी ऋतु है जिसमें संगीत सबसे ज़्यादा होता है तबला, मृदंग और सितार का। जोश ने लिखा है—'बजा रहा है सितार पानी' और वर्षा ऐसे नहीं—आती हुई दिखलाई पड़ती थी। मेरे घर की छत से--जैसे घोड़ों की कतार दूर से दौड़ी हुई चली आ रही हो—और पास,और पास अब नदी पर बरसा, अब डेगहर पर, अब बड़की बगिया पर,अब पड़ोस घर में टप टप टप, आँधी चले तो तीन छप्पर उड़े। कई दिन लगातार बरसें तो दीवार गिरे, घर धँसके—बढ़िया आवे। भीषण गर्मी के बाद बरसात में पुलकित कुत्ते, बकरी, मुर्गी-मुर्गे, भौं भौं, में में, चूँ चूँ करते मगन बेमतलब इधर-उधर भागें, थिरकें। पहली वर्षा में नहाने से दाद-खाज, फोड़ा-फुंसी ठीक हो जाते हैं लेकिन मछलियाँ कभी-कभी उबस के माँजा (फेन) लगने से भी मर जाती हैं—राजा दशरथ राम के बिरह में ऐसे व्याकुल 'माँजा मनहु मीन कँह व्यापा'। जोंक, केंचुआ ग्वालिन--जुगनू, अगनिहवा, बोका, करकच्ची—गोंजर आदि, मच्छर, डाँसा आदि कीड़े-मकोड़ों की बहुतायत--भूमि जीव संकुल रहे, किन्तु नाना प्रकार के दूबों, वनस्पतियों की नव-हरित आभा की लहरों का क्या कहना—धोए-धोए पातन की बात ही निराली है।

फिर गन्दगी कीचड़, बदबू, की लदर-पदर। बाढ़ आवे, सिवान-खेत-खलिहान पानी से भर जाए तो दिसा-मैदान की भारी तकलीफ़। जलावन की लकड़ी पहले न इकट्ठा कर ली तो गीली लकड़ी गीले कंडे से घर धुएँ से भर जाए। बरसात के बाद बिस्कोहर की धरती, सिवान, आकाश, दिशाएँ, तालाब, बूढ़ी राप्ती नदी निखर उठते थे। धान के पौधे झूमने लगते थे, भुट्टे, चरी सनई के पौधे, करेले, खीरे, कांकर, भिंडी, तोरी के पौधे, फिर लताएँ। शरद में फूल—तालाब में शैवाल

(सेवार) उसमें नीला जल–आकाश का प्रतिबिम्ब–नीले जल के कारण तालाब का जल अगाध लगता। स्नान करने से आत्मीय शीतलता और विशुद्धता की अनुभूति–तालाबों का नीला प्रसन्न जल–बिसनाथ को लगता अभी इसमें से कोई देवी-देवता प्रकट होगा। खेतों में पानी देने के लिए छोटी-छोटी नालियाँ बनाई जातीं, उसे 'बरहा' कहते थे, उसमें से जल सुरीला शब्द करता हुआ शाही शान से बहता जैसे चाँदी की धारा रेंग रही हो, उसपर सूर्य की किरणें पड़तीं।

जाड़े की धूप और चैत की चाँदनी में ज़्यादा फर्क नहीं होता। बरसात की भीगी चाँदनी चमकती तो नहीं लेकिन मधुर और शोभा के भार से दबी ज़्यादा होती है। वैसे ही बिस्कोहर की वह औरत। पहली बार उसे बढ़नी में एक रिश्तेदार के यहाँ देखा। बिसनाथ की उमर उससे काफी कम है–ताज्जुब नहीं दस बरस कम हो, बिसनाथ 10 से ज़्यादा के नहीं थे। देखा तो लगा चाँदनी रात में, बरसात की चाँदनी रात में जूही की खुशबू आ रही है। बिस्कोहर में उन दिनों बिसनाथ सन्तोषी भइया के घर बहुत जाते थे। उनके आँगन में जूही लगी थी। उसकी खुशबू प्राणों में बसी रहती थी। यों भी चाँदनी में सफेद फूल ऐसे लगते हैं मानो पेड़ों, लताओं पर चाँदनी ही फूल के रूप में दिखाई पड़ रही हो। चाँदनी भी प्रकृति, फूल भी प्रकृति और खुशबू भी प्रकृति। वह औरत बिसनाथ को औरत के रूप में नहीं, जूही की लता बन गई चाँदनी के रूप में लगी जिसके फूलों की खुशबू आ रही थी। प्रकृति सजीव नारी बन गई थी और बिसनाथ उसमें आकाश, चाँदनी, सुगन्धि सब देख रहे थे। वह बहुत दूर की चीज़ इतने नज़दीक आ गई थी। सौन्दर्य क्या होता है, तदाकार परिणति क्या होती है–जीवन की सार्थकता क्या होती है, यह सब बाद में सुना, समझा, सीखा सब उसी के सन्दर्भ में। वह नारी मिली भी–बिसनाथ आजीवन उससे शरमाते रहे। उसकी शादी बिस्कोहर में ही हुई। कई बार मिलने के बाद बहुत हिम्मत बाँधने के बाद उस नारी से अपनी भावना व्यक्त करने के लिए कहा, "जे तुम्हैं पाइ जाइ ते जरूरै बोराय जाइ–जो तुम्हें पा जाएगा वह जरूर ही पागल हो जाएगा।"

"जाइ देव बिसनाथ बाबू, उनसे तौ हमार कब्बों ठीक से भेंटौ नाही भई।"

बिसनाथ ने एक बार देखा जिसे कदली स्तम्भ कहते हैं कविता में–वह संगमरमर जैसा ठोस–संगमरमर गुलाब के रंग में धुला हुआ। गुलाब की गंध मादक होती है। जिसे चन्द्रमुख कहते हैं उसमें जो जिह्वा रहती है वह साँपिन की तरह तड़पती, लहरें लेती हुई पुरुष की जिह्वा से लिपटती, बलखाती हुई, चूसती हुई, मुख-विवर के कण्ठ तक घुस जाती है पता नहीं कितने बलखाती हुई-"बस बाबू को केउ देख लेही तो हम कहूँ मुँह देखावै लायक नाही रहब।"

बिसनाथ मान ही नहीं सकते कि बिस्कोहर से अच्छा कोई गाँव हो सकता है और बिस्कोहर से ज़्यादा सुन्दर कहीं की औरत हो सकती है।

बिसनाथ को अपनी माँ के पेट का रंग हल्दी मिलाकर बनाई गई पूड़ी का रंग लगता–गंध दूध का। पिता के कुर्ते को जरूर सूँघते उसमें पसीने की बू बहुत अच्छी लगती। नारी शरीर से उन्हें बिस्कोहर की ही फसलों, वनस्पतियों की उत्कट गंध आती है। तालाब की चिकनी मिट्टी की गंध, गेहूँ, भुट्टा, खीरा की गंध, या पुआल की होती है। आम के बाग में आम्रमंजरी, बौर की लपट मारती हुई गंध तो साक्षात् रति गंध होती है। फूले हुए नीम की गंध को नारी-शरीर या शृंगार से कभी नहीं जोड़ सकते। वह गंध मादक, गम्भीर और असीमित की ओर ले जानेवाली होती है। संगीत, गंध, बच्चे बिसनाथ के लिए सबसे बड़े सेतु हैं काल, इतिहास को पार करने के। बड़े गुलाम अली खाँ साहब ने एक पहाड़ी ठुमरी गाई है–अब तो आओ साजना–सुनें अकेले में या याद करें इस ठुमरी को तो रुलाई आती है और वही औरत इसमें व्याकुल नज़र आती है। अप्राप्ति की कितनी और कैसी प्राप्तियाँ होती हैं ! वह सफेद रंग की साड़ी पहने रहती है। घने काले केश सँवारे हुए हैं। आँखों में पता नहीं कैसी आर्द्र व्यथा है। वह सिर्फ इन्तज़ार करती है। संगीत, नृत्य, मूर्ति, कविता, स्थापत्य, चित्र गरज कि हर कला रूप के आस्वाद में वह मौजूद है। बिसनाथ के लिए हर दुःख-सुख से जोड़ने की सेतु है।

इस स्मृति के साथ मृत्यु का बोध अजीब तौर पर जुड़ा हुआ है।

पंडित जगदम्बा प्रसाद पाण्डेय 'जगेश'

पंडित जगदम्बा प्रसाद पाण्डेय 'जगेश' को बिस्कोहर बजार में 'जगदम्बा पंडित' कहा जाता था। 'जगेश' उपनाम था। 1940 ई. के आस-पास एक कविता 'आर्य्यमित्र' में छपी थी।

वे पुरूब-टोला-पंडितों के मुहल्ले में रहते थे। उनके अनेक पट्टीदार थे। सबके घर पास-पास थे। उनके निकटतम पट्टीदार महेश पाण्डेय हमारे फूफा लगते थे। मून बाबू महेश फुफ्फा के पुत्र थे। वे हमारे परिवार के बहुत आत्मीय थे। पंडित टोले में हम उन्हीं के घर आते-जाते थे।

जगदम्बा पंडित की चुरकी (शिखा) जवार में सबसे लम्बी और मोटी थी। गाय के खुर के बराबर। कद में वे पाँच फुट के रहे होंगे। खैनी के प्रेमी थे। बिस्कोहर बाजार में सबसे अधिक राष्ट्रीय विचारों के आदमी थे। वे सनातन धर्मी भी थे, आर्यसमाजी भी, कांग्रेसी भी, हिन्दूमहासभाई भी। मुस्लिम लीगियों से बहस करते थे, आर्यसमाजियों से शास्त्रार्थ, सनातनधर्मियों का भंडाफोड़—

उनकी एक पंक्ति है :

मुल्क को तक़सीम करवाया है दोनों जीम ने

जीम यानी फ़ारसी लिपि का जीम वर्ण। आशय जिन्ना और जवाहरलाल से है।

वे मुसलमानों के बीच खड़े होकर धड़ल्ले से हजरत मुहम्मद की आर्यसमाजी आलोचना करते। ज़ाकिर नदवी और फ़जलुल्ला कहते—जाने दीजिए जगदम्बा पंडितजी के दिल में तास्सुब नहीं है। बाज़ार में समृद्ध मुन्ना सोनार की दुकान पर गांधी-हत्या का चित्र लगा था—गोडसे गांधी जी को पिस्तौल दाग रहा है। जगदम्बा पंडित दुकान पर जाते—गोडसे के चित्र का चरण-स्पर्श करते। वे गांधी-हत्या नहीं—गांधी-वध कहते थे। लेकिन गांधी-वध की चर्चा करते-करते बच्चों की तरह बिलख-बिलख कर रोने लगते। कहते—गांधी भी बनिया, मैथिलीशरण भी बनिया—दूनौं बनिया महापुरुष होइ गए—लन्दन को हिलाए देत भारत का बनिया।

भारत-भारती कण्ठस्थ थी उन्हें।

कविता का पाठ ऐसा करते कि नाद-सौन्दर्य निखर उठता। पढ़ते—प्रसाद केतन-पट हमारे चन्द्र को थे चूमते—तो पताका की फड़फड़ाहट सुनाई पड़ती। नाथूराम शर्मा 'शंकर' की कविता के प्रेमी थे। बताते—शंकर ऐसे कवि हैं कि देश का तुक 'शेष' से नहीं मिलाते। देश का लेश से और शेष का तुक मेष से। उनके सम्पर्क में जो आता, काव्यप्रेमी हो जाता, कविता भी करने लगता। राष्ट्रीय विचारों—उनके राष्ट्रीय विचारों का हो जाता।

बिस्कोहर में आर्यसमाज का अच्छा काम था। आर्यसमाज के स्थानीय नेता भगेलू महाशय थे। एक और थे काशीराम महाशय लेकिन वे बढ़नी बाज़ार चले गए थे।

एक उपनेता थे, हरितनारायण महाशय। भगेलू महाशय बनिया थे। नाम लिखते रामलषण आर्य। भगेलू महाशय आर्यसमाज के उपदेशक थे। कविता करते, हारमोनियम पर गाते थे। छोटे-छोटे काव्य-संकलन छपवाते। प्रथम पृष्ठ पर फोटो। नीचे लिखा रहता—उपदेशक रामलषण आर्य—किताब का दाम चार आने।

जगदम्बा पंडित से पटती नहीं। भगेलू महाशय की कविता की पंक्ति थी—

'कृण्वन्तो विश्वमार्यम् का डंका बजा दो'

जगदम्बा पंडित पढ़ते—

'कृण्वन्तो विश्वमार्यम् का डंका बजा दो, चूहे की टाँग पकड़ कर ऊपर को उठा दो बिल्ली की टाँग गाँ...में उसकी घुसेड़ दो, साले कविता करने चले हैं।'

बाज़ार में कोई ब्राह्मण आर्यसमाजी नहीं था।

भाषण उनसे चाहे जिस मंच पर करवा लीजिए। वे बिस्कोहर बजार के बुद्धिजीवी नेता थे। वे पुरोहिती भी करते थे। लेकिन ऊपरी मन से। भाषण करने रुचिपूर्वक जाते थे। स्नान करते, जनेऊ साबुन से धोते। कमीज बँहकटी पहनते। काठ की पट्टीदार स्लीपर पहनकर चटपट-चटपट करते, लम्बी मोटी चुटिया फटकारते गम्भीरतापूर्वक सभाकक्ष की ओर जाते। रास्ते में कुछ बोलते जाते—भाषण का पूर्वाभ्यास। बिसनाथ को भी भाषण करने को प्रोत्साहित करते—तुम्हारी उम्र होती तो मैं श्यामजी पराशर की पूरी पुस्तक कण्ठस्थ कर लेता। पूरी पुस्तक कण्ठस्थ कर लो, फिर विषयानुकूल अंश बोल दो। सभा में करतल ध्वनि।

1940-41 ई. में फौज में रंगरूटों की भरती के लिए प्राइमरी स्कूल के पास वाले बाग में सभा हुई। 1857 के गदर में कम्पनी की फौज का तम्बू वहाँ लगता था। पक्का कुआँ था। कुएँ के ऊपर बिस्कोहर के विशिष्ट जन बैठे, नीचे कुर्सी-मेज के साथ डिप्टी साहब। सामने 200-300 की सभा। जगदम्बा पंडित

सज-धज कर आए थे। उनका कविता सुनानेवालों में नाम था। पहले कोई लोक-कवि आया। सरकारी आदमी जैसा। उसने गाया–

मेरे बांके सैयाँ
बन जा तू अब रंगरूट
हियाँ जुरै नहिं फटही पनहीं
हुआँ तू डटबौ बूट...मेरे बांके सैयाँ...आदि

जगदम्बा पंडित ने कविता सुनाने के पहले कहा–मेरा नाम है जगदम्बा प्रसाद पाण्डेय 'जगेश', बस्ती जनपदान्तर्गत, बिस्कोहर ग्राम का निवासी हूँ। दो पंक्तियाँ इस प्रकार थीं–

हैं हम वंशज अर्जुन, भीम के
शत्रुओं को भली-भाँति जताना
जीते मिलै विक्टोरिया क्रास
मरे पै मिलै बैकुण्ठ बिमाना !

जगदम्बा पंडित की शादी में बिसनाथ बहुत छोटे थे। बारात में नहीं गये थे। उनकी क्या–बिसनाथ को मून बाबू की बारात में भी नहीं ले जाया गया था। मून बाबू की पत्नी बिसनाथ की भाभी लगती थीं। वधू कैसी होती है यह सबसे पहले उन्हीं के रूप में देखा। वहीं एक और लड़की देखी जो बिसनाथ के जीवन की सबसे आकर्षक नारी थी। वह अलग प्रसंग है।

जगदम्बा पंडित की पत्नी काकी लगती थीं। काकी बहुत गोरी थीं। रंग जैसे चीनी का बताशा। दाहिने गाल पर चीरे का निशान था। मून बाबू की माँ और जगदम्बा पंडित की माँ में झगड़ा होता तो पतोहुओं की रूप-तुलना होती। भौजी गोरी थीं लेकिन मुँह पर चेचक के दाग थे। जगदम्बा पंडित की माँ बोलती–"अरे ऊ चलनी हमरे पतोहू के मुकाबला करी ?"

मून बाबू की माँ कहती–अरे कैसे ? तोहरी गलकट्टी से।

जगदम्बा पंडित जी ने विवाह में अश्लील गाने नहीं गाने दिया। औरतों ने ढोलक बजाकर जैसे ही कढ़ाया जगदम्बा पंडित डंडा लेकर पहुँच गए–"काट के धर देंगे। अगर किसी ने गारी गाया तो आजीवन कुँवारे रह के देखाय देंगे। रामचरित्तर पाण्डे का बस नहीं चलेगा।" वे इस विषय में दृढ़ आर्यसमाजी थे। बिस्कोहर बाजार के लोगों को दिखा देना चाहते थे अपना और भगेलू महाशय का फर्क।

रामचरित्तर पाण्डे अर्थात् जगदम्बा पंडित के पिता छोटे कद के नहीं, लम्बे-चौड़े थे। ज़मींदार के यहाँ आते-जाते थे। वहीं से आमदनी कर लेते थे।

रईसी से रहते थे—पुरोहिती नहीं करते थे—पढ़े-लिखे नहीं थे।

साफ धुली हुई कमीज़, पैर छूती हुई, चुनी हुई कलकतिया धोती, पम्प शू, हाथ में बेंत—जिसके सिरे पर चमड़े के दो पत्ते फटाफट करते। बेंत छड़ी की मूँठ पर चाँदी मढ़ी होती। पनडब्बा साथ में रहता। पान हमेशा खाए रहते। दाँत काले हो गए थे। आगेवाले दो दाँत हिलते थे—इतना कि हिलते हुए दिखलाई पड़ते।

पिता-पुत्र चरित्र-स्वभाव में विपरीत थे। रामचरित्तर पाण्डे ने लड़के को रईसी से पाला था। जूता पहनाते, पैंजनी पहनाते, छुहारा खिलाते। लेकिन लड़का उनसे बिदक गया। वह महाशय बन गया। रामचरित्तर के रास्ते पर नहीं चला। रामचरित्तर पाण्डे कहते—''ना जानै केकर होय सार जहुआ निकर गवा'।

जगदम्बा पंडित के बिदकने का कारण था। रामचरित्तर पाण्डे भुनगा पासिन को रखे थे। उसी के घर में घुसे रहते। एक बार पासियों ने उन्हें पकड़कर मारा। मुँह में कालिख पोती। जगदम्बा पंडित इसे भूल नहीं पाते। कोई उनके सामने नाम भी ले तो कहते—

"वो पिता नहीं, शत्रु हैं पूर्वजन्म के। हमारे सामने उनका नाम भी लोगे तो हम उठके चले जाएँगे और कभी तुम्हारे घर पर मूतेंगे भी नहीं।"

पंडित जी अपनी माँ के साथ रहते। रामचरित्तर पाण्डे का दुतल्ला मकान था। काकी उसी घर में आई।

बड़ी उम्र के लड़कों से पंडित जी बताते—'काकी लजीली हैं।' 'रात समै रसकेलि कियो दिन हूँ में लला पुनि घात लगाई' स्थिति आ जाती है। मैंने उन्हें समझा रखा है। दोपहर में अम्माँ सो जाती हैं। मैं कोठे पर चारपाई में लेटा हुआ जोर से बोलता हूँ—ऊर्ध्व आगच्छ। वे किसी बहाने चुपके से आ जाती थीं। शुरू में नहीं आती थीं। मैंने एकाध झापड़ भी रसीद किए। रात को खाना नहीं खाया। तब उन्हें अकल आई। जब कोई गलत काम हो जाता है उन्हें रूठने का मौका ही नहीं देता। हमीं मुँह फुला लेते हैं। तुम्हारी काकी ही मनाती हैं।' बिसनाथ भी ये सब सुनते। आधा समझते आधा नहीं। वे डाँटते—'तुम बिसनाथ अपना काम करो। भगो यहाँ से। बड़े होगे तब ये बातें सुनना। अभी ब्रह्मचर्य धारण करो। गृहस्थाश्रम में प्रवेश करने के उपरान्त ये सब बातें शोभा देती हैं।'

बलरामपुर में उनकी एक बहन की शादी हुई थी। डॉ. उमानाथ के यहाँ। बिसनाथ वहाँ डी.ए.वी. हाई स्कूल में पढ़ते थे। उन्हें बलरामपुर में दो बार देखा। पहली बार रिश्तेदारी में किसी काम से आए थे। बिसनाथ स्पेशल क्लास में थे। रात के आठ बजे होंगे। बरसात की चाँदनी रात थी। वे साफ धुले कपड़े थे। बिसनाथ अपनी बड़ी बहन के यहाँ रहकर पढ़ते थे। हालत खस्ता थी। वे बहन

से नहीं मिले। घर के बाहर ही खड़े-खड़े बिसनाथ से बातें करते रहे। बड़ी देर तक। चलते समय टेंट में हाथ डालकर कुछ टटोला। गिलट का एक रुपया निकाला, बिसनाथ को दिया। यह अप्रत्याशित था। वे किसी को पैसा-रुपया देंगे यह कोई सोच नहीं सकता था। पुरोहिती करनेवाले पाण्डे-परिवार की कंजूसी विख्यात थी। वे त्यौहार, उत्सव के दिन दान-दक्षिणा लेते, मरनी-करनी पर तेरहीं खाते, नितकुम लेते। जगदम्बा पंडित अशुभ-निवारण के लिए शाम को दिया जलाते फिर बुझा देते। इससे तेल का खर्चा बहुत कम होता। रात को खाना नहीं बनता। भूजा चबाते। इससे ईंधन का खर्च बचता। सत्यनारायण की कथा बाँचते तो गरी-छुआरा, पंजीरी काफी मात्रा में ले आते। वह कई दिनों हफ्तों काम आता। निमन्त्रण होता तो इतना खाते कि अगले जून खाने की इच्छा ही नहीं होती। लोटे में पूड़ी-तरकारी भर लाते। उससे घरवालों का भी पेट भर जाता।

पितर पक्ख में चाँदी ही चाँदी। एक-एक दिन में चार-पाँच जगह निमन्त्रण। चार-चार पूड़ी हर जगह खाते।

पितरपक्ख में बांभन और जेठ में पूर्वकथित चमार की बड़ी कदर होती। एक बार फागू मिसिर के यहाँ निमन्त्रण था। फागू मिसिर बाबू साहब के सिरवार थे। अच्छा भोजन मिलता था। जगदम्बा पंडित खाके निकले। थोड़ा चले तो कै होने लगी। घर तीन फर्लांग पर था। वहाँ तक वे वमन करते गए। थोड़ी दूर चलते, बैठ जाते। वमन करते-फिर चलते, फिर बैठ जाते। फिर वमन करते। नीचे धोती भी खराब हो गई सो अलग।

जगदम्बा पंडित चाहते थे कि बिसनाथ की पढ़ाई न रुके। उनकी यह इच्छा इतनी तीव्र थी कि एक रुपए का लोभ नहीं किया।

काकी को पंडितजी नैहर कम भेजते थे। बाद में काकी खुद भी जाना मना कर देती थीं। उसका कारण था। एक बार काकी नैहर गई तो जगदम्बा पंडित ने बड़ी जगहँसाई की। हम लोगों ने ऐसा वाकया सुना।

एक दिन बिस्कोहर बाज़ार में बात उड़ी कि जगदम्बा पंडित घर छोड़कर पता नहीं कहाँ चले गए। उनकी महतारी रो-रोकर अन्धी हो रही थी। काकी एक सप्ताह पहले नैहर गई थीं। चारों तरफ आदमी भेजे गए। पंडितजी का पता नहीं। बात फैल गई कि जगदम्बा पंडित बौराय के कहीं चले गए—लोग डरे कि पता नहीं कहाँ बहि-बिला जाएँ।

लोग बहुत दुखी थे। बिसनाथ भी। लेकिन क्या कर सकते थे। अजीज, फ़जलुल्लाह सब अफसोस में मुँह लटकाए घूमें।

कि एक दिन स्कूल जाते समय वे डाकखाने में बैठे दिख गए। थोड़ा गम्भीर

थे। पूछा—पंडित जी आप कहाँ चले गए थे। जगदम्बा पंडित ने दाहिना हाथ उठाकर हवा में हिलाया—यह तो होना ही था की भाव मुद्रा बनाते हुए बोले—प्रेम नहीं रुक सका। बस और कुछ नहीं।

कि उनके गाल पर दो थप्पड़ पड़े—चटाक-चटाक। 'सरऊ नोखे माँ इनहीं की मेहरारू नैहरे गई है। मजनू बना घूमत है।' पता नहीं रामचरित्तर पाण्डे कहाँ से यह सब सुन रहे थे। जगदम्बा पंडित सन्न। चेहरा शर्म से लाल, वाणी अवरुद्ध। तनतना कर चुटूर-पुटूर करके चलते बने।

रामचरित्तर स्थिति पर प्रकाश डालते रहे—'कुलच्छनी साला। मेहरारू नैहरे का गई, पगलाए गए। सिवान मां साँझ-सकारे झाड़ा फिरै जाएँ तौ ससुरार की ओर मुँह करकै रौवें—कविता करैं। अरे भाई हमरउ बियाह भै रहा। हमरउ मेहरारू नैहरे जात रहीं। सार मर जात तो छुट्टी मिलता। पुत्र वही मर जाए जो कुल में दाग लगावें।'

पिता पं. रामचरित पाण्डे का देहान्त हुआ। तब बिसनाथ डी.ए.वी. बलरामपुर में पढ़ते थे। जगदम्बा पंडित अस्पताल में एक चारपाई पर पड़े पिता की सेवा में रत थे। पेट का मर्ज था। अस्पताली खाट के नीचे रखी चिलमची में रामचरित्तर पाण्डे की टट्टी सँभालते, धुलाते, घिनाते बिल्कुल नहीं। घिनाते तो अपराध-बोध होता। सेवा का सन्तोष चेहरे की मृत्यु-आशंका में घुला-मिला रहता। जगदम्बा पंडित को शान्त मितभाषी उन्हीं दिनों पाया। जगदम्बा पंडित जी का सब कुछ बदल गया, काकी की मृत्यु के बाद। काकी सम्भवतः प्रसव-वेदना में मरीं। उसके बाद जगदम्बा पंडित, जगदम्बा पंडित नहीं रह गए। खब्ती पहले ही माने जाते थे, अब बौराय गए। बहुत मिलनसार थे, बिस्कोहर में कोई घटना हो जाए—जगदम्बा पंडित वहाँ न हों, या उस पर बहस न करें यह अकल्पनीय था। पंडित परिवार के कुलीन ब्राह्मण थे, शुद्धाशुद्ध, छुआछूत, ऊँच-नीच का विचार रखते थे लेकिन बिस्कोहर बाज़ार में घुले होने के कारण कैसे-कैसे मनोरंजक स्थितियों, घटनाओं के मध्य उनका व्यक्तित्व विकसित होता था—यह न देखना हानिकर होगा।

बिस्कोहर में दो दर्जी भाई थे। जानता दोनों को था, नाम एक ही का याद है। बिराहिम दर्जी। बिराहिम माने इब्राहिम। बिराहिम दर्जी को बिसनाथ ने अधेड़ देखा—दोहरे बदन मँझोले कद के, घनी लम्बी-सी खिचड़ी दाढ़ी। देखने में शान्त सौम्य, लम्बा, घुटनों के नीचे तक जानेवाला कुर्ता और पिंडलियों तक ही रहनेवाला तंग मोहरी का पाजामा। लेकिन उनकी करनी...।

दीपाली की सुबह जब बिस्कोहर चौक के लोग अपने घर का दरवाज़ा खोलते

तो पाते ठीक घर के सामने किसी कमबख़्त ने हाजत रफ़ा की है। सीधी लाइन में समान मात्रा और आकार में। यह करीब 100 घरों के सामने घटित होता। लगना दाई—जो पेड़े की वजह से बिस्कोहर जवार में मशहूर थीं और जो कानी थीं—चीखतीं—"वही बिरहिमना दाढ़ीजार कै काम है। भगवान करैं वकरी गाँड़ि मां कीड़ा परैं। त्यौहारेक सबेरे मलिच्छ कै गुह, राम-राम।" दीवाली रात को जलती थी। बिराहिम दर्जी प्रत्यूष बेला में ही दिया-देवारी धर आते थे। यह बिस्कोहर का ऐसा सांस्कृतिक समारोह था कि बिराहिम दर्जी को अधेड़ उमिर में भी इसकी व्यवस्था करनी पड़ती थी।

बिराहिम दर्जी वाज़ में शामिल होते। डोमसरा के मौलवी साहब बहुत जबरदंग वाज़ कहते थे। बच्चा-पार्टी वाज़ सुनने नहीं सिन्नी के लिए बेताब रहती। सिन्नी यानी मीठा प्रसाद जो वाज़ (उपदेश) के बाद बँटता। डोमसरा के मौलवी साहब बहुत देर तक वाज़ कहते। बच्चे कुलबुलाने लगते। बेचारे सोने लगते। कई, आँखों में नींद भरे सुनते रहते।

बिराहिम दर्जी यहाँ काम आते। मौलवी साहब पैट्रोमैक्स की लाइट में छड़ी भाँजकर वाज़ कह रहे होते। बिराहम उनके सामने इबादत की मुद्रा में दोनों हथेलियाँ जोड़कर अदब से बुदबुदाते। मौलवी साहब समझते कोई परम श्रद्धालु व्यक्ति है और पीछे बैठी जनता हँस-हँसकर लोट-पोट होने लगती। मौलवी साहब की समझ में न आता—माजरा क्या है।

बिराहिम का पूरा शरीर निश्चल-निष्पन्द रहता—अदब के साथ। सिर्फ दोनों कान हिलते रहते—हंगामा और तेज करने की जरूरत होती तो सिर्फ दोनों चूतड़ गोल-गोल चक्कर काटते। हा-हा-ही-हू-हू औरतें बुर्के में हँसती। बच्चे उछलने-कूदने लगते। बुजुर्ग भी फुसफुसाते—बहुत होए गवा। अब बस करौ मौलवी साहब। सिन्नी (शीरीनी) बँटने लगती।

जगदम्बा पंडित इन वाज़ों में अक्सर शरीक होते। बिसनाथ भी। एक बार डोमसरावाले मौलवी साहब वाज़ कर रहे थे। उस रात वे ज़ोम में थे। प्रसंग था कि कोई बच्चा शहीद हो रहा था। मौलवी साहब अपने ख़ास अन्दाज़ में नाक के सुर में गा उठे—'रहे-रहमत में बिछ जाएँ', फिर आवेश में बोले—एक वे लड़के थे जो रहे-रहमत में शहीद हो जाते थे—एक ये लौंडे साले हैं, सामने बैठे सिन्नी की उम्मीद में जीभ लपलपाते—ऊँघते, कुलबुलाते बच्चों की ओर छड़ी उठाकर डपटे—सालों को पादने की भी तमीज नहीं'।

प्रश्न भाषा और बिस्कोहरी भाषा की प्रयोग-शुद्धता का था। जगदम्बा पंडित आवेश नहीं रोक सके। चीखकर बोले—"मौलवी साहब मुहावरा पादने की तमीज़

का नहीं. नूँनी पकड़ने की तमीज़ का है।" शोर-शराबा हंगामा।

बिराहिम उठे। सबको शान्त करते हुए बोले—"आहा हा वाह-वाह धन्न भाग बिस्कोहर बाज़ार कै। दो-दो कलावन्त मौजूद। एक स्कूल, बीच चौक में खुलै बच्चों को पादने की तमीज सिखाने का। हेडमुअल्लिम मौलवी साहब। उसी के सामने, दूसरा स्कूल खुलै बच्चों को नूनी पकड़ने की तमीज सिखाने का, इसके हेडमुअल्लिम जगदम्बा पंडित। दोनों स्कूल आमने-सामने अपना-अपना इल्म बख्शें। हम कहते हैं बिस्कोहर का नाम होल इन्डिया में रोशन न हो जाए तो बिराहम को मारौ सौ गिनौ एक।" इसके बाद सिन्नी बँटने में ज़्यादा वक्त नहीं लगा।

वही जगदम्बा पंडित काकी की मौत के बाद चुपचाप अकेले रहने लगे। बिस्कोहर में हवा फैल गई कि बौराय गए। रोज सवेरे डंडा-लोटा लेकर बड़की बगिया में निकल जाएँ, सदी-गर्मी, पानी-आँधी, बारहों मास काकी के दाह-स्थल पर ध्यान लगाए बैठे मिलें। सावन-भादों की अँधेरी रात में पंडितजी बड़की बगिया में अकेलै रोवैं। एक कविता लिखी। अन्तिम पंक्ति थीं—

'राम की रती थी प्यारे राम में समा गई।'

काकी का नाम रामरती था। पंडित जी का मन किसी से बात करने का न होता। अपनी बुढ़ी माँ से भी नहीं। सास-पतोहू में पटती नहीं थी। बुढ़िया, काकी को तकलीफ देती थी। बीमारी में देखभाल नहीं की। जगदम्बा पंडित से भी झगड़ा करती कि मेहरारू पर दवा-दारू में इतना पैसा खर्च करने की क्या जरूरत है। काकी की मौत के बाद बुढ़िया कभी रोतीं या पंडितजी को समझातीं तो वे कहते—'चुप रहौ अम्माँ चुप रहौ। काहे रोती हो, हम तौ जानते ही हैं कि तुम हमका कितना मोहात हिउ।'

जगदम्बा पंडित बहुत दुबराय गए। एक बार पच्छूँ टोला में—किसी बेड़िन के घर सतनारायण की कथा बाँचने गए। कथा के पाँचों खंड सुना चुके तो एक बेड़िन स्नान करने के बाद बसन्ती रंग की (पीली) धोती पहनकर पूजा चढ़ाने आई। उसे देखकर जगदम्बा पंडित भोंकार फोड़ कर रोने लगे—कथा-श्रोताओं से हिचकी भरते हुए बोले—तोहार काकी नीरफूल (बिल्कुल) ऐसेइ रहीं'।

'लोकवादी तुलसीदास' प्रकाशित हुई तो बिसनाथ एक प्रति उन्हें देना चाहते थे। बस अड्डे पर भेंट हुई। वे बड़की बगिया जा रहे थे। लड़कों ने कहा—जगदम्बा पंडित जात हैं—आवाज़ दी पंडिज्जी, पंडिज्जी—कई आवाज़ देने के बाद उन्होंने मुड़कर पीछे देखा—

"बिसनाथ हैं का ? कब आएउ भइया !"

''चार-पाँच दिन होय गवा।''

बिसनाथ उत्साह में बोले–''पंडित जी गोसाईं जी पर एक किताब लिखा है। आपका दीन चाहित हैं–पढ़ैंगे।''

"सुनौ बिसनाथ। किताब लिखा ठीक किया चिउँटी के आँख देखि सकित है, लेकिन अच्छर नहीं देख पाइत"...

लक्खा बुआ

बिसनाथ लक्खा बुआ के घर पहली बार गए तो 6-7 साल के रहे होंगे। कंचा-गोली, गुल्ली-डंडा खेलते-खेलते निकल गए। लक्खा बुआ के घर से ही पच्छूँ टोला शुरू होता है। फूस का घर, सामने लिपा-पुता ऊँची ज़मीन डेढ़ फुट ऊपर, चबूतरा, घर में घुसते ही एक कमरा—फिर पीछे आँगन, अन्दर रसोई। कमरे में दो चारपाइयाँ। ऊपर साफ-सुथरी चादरें बिछीं। दीवालों पर देवी-देवताओंवाले कैलेन्डर। अनेक चित्र। ऐसा सुसज्जित कमरा बिसनाथ ने पहली बार देखा। एक अजीब-सी तृप्ति मिली। समय गर्मी का, दोपहर, बाहर गर्मी भीतर ठंडक। लक्खा बुआ साँवली, लमछर, नाक-नक्श तीखे, उमर तब 25 की रही होगी। आँखों की चर्चा तो बाद में होगी। आँखों ने ही तो परपंच मथा। तृप्ति में सुसज्जित कमरा, भीतर की ठंडक, लक्खा बुआ का व्यक्तित्व, सब कुछ शामिल था। आदमी की किस उमर का सौन्दर्यबोध सबसे विश्वसनीय होता है—इस पर विचार करना चाहिए। लक्खा बुआ ने सहज मुस्कान के साथ कहा—"आओ बिसनाथ बाबू।"

बिसनाथ चारपाई पर बैठ गए। पाँव नीचे रखा झुलाए। चादर गन्दा न हो जाए।

"ठीक से बैठ जाओ अलथी-पलथी मार कै। तू बच्चा हो, तुम्हैं कौन सरम हमरे बिस्तरा पर।"

बिसनाथ तब तक सरम का एक ही मतलब समझते थे—बिस्तर पर रात को पिसाब हो जाता था। सबेरे बात चलने पर लज्जित होते। पिता से कहते, "पेसाब मैंने नहीं किया।" "तब के किया है"—पिता पूछते। बिसनाथ चिन्ता में पड़ जाते। थोड़ी देर चुप रह कर कहते—"दादा ! कुकुआ ने किया होगा।" बिसनाथ अपने पुरुष-अंग को कुकुआ कहते थे।

बिसनाथ आराम से बिस्तरे पर बैठ गए। चित्रों को देखने लगे। गुलाबी, लाल, पीले, नीले, बैंगनी रंग अजीब दुनिया बना रहे थे। झिलमिलाता हुआ मायालोक। आलोक का ठीक अर्थ आज तक बिसनाथ को रंग और प्रकाश की झिलमिलाहट में ही मिलता है।

"ई कौन मेहरारू है। बड़ी सुन्दर है।"

लक्खा बुआ ने जीभ को दाँत से काटने की मुद्रा बनाकर टोका—

"राम ! राम ! मेहरारू नहीं बाबू, सीता जी हैं, रामचन्द्र जी की घरवाली। लवकुश की अम्माँ, राजा जनक की बिटिया। बहुत दुःख उठाइनि बिचारी। बनकस जानत हौ का है। अरे उहै बनकस, जेकरी खटिया पै बैठे हो।"

"बनकस, बन की घास है मूँज जैसी बुआ। क्या हम इहौ नहीं जानित।"

"इहै जान लेते तौ का बात रही।"

"अरे बनकस सीताजी के केस हैं। सीता धरती मैया की कोख में समाय गईं। रामजी के हाथ में उनके केस आए। वहै बनकस होइ गवा।"

"ई कैसे भवा बुआ ?" बिसनाथ चकित, स्तब्ध हो गए।

"सीता जी धरती मैया में काहे समाय गईं ?"

"समाय न जातीं तौ का करतीं। जब रामै जी निकारि दिहिन।

"अरे राम जी राजा भए। राम-सीता सुख से रहै लागे। लव-कुस पेट मां रहे। सीता जी को असोक बाटिका की याद आई। सीता जी ने असोक बाटिका का चित्र माटी से ज़मीन पर बनाया। उसमें रावण का चित्र भी था। ननद ने देख लिया। भैय्या राम से चुगली खाई—'भैय्या ! भउजी तौ रवना उरेहैं, सतरू उरेहैं'।

"राम ने सीता को बनोबास दे दिया। लच्छमन, भरत, शत्रुघन, हनुमान, रानी कौंसिला रोवैं। चिरई चिरगुन रोवैं। हुआँ लव-कुस भए। वाल्मीकि ने सिखाया-पढ़ाया। सीता मैय्या ने लड़कों को समझाया—चारों दिशाओं में जाना, अवधपुरी न जाना। लेकिन भाग का लेखा कौन मिटावै। लव-कुस ने लड़ाई में हनुमान, भरत, लच्छमन सबको जीत लिया। आखिर में राजा राम आए। तब सीता मैय्या अनरथ जानकर दौड़ी-दौड़ी आईं। खुसी भी थी कि लड़कों ने बाप के भाइयों को हरा दिया। राम ने पहचान कर पकड़ने की कोसिस की तो माख के मारे धरती माँ से बोलीं—माई अब ई दिन ना दिखाओ। जिसने भारी पाँव घर से निकाल दिया अब उसी की सरन मां मत डालो। धरती तो सीता की अम्माँ थीं। ससुरारे से निकारी बिटिया को नैहरे में जगह न मिली तो कहाँ मिली—धरती का सीना फट गया, सीता समाय गईं। राम दौरे, हाथ मां सिर्फ उनकै झोंटा आवा। उहै बनकस होय।"

लक्खा बुआ हुचुक-हुचुककर रो रही थीं। उनका मुँह आँसुओं से झल-झला रहा था। बिसनाथ ने रामकथा की करुणा का साक्षात्कार सबसे पहले लक्खा बुआ की वाणी के माध्यम से प्राप्त किया। कालिदास, भवभूति से बाद में।

लक्खा बुआ पच्छूँ टोले की नगर-वधू थीं। वह हँसती-बोलती रहतीं। मुहर्रम बिस्कोहर का सबसे बड़ा उत्सव था। उन दिनों लक्खा बुआ पान की दुकान

खोलतीं। सबसे ज़्यादा भीड़ उन्हीं की दुकान पर होती। गाँव ही नहीं जवार भरके गदह-पचीसी नौजवान, अधेड़, बुड्ढे उनके यहाँ पान खाते। शारीरिक रहस्यों के जिज्ञासु 13-14 साल के लड़के-लड़कियाँ उन्हीं के आस-पास मँडराते रहते। पटवारी, कानूनगो, कांस्टेबल, दीवान साहब, मुंशी, जिमींदार के सिरवार, सब उन्हीं की दूकान पर पान खाते।

और बात सच्ची यह कि पान खाने कोई नहीं आता। बिस्कोहर में प्रचलित गीत की एक पंक्ति थी—

'लेना न देना जरा देख तो लेना।'

ज़्यादातर लोग प्रयोजनातीत कला की उच्च आनन्द-साधना के लिए आते। लक्खा बुआ बसन्ती, बैंजनी, धानी, कुसुम्भी रंग की साड़ी पहन कर खास अन्दाज़ से पान लगातीं। प़ान धोने, कत्था लगाने, चूना लगाने, सरौता से सुपारी काटने, बीड़ा लगाने, पेश करने की अलग-अलग भंगिमाएँ होतीं। हँसने की अलग-अलग छवियाँ और कनखियों से देखने की।

दुकान पर 20 गाहक हों तो बीसों को अलग-अलग लगे कि असल में कनखी उसी के लिए ही ऐसी ! लक्खा बुआ गोरी नहीं थी। साँवली बल्कि साँवली से भी थोड़ा दबी। लमछर देह, दन्त-पंक्ति चमकती हुई, आवाज़ खनकती हुई। और आँखों के बारे में कुछ नहीं। वे खुद ही बोलेंगी।

लक्खा बुआ बिस्कोहर में ही पैदा हुईं, बिस्कोहर में ही माँ बनीं, बिस्कोहर में ही बुड्ढी हुईं, वहीं मरीं। वहीं बच्चे पैदा हुए।

और शादी।

लक्खा बुआ की शादी हुई लेकिन ससुराल गई ही नहीं। ससुराल के लिए घर से चलीं। लेकिन पहुँची नहीं। कई बार शादी हुई। कई बार घर से दूल्हे के साथ ससुराल के लिए निकलीं। पहुँची एक बार भी नहीं। गाँव से बाहर कदम्ब पेड़ के नीचे डोली उतारते ही बिस्कोहर के लौंडे पहुँच जाते। ससुरालवालों को मार-पीट कर भगा देते। लक्खा को लौटा लाते। लक्खा पुराने दिलगीरों को 'ना' नहीं कर पातीं। मुहल्ला फिर से आबाद, बिस्कोहरी भाषा में जगजियार हो जाता।

एक याद लक्खा बुआ की बहुत तकलीफदेह है बिसनाथ के लिए। उमर वही रही होगी जब बिसनाथ पहली बार उनके घर गये थे। लेकिन इस बार उनके घर की नहीं तिवारी फुलवारी की घटना है। फुलवारी में एक पेड़ मलदहवा (मालदा) का था। उसी के नीचे भरी दुपहरिया में बड़के काका खाट पर बैठे थे। नीचे लक्खा बुआ, उनसे हँसी-बतकही कर रही थीं। बड़के काका सबसे ताकतवर और सुन्दर थे। बैलगाड़ी में एक तरफ का बैल थककर बैठ जाता तो वे जोठा में लग जाते।

दो खाटें तर-अपर रख कर उसे फलाँग जाते। लोहे की कुर्सी पर बहुत सारा वज़न रखकर एक हाथ से उठा लेते। तब वे पचीस साल के रहे होंगे।

बड़के काका और लक्खा बुआ में प्रणय-कलह चल रहा था। लक्खा बुआ की बकरी फुलवारी में चर रही थी। काका कहते—'बिसनाथ ! बकरी हाँक दो मारो साली को दुइ डंडा'। लक्खा बुआ कहतीं—ना भइया ! मत मारो पाप परी।

बिसनाथ बड़के काका की आज्ञा का उल्लंघन नहीं कर सकते थे। बकरी को खदेड़ने लपके कि दाहिने पैर के अँगूठे के नीचे आग-सी लग गई। बिच्छू ने काट लिया। बिसनाथ ने इतना देखा कि बड़के काका ने पैर के ऊपर कस कर अंगौछा बाँध दिया कि जहर ऊपर न फैले। कई घंटे बेहोश रहे। थोड़ी संखिया कटे स्थान पर लगाई गई और पिलाई गई। होश आया। बच गए।

लक्खा बुआ के सबसे बड़े लड़के का भी नाम बिसनाथ था। उन्होंने जोड़-तोड़ में नाम रखा था। बाप का पता नहीं। लोग कहते थे सूरजबली मिसिर का है। सूरजबली मिसिर बाबू साहब के भंडारी (भोजन बनानेवाले) थे—शादी नहीं हुई थी। लड़का हुआ तब लक्खा बुआ की माँ डुडुवाइन दाई ने घोषित किया—लव-कुस भए, लव-कुस भए। लक्खा बुआ का लड़का बिसनाथ 8-9 वर्ष की उमर में मर गया। वह सुन्दर बालक था।

लक्खा बुआ के प्रेम-प्रसंग अनेक थे। जीवन ही प्रेम-प्रसंगों की शृंखला थी। लेकिन एक प्रेम-प्रसंग तगड़ा हो गया। ऐसा कि लक्खा बुआ का घरवाला हो गया। उससे दो बच्चे हुए। यह जरूर कि लक्खा कहीं और नहीं गई। मायका ही ससुराल भी हो गया। बेनी नगर के गौरीशंकर महाराज ने अपनी विवाहिता पत्नी छोड़कर लक्खा बुआ को बैठा लिया। बैठा लिया—बिस्कोहरी भाषा में विवाह के बिना पत्नी बना लेने को कहते हैं।

किस्सा यों बढ़ता है कि एक दिन लक्खा बुआ के घर के सामने पच्छूँ टोला के लौंडे-लपाड़ी भारी तादात में इकट्ठा थे। बिसनाथ भी लुढ़कते, छटकते उसमें शामिल हो गए। माजरा समझ में आ नहीं रहा था। तब तक गौरीशंकर महाराज हाथ में लाठी लिए हुए घर में से निकले। गाँव के ज़मींदार बाबू साहब ने उन्हें बुलाया था। पीछे-पीछे भीड़ भी चली। भीड़ बढ़ती ही गई। बिस्कोहर में रंग-पानी के लिए काम-काज छोड़ दिया जाता था। वहाँ की मुख्य सांस्कृतिक गतिविधि थी दो लोगों में झगड़ा कराना और फिर झगड़ा-समारोह का आयोजन।

भीड़ बाबू साहब के दरवाज़े पर पहुँची। भीड़ का तीन-चौथाई भाग डर के मारे बाबू साहब के दरवाजे पर न जाकर छँट गया। बिसनाथ पहुँचे। गौरीशंकर महाराज को बाबू साहब ने पैलगी की। महाराज ने देखा कि उनके बड़े भाई, साले

मौजूद हैं। ताड़ गए कि हमारी शिकायत की गई है।

''का गौरीशंकर महाराज ! बांभन होकर उस आवारा लखवा के चक्कर में फँस गए।"

"बाबू ई सब हमने जानबूझ के किया है। मन नहीं माना।"

"औ ऊ जो घर मां तुम्हारी इज्जत सँभाले बैठी है। सरम नहीं आवत ! बांभन पड़ि गए नाहीं तो मारे जूतन के खोंपड़ी गंजी करि देते 'हाँ'।''

"बाबू मालिक हैं। ऊ घर मां रहै खेत-पात वही कै। बिटियाक सादी कै जिम्मा हमार।''

''तौ तू लखवा को नहीं छोड़ेगा। महाराज तुमको नींबू-नमक की तरह चूस कै फेंक देगी ऊ...सड़ी वाली।''

''बाबू गाली मत दीजिए।'' (महाराज खड़ी बोली पर आ गए)

''घटियाही करता है ऊपर से उर्दू छाँटता है ?"

तब तक गौरीशंकर के बड़े भाई ने तान के लाठी मारी। सिर फूट गया। साले ने पीठ पर लाठी मारी। गौरीशंकर महाराज गिर गए। लाठी-जूते बरसने लगे।

गौरीशंकर लाठी जूते खाँय और बोलें—''बाबू मारौ चाहे खाल खिंचवा लो। हम लक्खा को नहीं छोड़ सकते। एक-एक लाख की तो उसकी एक-एक आँख है।"

बिसनाथ की समझ में आया। लक्खा यानी जिसकी एक-एक आँख लाख के बराबर हो।

बिसनाथ को गौरीशंकर महाराज बहुत अच्छे लगे। बाबू और महाराज के घर के लोग बहुत अन्यायी लेकिन बिसनाथ क्या करते। गौरीशंकर महाराज की सब जगह निन्दा हो रही थी। निन्दा नहीं हँसी-खिल्ली। आश्वस्त सिर्फ लक्खा बुआ थीं।

महाराज आवैंगे। जाएँगे कहाँ।

लड़ाई का जमाना। महाराज अव्वल नम्बर के निकले। सबकी ऐसी-तैसी। फौज में भरती हो गए। कुछ दिन बाद वर्दी में सीधे लक्खा के यहाँ पहुँचे। रात को बकरा कटा के गोस (गोश्त) आया। महुआ का ठर्रा। अब कोई आवै साला। रोकै महाराज को। लक्खा बुआ फुर्र-फुर्र उड़ैं। मिसिर, तिवारी, गोसाईं, सब गौरीशंकर महाराज के इर्द-गिर्द घूमैं।

गौरीशंकर महाराज साल में एक बार आते। महीना-डेढ़ महीना रहते। मिलने-जुलने वालों का ताँता। बेनी नगर के भाई-भौजाई भी सुलह हो गए थे। लड़की सयानी हो गई थी उसकी शादी कर दी। अब लक्खा बुआ घरैतिन हो गई

थीं। दो लड़के हुए बुधराज और गणेश, दोनों आस-पास के ब्राह्मणों के नाम पर।

लड़ाई खतम हो गई तब गौरीशंकर महाराज को सरकार ने करीब 30 बीघे ज़मीन की काश्तकारी दी। महाराज ने लक्खा से कहा—लक्खा अब तुम मलकिन हो गई, पान-वान की दूकान बन्द करो। बेनी नगर की ज़मीन पर बड़की और ई ज़मीन पर तुम राज करो।

अब लक्खा बुआ मलकिन थीं। उनमें परिवर्तन आ गया। लोग देखते रह जाते—ये वही लक्खा है ? काजल-मिसरी वाली छैल-छबीली। देखैं इधर, आँख मारैं उधर। वे अब सीधी-सादी रहने लगीं। सर पर बोझा उठावैं। खाद ढोएँ, जाँघ तक साड़ी कस कर महाराज के साथ पानी दें। धान काटें, गेहूँ काटें, दंवई करैं। ओसावैं। सर पर लाद के अनाज घर पहुँचावैं। लक्खा बुआ सिंगार-पाट भूल गईं। पक्की किसानिन बन गईं। खेत में काम करने के अलावा अब वे घर भी छाने-छोपने लगीं। गौरीशंकर महाराज घर पर ही रहते। या बाहर घूमते-घामते। महाराज खेती-पानी नहीं करते।

गौरीशंकर को खूब शराब पीने की आदत थी। घर में दाने आए तो खूब पीने लगे। लक्खा बुआ रोकतीं तो झगड़ा होता। एक बार तो गौरीशंकर महाराज ने पीट तक दिया। जो गौरीशंकर लाठियाँ खाते हुए भी बुआ की एक-एक आँख को लाख-लाख रुपए का कहते थे उन्होंने ही हाथ उठा दिया। अब बुआ घर की हो गई थी न।

बिसनाथ को इसका पता भी न चलता। बलरामपुर से घर आये थे। स्कूल से छुट्टी थी। बुआ और उनकी अम्माँ डुडुआइन दोनों रोती-कलपती घर पहुँचीं। बिसनाथ तख्त पर बैठे थे। लक्खा बुआ रोती हुई बोलीं—"देखो बिसनाथ बाबू, महरजवा ने मारा है।"

"ना बुआ ! महाराज तुमको नहीं मारेंगे।"

"बाबू ऊ दिन गवा। ई दाढ़ीजार ने मार-मार कर पीठ सुजा दी है मेरी।"

डुडुआइन बोलीं—"घर का सारा गहना-जेवर बेच-बेच के सराब पी लिया। हम इस कुलच्छिनी को कितना समझाए कि महरजवा के पीछे मत बौराउ। लेकिन ई ना मानिस। हाय बाबू, अब हम का करैं।"

लक्खा बुआ बोलीं—"अम्माँ तुम चुप रहौ। ऊ सब आसकी-मासकी का मामला है। तू का जानौ। बाबू जानते हैं।"

आसकी-मासकी यानी आशिकी-माशूकी।

बिसनाथ ने सांत्वना के स्वर में कहा—"अच्छा बुआ तुम घर जाओ। हम गौरीशंकर महाराज को समझाए देंगे। न माने तो मारे जाएँगे।"

महाराज सुधरनेवाले नहीं थे। जिस ज़िद से सब कुछ छोड़कर लक्खा बुआ को पकड़ लिया उसी ज़िद से सब कुछ छोड़कर महुआ के ठर्रा को पकड़ लिया। गैंसड़ी स्टेशन से आ रहे थे। रास्ते में भट्टी पड़ती थी। पिया। धुत्त होकर एक नाले में गिर पड़े। दो-तीन दिन तक पता नहीं चला। लाश मिली। लाश को आधा गीदड़ों ने खा लिया था।

दूसरा अनुमान यह है कि किसी ने मारकर फेंक दिया हो।

लेकिन गौरीशंकर महाराज ने किसी का कुछ बिगाड़ा नहीं था। दुनिया है कुछ पता नहीं चलता।

गौरीशंकर महाराज लक्खा बुआ से सहसा इतना विरक्त क्यों हो गए—कोई नहीं जानता। कोई और प्रेम-प्रसंग तो नहीं घटित हो गया ?

गौरीशंकर महाराज के मरने के बाद मैं लक्खा बुआ से मिला तो उन्होंने साफ कहा—"बाबू हम घमंड नहीं करती कि निभा लूँगी।" वे सत्यवक्ता थीं।

लेकिन लक्खा बुआ के साथ जो बाद में घटा वह अच्छा नहीं हुआ। बीघों खेत की मालकिन कहारिन। वह भी बेवा। वह भी सतबही। हरामजादी की...।

गाँव के पास ही ठाकुरों की एक बस्ती है। उसी में एक ठाकुर साहब थे। ठाकुर साहब धीर-गम्भीर थे। हमेशा धीरे से बोलते। बातें सुनकर लोग हँसते, वे नहीं। खेती-पाती बहुत अच्छी थी। कई लड़के। सब विवाहित। कोई गलत काम घर के बाहर नहीं करते थे। अच्छा-बुरा घर के अन्दर ही करते थे। सभी लड़कों ने सह लिया। छोटा तेज़ था। पकड़ लिया। दे कालाजंग। दे धोबियापाट। दे जूता। लेकिन सब घर में ही हुआ। घर की बात घर में ही रह गई। वे गरीबों की सहायता भी करते थे। लक्खा बुआ की सहायता की। महाराज रह नहीं गए थे। कागज़ पर अँगूठा लगवा लिया। बिस्कोहर के आस-पास एक विशेष प्रकार की प्रेम-पद्धति है। कोई मालदार विधवा है। बांभन, ठाकुर या अहीर उस विधवा से प्रेम कर लेते हैं। माल अपने नाम करवा लेते हैं। ठाकुर साहब ने इसी पद्धति से लक्खा बुआ की सारी ज़मीन थाम ली। लक्खा फिर झउवा, कुदाल, टोकरी छोड़कर सिंगार-पाट करके पान की दुकान पर बैठने लगीं।

लेकिन अब सिंगार-पाट फीका था। लक्खा बुआ के नैन-सैन में अब वह जादू नहीं। खुद बुआ का मन नहीं लगता। जब माटी-ढेला फोड़ती थीं तो लगता जैसे अपने आदमी से कुलेल कर रही हैं। खेत में बीज बोतीं। हरियाली छा जाती तो लक्खा बुआ कजली-झूला गातीं। वैसा आनन्द सिंगार-पाट में नहीं। इज़्ज़त भी कोई चीज़ होती है—बुआ कहतीं।

बुआ ने इज़्ज़त का पाठ बहुत खटकर सीखा।

अब बनकस की एक बात और सुनिए।

बिसनाथ प्राइमरी स्कूल में पढ़ने लगे थे। स्कूल सरकारी, वहीं कांजी हाउस-मवेशी खाना, वहीं मन्दिर, पोखरा, बड़की बगिया, मंगल बाज़ार वहीं लगे। पोखरे में कमल फूले, पुरइन के पत्तों और कमलों से पोखरा भर जाए।

बिस्कोहर में मछली, ताल-तलैया हगन-गड़ही में पकड़ सकते, पोखरा में नहीं। मछली जड़हन के खेत में पकड़ो। सिधरी, गौर, पोखरा के किनारे प्रायः मन्दिर बना रहता। जैसे मस्जिद के किनारे कुआँ।

बिसनाथ के साथी हरीराम, कनाथे, राम परसाद, जमुना परसाद थे। कनाथे, पौड़ (तैर) लेता था। बिसनाथ पौड़ना नहीं जानते थे। कनाथे बताते–पोखरा में भौरां जब नाचे तब चुल्लू से पानी ऐसा पिओ कि भौंरा भी पी लो, तब देखो मजा–दनादन पौड़ने लगोगे। कनाथे कहते–अरे हम क्या हैं, हमारे बाबा नदी में पौड़ते जाएँ, हुक्का पीते जाएँ। उन्होंने ही हमको भौंरा वाला गुर बताया था। बिसनाथ यही साधते। भौंरा, पानी का मच्छर जैसा कीड़ा होता है। पोखरे के पानी में गोल-गोल चक्कर बनाता हुआ नाचता है।

पोखरा के पीछे बगिया भी थी। उसके पीछे बस्ती। बिस्कोहर का पुरूब टोला। बिल्कुल किनारे जाने कुँजड़ा का घर था। जाने लम्बाई में साढ़े छह फुट से कम नहीं थे। अवधराम पंडित रामायण बाँचकर समझाते–लंका में कुम्भकरण ऐसेइ ही रहा जैसा बिस्कोहर में जाने कुँजड़ा।

फिर लाला माधव परसाद का पक्का मकान, आस-पास तेली, कुम्हार, लोहारों की बस्ती।

बिसनाथ कमीज़, हाफ पैन्ट पहने, नंगे पाँवों धूल उड़ाते मगन-मस्त जा रहे थे कि देखा बगिया में तेलियों की पंचायत लगी है। एक औरत भी है। औरत बहुत सुन्दर। शरबती गेहूँ जैसा रंग। उमिर बीस के आस-पास। दो आदमी बनकस के एक पूले को भिगोकर कूट रहे थे।

बिसनाथ खड़े-खड़े देखते-सुनते रहे। उन्हें भय लगा। पंचायत में ज़्यादा बुड्ढे बोल रहे थे। सफेद भरपूर मूँछें, पगड़ी बाँधे, हुक्का गुड़गुड़ाते। वे फैसला दे चुके थे। बिसनाथ को ज़्यादा भय लगने लगा। थोड़ी देर में औरत खुद-बखुद घुटने पकड़कर चौपाए की तरह झुक गई। एक आदमी बनकस के पूले को कोड़े की तरह दोनों हाथों से हवा में घुमाकर औरत की पीठ पर मारने लगा। करीब 20 बार मारा होगा। हुमुक-हुमककर। औरत की पीठ पहले पानी से भीगती नज़र आई। फिर खून बहने लगा।

बिसनाथ तब औरत-आदमी के शारीरिक सम्बन्धों के बारे में ज़्यादा नहीं

जानते थे। यही सुना कि इस औरत ने किसी गैर आदमी के साथ 'घटियाही' की है।

वह आदमी पंचायत में एक किनारे खड़ा खैनी ठोंक रहा था।

औरत का आदमी बूढ़ा था। वह पंचों के सामने हाथ जोड़े था और औरत को गालियाँ दे रहा था।

बिसनाथ को और ज़्यादा भय इस बात से लग रहा था कि औरत बिल्कुल खामोश थी। वह कराहती भी ज़ोर से नहीं। बीच-बीच में सी-सी करती। रो भी नहीं रही थी। एक बार बकरी को कटते देखा था। घिराऊ नाऊ के घर के पास वाली गली में।

ढक्कन चिकवा बकरी हले ! हले ! करते लाए। बोरा बिछाया। बकरी को लिटाया। लिटाने के पहले बकरी ने छटक-पटक की। ढक्कन ने उसे लिटाकर गले पर छूरी रख दी। रेतने के पहले की बात है। गर्दन पर वज़न महसूस करते ही बकरी निश्चेष्ट निश्िंचत हो गई। कोई प्रतिरोध, दर्द, में-में नहीं। गलती हुई बिसनाथ ने बकरी की आँखें देख लीं। आँखों में जो कुछ था वह कहने-लिखने की बात नहीं। काटे जाने के भय से कई गुना कोई अबूझ भय था। शब्द की केंचुल उतारे हुए भयवस्तु का दृश्य। ढक्कन ने बाद में वे आँखें निकाल कर अलग रख दीं। वे जीवित दिख रही थीं।

भिगोए हुए बनकस की मार खाती हुई चुपचाप तेलिन गर्दन रेती जाती हुई बकरी थी। शरबती गेहूँ के रंग की तेलिन थी।

संजीव की कहानी पढ़ी थी--दुनिया की सबसे हसीन औरत।

मैं जब कोई बहुत सुन्दर नारी देखता हूँ तो मुझे बिस्कोहर के पूरब टोले की बगिया में बनकस की चोट खानेवाली औरत याद आती है।

बल्दी बनिया

पच्छूँ टोले में एक घर था जिसमें बल्दी बनिया रहते थे। बल्दी बनिया का पूरा नाम बलदेव बनिया रहा होगा। घर के सामने एक पक्का कुआँ था। वह कुआँ 'बल्दी बनिया का कुआँ' के नाम से मशहूर था। उसे किसी समृद्ध आदमी ने बनवाया होगा। क्योंकि उन दिनों इतना बड़ा और पक्का कुआँ बनवाना समृद्ध आदमी का ही काम हो सकता था। बल्दी बनिया बुजुर्ग थे। चश्मा लगाते थे। उनकी शक्ल मोरारजी देसाई से काफी मिलती थी। उनकी पत्नी थीं। एक लड़का था जिसका नाम ननकऊ था। बिसनाथ का ख़याल है कि ननकऊ बाद में पारिवारिक कारणों से साधु हो गया। उसकी एक बड़ी बहन थी जो बिसनाथ की अम्मा की उम्र के बराबर थी। बिसनाथ उसको बुआ कहते थे। वह अम्मा के पास आती थी। अम्मा से उसका ननद-भौजाई का रिश्ता था। वह ननद थी और अम्मा भौजाई। बिसनाथ ने उन दोनों को इस रिश्ते से, हँसी-मजाक करते हुए भी देखा सुना है।

बिस्कोहर में बनिया जात बहुत डरपोक और कंजूस मानी जाती थी। ज़्यादातर बनिए कसौंधन बनिया थे। मध्यवर्ग के, छोटा-मोटा काम करने वाले। जो समृद्ध थे उनका घर पक्का होता था। कपड़े की, परचून की या गल्ले की बहुत अच्छी दुकान होती थी। किसी-किसी के घर में नल भी लग जाता था। उन दिनों किसी के यहाँ नल लगना एक नई या बड़ी घटना मानी जाती थी। नीचे तबके के बनिया फेरी लगाते थे। गाँव-गाँव जाकर गुड़, बताशा, हल्दी-धनिया या अनाज बेचते थे। उसको गाँव में 'बोकचा ढोना' कहते थे।

बल्दी बनिया की हैसियत बोकचा ढोनेवाली थी। वे बड़े निरीह जीव थे। लेकिन, लगता है कि उनके पूर्वज सम्पन्न थे। इसलिए वे खुद बोकचा नहीं ढोते थे, कभी-कभी उनका लड़का ननकऊ बोकचा ढोता था।

गाँववाले हर तरह का अपमान करते थे बल्दी बनिया का। उनकी पतोहू की उम्र बहुत कम थी। जब उसकी शादी हुई तो वह बिल्कुल बच्ची थी। सयानी नहीं हुई थी। उनका लड़का ननकऊ भी बच्चा था। बल्दी बनिया का सम्बन्ध उनकी

पतोहू से जोड़ा जाता था और उसको लेकर बल्दी बनिया का एक विशेषण आम था। शहर के लोग, कविताओं में गाँववालों को बहुत सीधा-सादा और निष्कपट समझते हैं। लेकिन गाँववालों का काइंयापन और निन्दा में रस लेने की क्षमता अपार होती है। वे कैसा खल-सुख उठाते हैं—यह गाँव वाले ही जानते हैं।

होली के दिन गाँव में बहुत धूल उड़ाई जाती। एक दूसरे पर बहुत कीचड़ फेंका जाता। कीचड़ फेंकना यानी अभिधा में कीचड़ फेंका जाता था। बेलवा के ठाकुर झुण्ड बनाकर आते। जो थोड़ा-सा दबदबा रखते थे या सम्पन्न होते थे उनके घर में तो मामूली धूल-कीचड़ फेंकते। लेकिन बल्दी बनिया जैसे निरीह लोगों के घर को गन्दगी, कीचड़, मल-मूत्र से पाट देते। इसके साथ, वे बल्दी बनिया का नाम लेकर इतने अश्लील गीत गाते, इतनी अश्लील कविताएँ पढ़ते कि आज के जमाने में भी उन गीतों तथा कविताओं को लिखने की क्षमता अर्जित कर पाना मुश्किल है। पता नहीं कौन-से स्थानीय कवि पैदा हो जाते थे, जो बल्दी के नाम पर तरह-तरह की तुकबन्दियाँ और कविताएँ लिखकर प्रसिद्ध कर देते थे। सब उनको याद करके उस दिन गाते थे। उनमें से एक को जिस तरह से प्रस्तुत किया जा सकता है, किया जा रहा है—

बल्दी बनिए के चार कौड़ी
दुइ-दैं दुइ करैं चिरौरी।

होली और फाग के बाद कभी-कभी लोग बल्दी बनिया के घर में व्यावहारिक शरारतें भी करते। उनके घर में कूद पड़ते, उनकी पतोहू से छेड़खानी करते। चूँकि बल्दी बनिया खुद बुड्ढे थे, लड़का नादान था, तो वे किसी से झगड़ा भी नहीं कर पाते थे। जो कमज़ोर है, उसे कितनी तरह से दबाया जाता है, दयनीय बनाया जाता है—गाँव में इसका बहुत अमानवीय रूप देखने में आता है।

इन सब बातों के होते हुए भी बल्दी बनिया का स्मरण एक दूसरी घटना के साथ आता है। बल्दी बनिया के पूर्वज सम्पन्न थे। बल्दी बनिया का घर अच्छा था, बड़ा था। लेकिन उनका घर कई बार जलाया गया। जिस तरह से लक्खा बुआ के रूप में और पूरब टोला की तेलिन में, जिसे बुलाकर बनकस से पीटा गया था, बिसनाथ ने सीता का रूप देखा और समझा उसी तरह से तुलसीदास द्वारा लंका-दहन के वर्णन का अनुभव उस रूप में न कर पाते यदि बल्दी बनिया के घर को जलते हुए न देखा होता। यह बात बिसनाथ ने नागार्जुन के मुँह से सुनी है कि संसार के किसी कवि ने आग लगने का वैसा वर्णन नहीं किया है जैसा तुलसीदास ने। वह केवल लंका में आग लगने का वर्णन नहीं है। उसमें नाम रावण, मेघनाद, मन्दोदरी आदि के हैं, लेकिन जिस तरह से अवध में आग लगायी

जाती है, गाँव में आग लगने पर जिस तरह का दृश्य तुलसीदास के साम उपस्थित होता रहा होगा, बिसनाथ के बचपन तक वैसा दृश्य उपस्थित होता था—रामचरितमानस और उससे ज़्यादा कवितावली में उसका वर्णन है।

हाथी छोरो, घोरा छोरो, महिष बृषभ छोरो,
छेरी छोरो, सोवै सो जगाओ जागि जागि रे

सब असबाब डाढ़ो, मैं न काढ़ो तैं न काढ़ो,
जिय की परी सँभार सहन भण्डार को ?
खीझति मँदोवै सविषाद देखि मेघनाद,
"बयो लुनियत सब याही दाढ़ीजार को"

यह दृश्य बिसनाथ ने तब देखा जब बल्दी बनिया के घर आग लगाई गई। एक बार का वाक़या है, बिसनाथ बच्चे थे। सो रहे थे, बड़ी गहरी नींद रही होगी। बड़े जोर का कोलाहल सुनाई पड़ा—जगे। लोगों ने बताया कि बल्दी बनिया के घर में आग लगी है। देखा कि पूरा घर धधक-धधककर जल रहा है। लकड़ी कोयले में परिवर्तित हो रही है। बड़ेर, छाजन, चटक-चटककर जल रहे हैं। सब टूट-फूट रहा है। उसी में लोग घर में घुसकर सामान बाहर निकाल रहे हैं। सामान निकालने वालों में सबसे आगे फागू बाबा के भाई किन्नी बाबा थे। वह घर रात भर जलता रहा और लोग रात भर उसे बुझाते रहे—कुएँ से पानी लाकर, तालाब से पानी लाकर, तरह-तरह से।

सवेरे तक वह घर श्मशान जैसा हो गया। जगह-जगह से धुआँ उठ रहा था। आग लगने के वक्त ननकऊ घर पर नहीं था। कहीं बाहर गया था। गर्मी के दिन थे। दोपहर के एक-दो बजे के करीब ननकऊ बाहर से आया। बल्दी बनिया, बल्दी बनिया की पत्नी और घूँघट काढ़े ननकऊ की पत्नी जले हुए घर के पास बैठे थे। ननकऊ जैसे ही अपने माँ-बाप के पास पहुँचा, उन्हें पकड़कर रोने लगा। वह दृश्य अभी भी बिसनाथ को याद आता है। बहुत दिनों के बाद पता चला कि वह घर किन्नी बाबा ने ही फूँका था। किसलिए फूँका था ? क्योंकि बल्दी बनिया की पतोहू उनके यारों के हत्थे नहीं चढ़ रही थी। किन्नी बाबा का किस्सा अलग से।

बिस्कोहर में, कम से कम सात-आठ ऐसे लोग थे, जो आग लगाने में सिद्ध थे। बड़े लोगों से पैसा लेकर घर फूँकना उनका काम होता। लेकिन वहाँ आग लगने से किसी की मौत के बारे में नहीं सुना। किसी जानवर को भी आग लगने से मरते हुए नहीं सुना। उसका कारण यह है कि जानवर घर से बाहर बँधते हैं और किसी के यहाँ आग लगती थी तो पूरा गाँव सहायता के लिए आ जाता था।

चीज़ें तो जल जाती थीं लेकिन वे भी पूरी तरह से नहीं क्योंकि ऐसे मौके पर वे लड़के जो बड़े आवारा, उजड्ड और शोहदे होते थे—जिनकी संख्या कम नहीं, बहुत बड़ी होती थी, वे सब वहाँ पर इकट्ठे हो जाते और बहुत ही सहयोग की भावना से, स्वयंसेवकों की तरह, ईमानदारी से, जोखिम उठाकर काम करते। यह अलग बात है कि जो अधेड़ होते थे, वे बड़े घाघ थे। कुछ न कुछ समान उठाकर अपने घर ले जाते लेकिन ऐसा कम ही होता।

आग लगने के तरीके के बारे में अम्मा बतातीं कि गाँव के कुन्नू कुँजड़े ने एक बार हमारे घर में भी आग लगा दी थी। माँ अक्सर यह किस्सा सुनातीं कि कैसे वे रात को किसी काम से उठीं तो देखा कि एक किनारे से धुआँ उठ रहा है। वहाँ जाकर देखा तो कण्डे पर आग रखी हुई थी। दूसरी तरफ देखा तो वहाँ भी आग, तीसरी तरफ भी, चारों तरफ आग लगा दी थी कुन्नू कुँजड़े ने। लगाई क्यों थी ? बात ये थी कि दादा के खेत में कुन्नू का घोड़ा चर रहा था। दादा उसे कांजीहाउस में बाँध आए। कुन्नू ने सोचा कि बदला कैसे लें ? वह आग लगाने में सिद्ध था, तो आग लगा दी।

दादा के बारे में पता है कि वे भी आग लगवाते थे। मुहल्ले के किनारे एक पठान परिवार रहता था। उसके पूर्वज किसी जमाने में आए होंगे। बहुत-सी ज़मीन लेकर रहने लगे। उस पठान परिवार के एक व्यक्ति के साथ तिवारी परिवार की एक स्त्री चली गई थी। जिसे गाँव की भाषा में कहेंगे कि भग गई थी। वह विधवा थी और उस पर तिवारी परिवार के लोग जुल्म करते थे—तिवराइन दाई कहलाती थीं। बिसनाथ ने उनको देखा है। जब बिसनाथ का पेट दर्द करता तो माँ कहती कि तिवराइन दाई के यहाँ चले जाओ मालिश करके ठीक कर देंगी। इसे गाँव में 'पेट सारना' कहते हैं। उनका लड़का मुसलमान ही था लेकिन जब कभी उसके साथ लोग झगड़ा करते थे तो तिवराइन दाई दादा के पास सहायता के लिए सन्देश भेजती थी। दादा उसकी तरफ से झगड़ा भी करते थे। लेकिन उस पठान परिवार ने चूँकि तिवारी परिवार की एक औरत को भगा लिया था इसलिए दो-तीन पीढ़ियों तक यह परम्परा थी कि हर साल उसका घर फुँकवाया जाता था। बिसनाथ ने खुद अपने दादा को इसके लिए अम्मर गोसाईं से मन्त्रणा करते देखा है। अम्मर गोसाईं भी घर फूँकते थे। दादा उनके ज़रिए यह काम करते थे। पठान परिवार जानता था कि हमार घर तिवारी फुँकवा रहे हैं लेकिन कुछ कर नहीं सकता था।

गाँव में घर के साथ-साथ खलिहान भी फूँका जाता था। प्रेमचन्द ने इसका वर्णन जरूर किया होगा कि ज़रा-सी बात पर बदला लेने के लिए खलिहान फूँक देना—अनाज से भरा खलिहान।

गर्मी के दिनों में आग बहुत तेजी से फैलती है। कभी-कभी हम लोग बैलगाड़ी से यात्रा करते थे। किसी गाँव में आग लगी दिखलाई पड़ती तो कहते कि 'वो देखो गाँव में किसी साले ने आग लगा दी है, किसी का घर फूँक दिया है।'

किन्नी बाबा ऐसे चरित्र हैं जिनके बारे में काफी कुछ कहना पड़ेगा। किन्नी बाबा छह फुट के थे, बहुत बलशाली। गाँव में बल का प्रतीक और लक्षण यह होता था कि बैल जब काम करते-करते थक जाए तो आदमी बैल की जगह काम करने लगता था। किन्नी बाबा ऐसे ही आदमी थे कि जब बैलगाड़ी का बैल थक जाता तो उसकी जगह खुद जुत जाते। लेकिन किन्नी बाबा शारीरिक सम्पर्क स्त्रियों से नहीं, पुरुषों से ही करते थे। उनके लैंगिक व्यवहार के बारे में कहा जाता था कि वे स्त्रियोचित् व्यवहार करते हैं। ऐसे लोगों को गाँव में 'मेहरा' कहा जाता है। जिस तरह से आग लगाने वाले सिद्ध थे वैसे ही कम-से-कम दस ऐसे पुरुष थे जो कहने को पुरुष थे, उनका व्यवहार स्त्रियों जैसा होता था। इसके प्रतिमान दो थे—नैपाल और माने। उनकी कथा अलग से।

किन्नी बाबा मेहरा और ताकतवर के रूप में प्रसिद्ध थे। मेहरों की किसी घर में आने-जाने की कोई रोक-टोक नहीं थी। ये ज़्यादातर औरतों के बीच में ही उठते-बैठते। शादी-ब्याह, कथा-भागवत, मुण्डन आदि में जिस तरह से औरतें काम करती हैं—दाल, चावल बीनती हैं, आटा पीसती हैं वैसे ही ये भी काम करते। इन सब कामों के लिए इनको बुलवाया जाता और ये अपनी देखरेख में सब काम करवाते। इनसे पर्दा नहीं होता था। इस आड़ में ये लोग कभी-कभी बड़े गम्भीर और चालू काम भी करते। किन्नी बाबा भी ऐसे ही थे।

किन्नी बाबा कई काम बड़ी सफाई से और ठेठ ढंग से करते थे। उनमें से एक काम को दलाली का काम भी कह सकते हैं। जैसे, भगवती हलवाई खोमचा लगाते थे। शाम को छह बजे सिर के ऊपर एक थाल में पकौड़ी, दाल-मोठ, सेव, उबला हुआ आलू रखकर घूम-घूमकर बेचते थे। बगल में एक मोढ़ा होता था। वे किसी के घर के सामने पहुँचते। वहाँ किन्नी बाबा पहले से बैठे होते। कहते कि 'ओ भगवतिया रुक-रुक, यहाँ ले आ पकौड़ी।' उस घर में लड़की के अलावा कोई नहीं होता था। भगवती हलवाई की उम्र बीस-बाईस साल की रही होगी। किन्नी बाबा दोनों को मिला देते और खोमचे का आधा माल लेकर रफूचक्कर हो जाते। बिसनाथ के घर के सामने एक बनिया का घर था। पता नहीं कैसे उनके यहाँ भी किन्नी बाबा मौजूद रहते और मौका लगने पर कड़ुआ तेल, नमक आदि लेकर गायब हो जाते। इस तरह से मोहल्ले भर के लड़कों और ऐसी औरतों को, वे व्यवस्थित करके सँभाले रहते, उनके कार्यकलापों की देखरेख करते। माल अपने

यारों के घर पहुँचाते।

किन्नी बाबा वृद्धावस्था में कोढ़ी हो गए। वे जिस मिश्र परिवार के सदस्य थे वह परिवार बिसनाथ के घर के पास ही रहता था। दोनों घर सटे हुए नहीं थे। तिवारी की फुलवारी के बाद उनका घर पड़ता था। बिसनाथ के परिवार से उस परिवार का झगड़ा अक्सर होता था। कभी-कभी मारपीट भी होती थी लेकिन मौका पड़ने पर एकता भी होती। जैसे बिसनाथ और उनके भाई-बहन उनको बाबा कहते थे, वे भाई-बहनों को बच्चा कहते थे। जब बिसनाथ इण्टरमीडिएट में पढ़ते थे तो देखा कि दादा और फागू बाबा कुछ बात कर रहे हैं। किन्नी बाबा भी वहाँ उकड़ बैठे थे। बिसनाथ किन्नी बाबा के पैर छूने लगे तो उन्होंने अपने पैर पीछे कर लिये और कहा कि, 'ना, ना ! हमारे पैर मत छुओ, उधर चलो, दूर चलो, हम कोढ़ी हो गए हैं'। बड़ा अजीब लगा। उसके बाद केवल एक-दो बार ही किन्नी बाबा को देखा। जब वे कोढ़ी हुए तो एक स्वर से सब लोगों ने कहा कि 'किन्नी बाबा को अपने कर्मों का फल मिल गया'। लेकिन लगता है कि उनका चरित्र बहुत जटिल रहा होगा कि जिस घर को आग लगाते, उसी घर की रक्षा में इतने तत्पर भी होते।

तिवारी परिवार के घर के सामने मिजाजी बाबा रहते थे। नाम तो उनका रामप्रसाद था लेकिन कहलाते थे मिजाजी। मिजाजी का मतलब होता है—बड़ा मिजाज़ रखनेवाला, रोब-दाब जमानेवाला। ये वही मिजाजी बाबा हैं जिनके यहाँ किन्नी बाबा बहुत आते-जाते, उठते-बैठते थे। मिजाजी बाबा की सबसे बड़ी विशेषता यह थी कि वे साँप मारने में बड़े उस्ताद थे। गाँव में हर साल, खासतौर पर औरतें—दस-बारह औरतें साँप के काटने से मरती थीं। बरसात में बहुत साँप निकलते थे। अँधेरे घर होते थे। परचून की दुकानों में गुड़, अनाज जैसी चीज़ें भरी रहती थीं। इसलिए चूहे बहुत आते। चूहों के कारण साँप भी आ जाते। उनमें बड़े खतरनाक साँप भी होते थे। जिसे शहर में कोबरा कहते हैं उसे गाँव में गेहुँअन कहा जाता है। मिजाजी बाबा के भाई नाथू बाबा की बीवी को एक साँपिन ने काटा था। वह साँपिन बड़ी लम्बी और हल्के लाल रंग की थी। जब उसे मिजाजी बाबा ने मारा तो बिसनाथ भी उसे देखने गए। तब वे बहुत छोटे थे। साँपिन को मारने के बाद मिजाजी भाला लेकर घर में घुसे और उन्होंने एक साँप को भी मारा। यह जोड़ा था। जब साँपिन को मार दिया गया तो यह साँप उसे ढूँढ रहा था और फन उठाए फन्न-फन्न कर रहा था। दोनों को मारकर साथ-साथ लिटा दिया गया। बिसनाथ के ऊपर उस घटना का ऐसा असर पड़ा कि दस-पाँच दिन बाद एकाएक दिन में ही चीख उठे कि मेरी जेब में साँप आ गया है। अक्सर जब

बुखार चढ़ता तो 'साँप-साँप' चिल्लाने लगते।

किसी के घर में अगर साँप निकला हो या साँप की आशंका हो और वह मिजाजी बाबा को खबर न करे, कोई दूसरा जाकर उस साँप को मार दे, तो मिजाजी बाबा से बोलचाल बन्द हो जाती थी—इतने नाराज़ हो जाते थे मिजाजी बाबा।

मिजाजी बाबा बहुत शौकीन मिजाज़ आदमी थे। कोई भी सांस्कृतिक समारोह हो मिजाजी बाबा उसमें सबसे आगे रहते। प्रति मंगलवार और शनिवार को रामचरितमानस का पाठ उन्हीं के घर पर होता। मानस को लालटेन के सामने रखा जाता। ढोलक घुट्टाहे मियाँ बजाते। कभी-कभी लक्ष्मीनारायण भूज बजाने आते। इस पाठ में गाँव के कुँजड़े भी शामिल होते। वे बैठे रहते और कभी-कभी गाते भी। निश्चित दोहों के पाठ के बाद बताशा या चीनी बँटती। इस समारोह में मिजाजी बाबा विशेष रूप से उत्साहित होकर काम करते, मँजीरा बजाकर गाते भी।

होली आने पर, होली का गायन सबसे पहले मिजाजी बाबा के घर पर होता। इसी तरह आल्हा मिजाजी बाबा के ही घर गाया जाता। वही सबको इकट्ठा भी करते।

मिजाजी बाबा झगड़ा करने में सबसे आगे रहते। कोई अनरीति सहन नहीं कर पाते थे। गाली देने में, बढ़-चढ़कर बातें करने में सबसे तेज।

अन्तिम दिनों में मिजाजी बाबा की पत्नी का देहान्त हो गया। मिजाजी बाबा के एक पुत्र थे जिनका नाम तो श्यामसुन्दर था लेकिन बच्चे उनको 'सूसे काका' कहते। मिजाजी बाबा थे—इस पद से उनके पुत्र काका हुए। सूसे काका की बहन का नाम कमला था। सब उनको कलम्मा बुआ कहते थे। छोटी सी, काली। मिजाजी बाबा गोरे थे लेकिन उनकी पत्नी काली थीं। ये दोनों बच्चे काले थे—सूसे काका भी काले और कलम्मा बुआ भी काली।

गाँव में होती है 'टिपनी' जिसे आप अदला-बदली कह सकते हैं। यानी एक भाई-बहन यहाँ हैं और एक भाई-बहन कहीं और हैं। यहाँ के लड़के की शादी वहाँ की लड़की से कर दी और वहाँ के लड़के की शादी यहाँ की लड़की से कर दी। सूसे काका और कलम्मा बुआ की शादी इसी तरह से हुई थी।

कलम्मा बुआ की उम्र रही होगी बारह साल की लेकिन वे शादी-ब्याह के बारे में कुछ-कुछ जानती थीं। ये भी जानती थीं कि कुछ प्रेम-व्रेम, इश्क-उश्क होता है। जब कलम्मा बुआ का आदमी बिस्कोहर के मंगल बाज़ार में आता तो मंगल बाज़ार के बहाने कलम्मा बुआ से मिलता। ये बात मिजाजी बाबा को बहुत बुरी

लगती। इसे वे इज़्ज़त का मामला समझते थे। उन्होंने कलम्मा बुआ को डाँटा और कहा कि 'जब पहुना आता है तो तू घर के अन्दर बैठा कर, क्यों मिलती है उससे जाकर के ?' एक दिन ऐसा हुआ कि मिज़ाजी बाबा घर पर नहीं थे, सूसे काका भी नहीं थे और वह पहुना आया। कलम्मा बुआ ने उसे पानी पिलाया, शरबत पिलाया और पान खिलाया। तब तक मिजाजी बाबा आ गए। उन्होंने देखा तो अपने पहुना को भी दो-चार जूता मारा और कलम्मा बुआ को भी दो-तीन लगाया। बहुत रोना-गाना मचा। पहुना तो लड़का था। बेचारा शर्म के मारे भाग गया। कलम्मा बुआ बहुत रोईं। शाम के समय खाट निकालकर बाहर आँगन में लेटीं। बिसनाथ के अनुज शेरसिंह ने पूछा कि, 'कहो कलम्मा बुआ। का भवा ? पहुना आये रहा ?' तो कलम्मा बुआ ने कहा कि, "बाबू जाय देओ, अरे चाहे जौन भवा, चाही मारी गयेन, चाही काटी गयेन लेकिन पहुना आये, तनी जिउ तो आन हो गया।"

मिजाजी बाबा में और सूसे काका में बहुत झगड़ा होने लगा। सूसे काका की शादी हो गई और मिजाजी बाबा की पत्नी नहीं रह गई। बिसनाथ वहाँ ज़्यादा रहते नहीं थे इसलिए जानते नहीं थे लेकिन सुनी-सुनाई बातें कानों में पड़तीं। पता ये चला कि मिजाजी बाबा और सूसे काका के बीच झगड़े का कारण वही है जो बल्दी बनिया के यहाँ था। सूसे काका की पत्नी यानी काकी ने सूसे काका से शिकायत कर दी कि "जौन ये हैं—हमारे ससुर, उनकी नीयत ठीक नहीं है।"

एक दिन सवेरे-सवेरे एक घटना हुई। सूसे काका कुएँ में कूद पड़े। हल्ला मचा। सब लोग गए। ढूँढा। मिजाजी बाबा भी घबराकर गए। देखा कि सूसे काका नीचे कुएँ में हैं। सूसे काका बहुत चालाक निकले। हल्ला ये मचा कि सूसे काका कुएँ में कूद पड़े, मर जाएँगे। लेकिन उस कुएँ में पानी नहीं था। सकुशल निकाल लिए गए। बाद में पूरी जनता मिजाजी बाबा की तरफ हो गई और सूसे काका को मोहल्लेवालों ने काफी ठोंका। कहा कि साला झूठ बोलता है और बुजुर्ग आदमी पर, अपने बाप पर गलत ढंग से तोहमत लगाता है।

मिजाजी बाबा, बाद में कहीं से एक औरत भी ले आए, लेकिन उसके बाद वे बहुत दिनों तक जीवित नहीं रहे। जब बिसनाथ कभी-कभी घर जाते और जैसे ही अपने दरवाज़े पर पहुँचकर हाथ-पैर धोना शुरू करते, वैसे ही मिजाजी बाबा आवाज देते कि, "कहो भाई, आज कोई परदेसी आवा है का ?" बड़े प्रेम से आवाज देते थे। मिजाजी बाबा आर्य समाजी भी थे। टोपी लगाते थे और आर्य समाज मन्दिर में संध्या-वन्दन करते। भगेलू महाशय के साथ रहते। मौका पड़ने पर कांग्रेसी भी हो जाते।

माने भी मेहरा थे। लेकिन अलग तरह के। खाते-पीते घर के थे और बुढ़ापे में भी बहुत सुन्दर थे। वृद्धावस्था में भी उनका रंग गुलाबी था। उल्टे बाल रखते थे। अन्तिम दिनों में उनको मोतियाबिन्द हो गया इसलिए दिखलाई नहीं पड़ता था। एक दिन का किस्सा है कि शमशेर प्रधान अपनी दुकान पर बैठे थे। उधर से माने आ रहे थे। तब तक वे लगभग अन्धे हो चुके थे। उनकी चाल देखकर शमशेर प्रधान ने कहा कि–"बिसनाथ बाबू देखो, माने अन्धे हो गए हैं, बुढ़ा गए हैं, लेकिन चाल में अभी भी वही माशूकाना अन्दाज़ है"।

माने पर कोई हँसता नहीं था। कोई माने का अपमान भी नहीं कर सकता था। उनको सब सम्मान की दृष्टि से देखते थे। उसकी वजह यह थी कि जो दूसरे मेहरे थे, वे अश्लील थे। उनके साथ किसी भी तरह की बात की जा सकती थी, छूट ले सकते थे। लेकिन माने एक तो साफ-सुथरे कपड़े पहनते थे–ज़्यादातर सफेद कपड़े और वे किसी से, कभी पैसा नहीं माँगते थे। अभाव में नहीं रहते थे।

माने बिसनाथ के घर आतें थे। घर का काम-काज कराते थे। माँ से बहुत बातें करते। पिताजी से भी उनकी पटरी बैठती थी। एक दिन माने आए। माँ काम कर रही थी। माने थोड़ी देर बैठे। माँ ने उनको पानी-वानी पिलाया। थोड़ी देर बाद, माने फूट-फूटकर रोने लगे। लोग समझ नहीं पाए कि क्या हो गया। रोते हुए माने ने माँ को बताया कि, "दुलहिन सुन्यो, बुढ़ऊ नाहीं रहे।" किसी को समझ ही नहीं आया कि ये बुढ़ऊ किसको कह रहे हैं। माँ फौरन समझ गई, उन्होंने कहा, "अच्छा, नैपाले कब मरे ?" माने बिल्कुल बूढ़ी औरतों की तरह रो रहे थे। गाँव में औरतें अधेड़ उम्र तक पति को बच्चे के बाप के रूप में बुलाती हैं, उसके बाद बुढ़ऊ कहने लगती हैं। माने ने कहा कि बुढ़ऊ नाहीं रह गए–मर गए।

बिसनाथ ने विदेशी हिप्पियों और समलिंगियों के बड़े किस्से सुने हैं लेकिन नैपाल और माने का जैसा सम्बन्ध था वैसा सम्बन्ध कल्पनातीत लेकिन यथार्थ था।

माने और नैपाल की सन्तानें थीं। माने की पत्नी भी थी लेकिन वह अपनी सन्तानों के साथ मायके में रहती थी। नैपाल की पत्नी मर चुकी थी। नैपाल के लड़के का नाम रमेसर था। वह दुकान सँभालता था। हलवाई की दुकान थी। नैपाल और लालू सगे भाई थे। इन दोनों का पेड़ा बिस्कोहर में मशहूर था। सच बात ये है कि जैसा स्वादिष्ट पेड़ा बिसनाथ ने गाँव में खाया है वैसा पेड़ा अन्यत्र

नहीं खाया।

बाज़ार में निकलिये तो चौक में नैपाल की दुकान थी। वहाँ फुटपाथ की तो अवधारणा नहीं थी लेकिन दुकान के नीचे जो सड़क थी—सँकरी-सी सड़क, उस पर पतली-सी चारपाई पड़ी रहती। झोल रहती थी वह चारपाई। नैपाल और माने हमेशा उसी पर साथ-साथ लेटे रहते। ऐसा शायद ही कभी हुआ हो कि वहाँ से निकलें हों और उन दोनों को साथ-साथ लेटे हुए न देखा हो। पता नहीं जीवन के किस क्षण में उन दोनों की ऐसी मित्रता हो गई थी।

नैपाल के बारे में तो कहने लायक बात यही है कि वह पेड़ा बहुत अच्छा बनाते थे। लेकिन माने के बारे में कहने की बहुत-सी बातें हैं। एक तो उनकी जो मूर्ति मन में आती है वह एक साफ-सुथरे, शरीफ और खूबसूरत आदमी के रूप में आती है जैसाकि पहले उल्लेख किया कि अन्त तक गुलाबी चेहरा, उल्टे बाल, साफ-सुथरे कपड़े पहने।

बिस्कोहर की संस्कृति को बिना मर्सिये के नहीं समझा जा सकता। बिसनाथ ने बचपन में मर्सिये बहुत सुने हैं। पच्छूँ टोले की बेड़िनें मर्सिया गाती थीं। गाँव में सबसे बड़ा सांस्कृतिक समारोह या धार्मिक पर्व मोहर्रम होता था। उसकी चर्चा कभी अलग से। लेकिन वे जो बेड़िनें या वेश्याएँ थीं, उस दिन व्रत रखती थीं। स्नान करके केश खुले रखतीं और दो दिन का उपवास रखतीं। उनके चेहरे भक्ति-भावना से आपूरित होते। वे सामूहिक रूप से मर्सिया गाती थीं। उनमें से कुत्तन जान, सोनापती और जाफरी के नाम याद हैं।

सोनापती की दादी थीं—नसीबन जान। सोनापती बिसनाथ आदि बच्चों के साथ बचपन में खेलती थीं। बच्चे कहीं से पर्दा ले आते और चारों ओर से सोनापती को घेरकर खड़े हो जाते। उसमें सोनापती डांस करती। छोटी-सी, छह-सात साल की सोनापती। बाद में सोनापती की स्थिति ये हो गई कि बिस्कोहर में या बलरामपुर में यदि कोई सोनापती कह दे तो लोग उसे पीट दें। उसका नाम हो गया—शाहजहाँ। वह बेकल उत्साही की प्रेमिका और उनकी कविताओं की प्रेरणा बनी। बेकल साहब का एक शेर है—

जब से हम तबाह हो गए
तुम जहाँपनाह हो गए।

इसमें 'जहाँपनाह' शाहजहाँ या सोनापती के लिए आया है। सोनापती बहुत अच्छा गाती थी। सुग्गन जान भी बहुत अच्छा गाती थी।

माने गाँव-जंवार में सबसे अच्छा मर्सिया गाते थे। माने के गाने के सामने वे सब बेड़िनें पानी भरती थीं। बिसनाथ ने चाँदनी रात में माने का मर्सिया सुना

है। वे सबसे पहले अल्लाऽऽ कहते, फिर मर्सिया शुरू करते। माने मर्सिया शुरू करेंगे तो आपको लगेगा कि मिसरी का स्वाद आ रहा है। गाते समय उनकी भाव-भंगिमा, उनका बर्ताव, पूरा शरीर लय और तान की संगति में होता था।

मर्सिये का प्रभाव बहुत करुण होता है। जिनका साहित्य और संगीत से कोई सम्बन्ध नहीं है उनके भी रक्त में मर्सिया की धुन और करुणा बसी है। रामचरितमानस और मर्सिया—दोनों का प्रभाव बिसनाथ के रक्त में डूबा हुआ है। जैसे गाँव की गंधें डूबी हुई हैं। खेत की गंध, फसलों की गंध, धान की गंध जो अद्‌भुत होती है, जलगंध, जल की वनस्पतियों की गंध, घास कटने की गंध, भुट्टे की गंध—यहाँ पर सुगंधों की चर्चा की जा रही है। माने के गान और संगीत की याद के साथ गाँव के लोक-सौन्दर्य की याद विविध रूपों में आती है।

नैपाल का मर्सिये या संगीत से कोई सरोकार नहीं था। माने जितने साफ-सुथरे रहते, नैपाल उतने ही गन्दे। हमेशा चीकट पहने हुए। देखने-सुनने में भी बदसूरत ही कहे जाएँगे। काले थे नैपाले।

यदि ऐसी स्थिति होती कि लोग नैपाल और माने के बारे में बहुत बातें करते, उनकी हँसी उड़ाते, उनकी मित्रता कोई अनोखी घटना मानी जाती तो शायद उनके बारे में बहुत बातें सुनाई पड़तीं। लेकिन वह बिस्कोहर का सर्वस्वीकृत परिदृश्य था। सिर्फ़ एक बार बिसनाथ के दोस्त अब्दुल अज़ीज़ ने मज़ाक में एक हल्की बात कही है। कोई सन्ध्याक्षर मिलाने की बात थी। जैसे 'क्या' है तो 'क' में 'या' मिलाना। उसको बताते हुए अब्दुल अज़ीज़ ने कहा कि "क्या में क और य ऐसे मिले रहते हैं जैसे नैपाल और माने मिले रहते हैं। और किसी ने कभी कोई हल्की बात उनके बारे में नहीं की। ये सोचकर बड़ा अजीब लगता है।

नैपाल के मरने के बाद माने भी बहुत दिन तक जीवित नहीं रहे। उनके बच्चे कहाँ हैं, उनकी पत्नी कहाँ गई—इन सबके बारे में जानकारी नहीं है।

माने की शख्सियत का सच्चा एहतराम और उनकी संवेदना को बिस्कोहर में यदि कोई सबसे ज़्यादा समझता था तो वह शमशेर प्रधान थे।

शमशेर प्रधान बिस्कोहर की संस्कृति के केन्द्रीय पुरुष थे। इतना हरदिल अज़ीज़ इंसान बिस्कोहर में और कोई नहीं था। आज की शब्दावली में सेक्यूलर या धर्मनिरपेक्ष कहना तो दूसरे ढंग की बात हो जाती है लेकिन शमशेर के दिल में सचमुच हिन्दू-मुसलमान का फ़र्क नहीं था। इसीलिए जब पंचायत फिर से शुरू हुई और प्रधान चुने जाने लगे तो शमशेर प्रधान जब तक जीवित रहे, तब तक बिस्कोहर के प्रधान वही होते थे। हिन्दू-मुसलमान मिलकर, उनको प्रधान चुनते थे। वे परचून की दुकान करते थे। बिसनाथ जब छुट्टियों में गाँव जाते तो उनकी

दुकान पर बैठते। घर से कपड़े-वपड़े पहनकर ये सोचकर निकलते कि पूरा गाँव-कस्बा घूमेंगे लेकिन शमशेर प्रधान की दुकान पर पहुँचते ही, वे कहते, "आओ बाबू, कहाँ जात हो ?" बिसनाथ, चावल, अरहर या गेहूँ की बोरी पर बैठ जाते। फिर वहीं तीन-चार घंटे बिता देते।

अब शमशेर प्रधान बिस्कोहर में नहीं हैं तो बिसनाथ के लिए बिस्कोहर, बिस्कोहर नहीं रह गया है। दादा को शमशेर प्रधान बहुत मानते थे। दादा भी कभी-कभी जाकर उनकी दुकान पर बैठते थे। शमशेर प्रधान हिन्दू नहीं थे। इसलिए सवर्ण हिन्दू उनके यहाँ पानी या चाय नहीं पीते थे। वे पिलाते भी नहीं थे। समझते थे कि इससे हिन्दू का धर्म भ्रष्ट हो जाएगा। लेकिन सुपारी को सरौते से काटकर, लौंग-इलाइची और उसमें तम्बाकू चूना मिलाकर बनाया हुआ दोहरा खिलाते थे। हर आधे घंटे बाद वह यह काम करते और किस्से-कहानियाँ सुनाते।

मुहर्रम पर बेड़िनें उपवास रखती थीं। जब जुलूस निकलता तो उसमें चलते-चलते वे भूखी-प्यासी थक जातीं। शमशेर प्रधान ही उनको पानी और शरबत पिलाने के लिए हाज़िर होते। वहाँ के और मुसलमान यह काम नहीं कर सकते थे लेकिन शमशेर प्रधान कोई परवाह नहीं करते।

जब दादा ने फुलवारी के इमली के पेड़ को कटवाया तो पिता के व्यक्तित्व के प्रति आसक्ति होते हुए भी यह काम बिसनाथ को बहुत बुरा लगा। शमशेर प्रधान ने भी बहुत बड़ी शिकायत की। जैसे ही बिसनाथ बाज़ार गए वैसे ही शमशेर प्रधान ने कहा कि, "देखो, तेजबहादुर बाबू के मन में का आवा, का सोच लिहिन। इमली का पेड़ कटाय दिहिन। एतना पास-पड़ौस के लोग, बाल-बच्चे, बुजरूग, सब लोग आते थे और नाना प्रकार की चिरैया आती थीं। का बतावैं एतना समझदार आदमी, बुजरूग आदमी हैं और दिमाग में शैतान सवार हो गवा। बाबू हमैं नीक नाहीं लागा बाबू का ई काम"। शमशेर प्रधान सच्ची बात बोलते थे। स्वाभिमानी थे।

बिस्कोहर गाँव अयोध्या के बहुत निकट है। लगभग पचास किलोमीटर उत्तर में होगा। वहाँ लोग अयोध्या नहीं कहते, अयोध्याजी कहते हैं। अयोध्या का बड़ा असर है। बिस्कोहर और आस-पास के लोग अपने को राम की प्रजा मानते हैं। वहाँ कसम खानी हुई तो कहते हैं कि "दक्खिन की ओर बाँह उठाके कह रहा हूँ"। मतलब अयोध्या की ओर हाथ उठाकर कह रहा हूँ। जो समर्थ हैं वे शव को जलाने के लिए अयोध्या ले जाते हैं।

बिस्कोहर में अनेक ऐसी जातियाँ थीं जो अब नहीं सुनाई पड़तीं या बहुत तेजी से ख़त्म हो रही हैं। स्मृति के सहारे ही कहूँ तो एक ठठेर होते थे जो अयोध्यावासी कहलाते थे। वे पीतल का काम करते थे। एक कसेर जाति थी। कसेर बर्तन ढालते थे। उनके घर में छोटी-मोटी फैक्ट्री या कारखाना होता था। टूटे-फूटे बर्तन खरीदते, उनको भट्ठी में बहुत ताप देकर गला देते, वे इस द्रव्य को माल कहते। फिर मिट्टी का साँचा बनाते—बटुली का, बठुले का या थाली का। उस साँचे में गले हुए द्रव्य को ढालते तो वह ठंडा होकर उस पात्र की शक्ल का हो जाता।

घर के बगल में एक कसेर बाबा थे। उनके परिवार से बड़ी आत्मीयता थी। ऐसी पारिवारिक आत्मीयता कि जब छोटा भाई पैदा हुआ तो उसके बाद बिसनाथ कसेरिन दाई के साथ ही रहते थे। बचपन में उन्होंने ही बिसनाथ का लालन-पालन किया। जब वे लोग देखते थे कि कितनी आँच है तो बिसनाथ भी उनकी नकल करते हुए घुटनों के बल उसी तरीके से देखते। वे हँसते, कहते कि जब भट्ठी जल रही हो तो ब्राह्मण को नहीं आना चाहिए, ब्राह्मण अग्निमुख होते हैं। अपने कारखानों और भट्ठी से ब्राह्मणों को दूर रखते। जब सारा कार्य सम्पन्न हो जाता तो भीगे हुए चावल और गुड़ का प्रसाद बाँटते।

एक पटेर जाति थी। पटेर स्त्रियों के आभूषण सम्बन्धी धागे की चीज़ें बनाते थे। जैसे चोटी, फुँदना आदि। लहेर लाख का काम करते थे। पास ही हीरा लहेर रहते थे। एक जरगर जाति थी। जो हिन्दुओं में सुनार होता है उसे मुसलमानों में जरगर कहते हैं। धानुक जाति बाँस की चीज़ें बनाते थे। चिड़िमार यानी बहेलिए भी थे। डफाली डफ बजाते थे, बिस्कोहर में ताजिए बनाते थे। कुछ दफादार, अग्रहार थे। अग्रहार, भूमिहार ही थे लेकिन भूमिहार शब्द प्रचलित नहीं था। चिकवा बकरा काटते थे। और भी अनेक जातियाँ थीं जो अब बिस्कोहर में भी नहीं रह गई हैं या धीरे-धीरे खत्म हो रही हैं।

ब्राह्मणों और ठाकुरों को छोड़ दीजिए तो सबसे सम्पत्तिशाली बनिए थे। वे बड़ी संख्या में रहते थे। सबसे बुज़ुर्ग बनिया थे—शिवबालक साहू। वे बिसनाथ के पितामह के सहपाठी थे। पितामह—ब्रह्मानन्द तिवारी से शिवबालक साहू की घनिष्ठता रही होगी क्योंकि बिसनाथ ने उनकी कई चिट्ठियाँ शिवबालक साहू के पास देखी हैं। जब पितामह संन्यासी हो गए थे तब भी वे शिवबालक साहू को चिट्ठियाँ लिखते थे। पितामह बिड़ला के यहाँ मुनीमी करते थे लेकिन झगड़ा करके गाँव चले आए। बाद में जब पितामही का देहान्त हुआ और बिसनाथ के बड़े भाई की बचपन में ही मौत हो गई तो वे घर छोड़कर चले गए और संन्यासी

हो गए। 1921 ई. में, वे कांग्रेस की तरफ से जेल भी गए थे। 1921 के सविनय अवज्ञा में बिस्कोहर से दो लोग जेल गए–एक तो ब्रह्मानन्द तिवारी और दूसरे इब्राहिम मौलवी। उन दिनों तिवारी परिवार के घर की नीलामी हो गई थी।

शिवबालक के परिवार में दो लड़कियाँ थी। उनकी शादी हो गई। वे अकेले रहते थे। बहुत तरंगी जीव, बहुत मस्त आदमी थे। बाबू साहेब के दरवाज़े पर हर शाम जाते। वहाँ उनकी बड़ी इज़्ज़त थी। वृद्ध थे, हल्का-सा लँगड़ाते थे, डंडा लेकर चलते। अश्लील गाना गाते हुए होली की जो टोली निकलती थी, उसमें शामिल होते और अश्लील गाने ज़्यादा पसन्द करते। बीच में कोई ऐसा गाना गाने लगता जो अश्लील न होता तो कहते–"भँड़ौआ चलै, भँड़ौआ चलै", लेकिन केवल होली के दिन।

एक दिन उन्होंने बुलाकर पूछा--"ये बताओ इस त्यौहार का नाम दशहरा क्यों पड़ा ?" बिसनाथ मिडिल में पढ़ते रहे होंगे। दिमाग में आया कि चूँकि इस दिन रावण के दस सिर कटे थे इसलिए इसको दशहरा कहते हैं। बताया तो बहुत खुश हुए, अपने घर ले गए। उनके घर खाने की बड़ी अच्छी-अच्छी चीज़ें मिलती थीं, जैसे लौकी के बीज का हलुआ, खरबूजे के बीज की नमकीन। लेकिन बहुत कम खिलाते थे। तरंगी ऐसे जैसे 'गोदान' में एक पात्र है जो बुजुर्ग है लेकिन बच्चों के साथ मिलकर कबड्डी खेलता है।

लड़कों के साथ उनकी लाग-डाँट ज़्यादा हुआ करती थी। एक बार द्वारिका बनिया के यहाँ एक खाट पर वे बैठे थे, दूसरी पर चार-पाँच लौंडे-लपाड़ी–जिनको हमारे गाँव की भाषा में लुँगाड़े कहते हैं। आपस में बहस हो रही थी। लुँगाड़े कुछ ज़्यादा ही बदतमीज़ी करने लगे तो शिवबालक साहू बोले, "ये साले जो कुटैम के लीन हैं, ये बोल नहीं रहे हैं, इनके मुँह से शब्द नहीं निकल रहा है, इन सालों के मुख से आपानवायु निकल रही है।"

शिवबालक साहू की पत्नी नहीं थी। घर में कोई और भी नहीं था। उनके यहाँ काम करने के लिए एक नौकरानी आती थी। सारी प्रतिष्ठा और सम्मान के बावजूद उस नौकरानी के साथ उनके किस्से प्रचलित कर दिए गए थे।

बनिया जाति में अनेक प्रकार के चरित्र थे। मिजाजी बाबा के बड़े भाई थे–नाथे बाबा। नाथे बाबा का नाम जगन्नाथ था लेकिन यह नाम तो जैसे किसी अपभ्रंश शब्द का संस्कृत कल्पित करके कहा जाता है, वैसे कहा जा रहा है। उनको जगन्नाथ नाम से, किसी के द्वारा सम्बोधित करते कभी नहीं सुना गया। सब नाथे बाबा-नाथे बाबा कहते थे। नाथे के पाँच भाई थे। उनके पिता--लाल बिहारी बनिया थे। हमारे मोहल्ले में लालबहादुर बनिया जिनको हम बड़का दादा

कहते थे और लालबिहारी बनिया—ये दो मशहूर और प्रतिष्ठित बनिया परिवार थे।

नाथे बाबा पढ़े-लिखे बिल्कुल नहीं थे। उनके जीवन का ढंग लगभग पशु जैसा था। लेकिन अपनी बेपढ़ाई में तल्लीन रहते और उसका मजा लेते।

उनको दुकान पर तराजू से तौलने का काम दिया जाता था। जिसको डंडी मारना कहते हैं, उसमें वे सिद्धहस्त और अव्वल नम्बर थे। कोई किसान दस सेर अनाज लाता था तो उसको ऐसा तौलते कि वह पाँच सेर हो जाता। आप जानते हैं कि तराजू से तौलने की एक मुद्रा होती है, जिसमें बैठा जाता है—वीरासन की मुद्रा यानी बायाँ पैर सिकोड़कर और दायाँ घुटना खड़ा करके तराज़ू उठाया जाता है। नाथे हमेशा तराजू से तौलने की मुद्रा में बैठते थे, और किसी मुद्रा में उनको बैठे हुए कभी देखा ही नहीं। भोजन भी इसी मुद्रा में करते। यहाँ तक कि शौच भी इसी मुद्रा में। गाँव में कोई ऐसा आदमी नहीं, जिसने आपको शौच करते न देखा हो और जिसे आपने शौच करते न देखा हो। सब लोग खुले में तालाब के किनारे या अन्यत्र शौच करते हैं। इसलिए नाथे बाबा को भी बिसनाथ ने देखा है। वे दिशा-फरागत भी इसी मुद्रा में करते थे। बड़कनू कसेर कहते थे कि—"ये साला और काम भी इसी मुद्रा में करता होगा।"

नाथे बाबा की पहली पत्नी का देहान्त हो गया था। साँप के काटने से उनकी पत्नी का देहान्त हुआ। नाथे बाबा ने दूसरी शादी की। उनकी पहली पत्नी भी सुन्दर थी और दूसरी पत्नी भी मोहल्ले में सबसे ज़्यादा रूपवती थी। यह बड़े-बड़ों के लिए ईर्ष्या की बात होती है, वहाँ भी थी। दूसरी पत्नी को गाँव में नौका कहते हैं, तो उनको नौका दाई कहते। नौका दाई यानी नई दाई। जब नाथे बाबा का विवाह हुआ तो उन्होंने बहुत बड़ा भागवत सुना।

नाथे बाबा अपने बच्चों को तन्मय होकर खिलाते थे। शाम को छह बजे बच्चों को लेकर बैठ जाते। रात दस बजे तक खिलाते रहते और गाना गाते। गाना बड़ा ऊलजलूल होता जिसका कोई मतलब नहीं होता था। ध्वनि ही ध्वनि होती जैसे—लू लू लू लू, पू पू पू पू, डू डू डू डू, चू चू चू चू बच्चों को टाँगों पर झुलाते हुए लू लू...पू पू...करते।

नाथे बाबा की दूसरी खास बात ये कि उनको कमीज़ और धोती पहने कभी नहीं देखा गया। वे सिर्फ फटी हुई धोती पहनते जिसको भगुई कहते हैं। वे भगुआ या भगुई पहनते थे। जब वे ससुराल जाते तो भगुई पहनकर ऊपर से टोपी लगा लेते। सफेद टोपी बस ! यही उनका शृंगार था। एक बार उसी रूप में वे ससुराल गए। जब खाना खाने बैठे तो सास ने खाना परोसा—दाल-भात दिया गया। उसमें

और चीजें सब्जी इत्यादि नहीं थीं। कहा जाता है कि जब तक थाली में हाथ तीन जगह न जाए तब तक खाने में मजा नहीं आता। दाल-भात के साथ तरकारी या सब्जी भी होनी चाहिए। नाथे बाबा ने कहा—"चाची, (सास को चाची कहते हैं) अरे न हो तो तनि आलू का चोखा ही रख देतीं।" तो सास ने कहा कि, "वैसे ही तुम एक पसेरी खाते हो। चोखा रख देती तो और ज्यादा खाते।" जैसे ही शाम हुई, उनकी सास ने उनको ससुराल में रुकने नहीं दिया, कहा कि "बेटा, देखो शाम हो रही है। निकल जाओ नहीं तो रात हो जाएगी, परेशान हो जाओगे रास्ते में।" ये किस्सा नाथे बाबा ने आकर सबको सुनाया। नाथे बाबा भोजन अधिक मात्रा में करते थे।

नाथे बाबा उच्चारण अजीब ढंग से करते थे। किसी चीज़ का उच्चारण ठीक से नहीं कर पाते थे। लेकिन करते थे बड़े प्रेम से और उसका मजाक भी अपने ढंग से उड़ाते थे। जैसे गाँव में कुँजड़े थे, वे अक्सर गाना गाते थे कि "हज़ारों बुलबुल चहक रही हैं..." उसको नाथे बाबा हमेशा गाते कि—"हज़ारों बुलबुल चिरक रही हैं...।" उनकी समझ में चहकना नहीं, चिरकना आता था। एक बार करपात्री जी आए तो नाथे बाबा ने कहा कि, "कुपत्रीजी महाराज आए हैं।" कुपत्री कुपात्र को कहते हैं। उनकी समझ में करपात्री जी नहीं कुपत्रीजी महाराज आता था।

नाथे बाबा को राजनीति आदि बाहरी दुनिया से कोई मतलब नहीं था। गांधी जी का नाम उन्होंने सुना था लेकिन गांधीजी क्या करते हैं, क्या नहीं करते—इन सबसे उनको कोई मतलब नहीं था। गांधीजी अगर उनसे अनाज तुलवाने आते तो वे उसमें भी डंडी जरूर मारते। उनके साथ एक घटना हुई जिसका सम्बन्ध गांधीजी से है। गांधीजी की जब मृत्यु हुई तो बिस्कोहर में भी पहली बार यह हुआ कि दुकानें बन्द कर दी जाएँ। बिस्कोहर के एक स्थानीय नेता थे साधु। साधु ठठेर थे। सबको मुकदमा लड़ाने ले जाते थे और आर्य-समाज का उत्सव करते थे, रामलीला में भी आगे रहते थे। कुछ पढ़े-लिखे भी थे। उन्हीं के नेतृत्व में बिस्कोहर में गांधीजी की शवयात्रा निकली। साधु सबसे यह कह रहे थे कि भई दुकान मत खोलो, दुकान बन्द करो। जब नाथे बाबा की दुकान पर पहुँचे तो नाथे बाबा की समझ में कुछ आया ही नहीं कि दुकान क्यों बन्द करा रहे हैं, बहुत लोग मरते हैं, गांधीजी मर गए तो क्या हो गया ? साधु ने उनसे कहा, "नाथे तू नाहीं दुकान बन्द किए हो ?" तो नाथे ने कहा, "काहे दुकान बन्द करब ? दुकान तब बन्द करब, जब हम मरब, हम तो अभी जिन्दा हैं।" इस पर साधु उनको लै पड़े और मारने लगे। तो गांधीजी की शवयात्रा के दौरान हमारे गाँव में यह हिंसा हुई। नाथे

बाबा पिट गए पर दुकान बन्द नहीं की।

जब कन्ट्रोल वगैरह आ गया तो नाथे बाबा का व्यापार चौपट हो गया। जिस तरह से और जगहों पर पुरानी व्यवस्था समाप्त हुई उसी तरीके से बिस्कोहर में भी पुरानी व्यवस्था खत्म हुई। इतिहास का विकास बड़ी दारुण चीज़ होती है। पुरानी व्यवस्था अमानवीय होती है लेकिन पुरानी व्यवस्था को लोग स्वीकृत कर लेते हैं, उसके अभ्यस्त हो जाते हैं। अमानवीय व्यवस्था का उत्पाटित होना कुछ लोगों के लिए बड़ा दारुण होता है। नाथे बाबा का काम-काज चौपट हो गया। नौका दाई लगभग लँगड़ी हो गईं। नाथे बाबा को खाने-पीने की कमी रहने लगी। जब वे सम्पन्न थे तो कटोरा भर गौरिया भात, दाल खाते थे। एक दिन नाथे बाबा आए और रोने लगे बोले, "देखो हम कटोरा भरके गौरिया भात घी डालकर खाते थे, अब हमको खाना ही नहीं मिलता।"

एक बहादुर मोची थे। वे अकेले थे। पत्नी मर गई थी। बच्चे भी नहीं थे। बहादुर मोची, बल्दी बनिया की कद-काठी के थे। मोची थे लेकिन ऐसे स्वाभिमानी आदमी कम होते हैं। बहादुर मोची जैसा जूता बनानेवाला इलाके में कोई नहीं था। कभी किसी के दरवाजे पर नहीं जाते थे। जिसको जूता बनवाना हो वह बहादुर मोची के दरवाजे पर जाए। घर भी वही था दुकान भी। वह प्रखर सामन्तवाद का जमाना था और बिस्कोहर के बाबुओं के बारे में तो आपको आगे बताएँगे लेकिन उनके यहाँ भी बहादुर मोची नहीं जाते थे। बबुआन में जिसको जूता बनवाना होता, वह अपना नाप भेज देता। बहादुर मोची जूते बना देते। उनके स्वाभिमान की घटनाएँ दादा ने बताईं। दादा भी उनकी बहुत इज़्ज़त करते थे। कभी किसी ने उनको किसी से तू-तड़ाक करते हुए नहीं देखा। मगन होकर कभी-कभी गाना गाते बहादुर मोची। बाज़ार में बहुत कम निकलते थे।

उसी तरह से मैला साफ करने वाली जाति थी जिसको उस जमाने में भंगी कहा जाता था। उसी खानदान के एक थे, जो बुड्ढे थे—चंपक, गौर वर्ण के। उनको भी कभी किसी के दरवाजे पर नहीं देखा गया। जब उनके घर की तरफ से निकलो तो वे शहनाई का रियाज कर रहे होते थे। बड़ी अच्छी शहनाई बजाते थे। पूरे इलाके में ऐसी शहनाई बजानेवाला कोई नहीं था। असल में क्या कहा जाए कि किसकी तरह बजाते थे लेकिन अगर उनका कहीं कार्यक्रम हुआ होता तो निश्चित रूप से मशहूर शहनाई वादक होते। वे बहुत सुन्दर थे और पता नहीं कैसे अच्छी पोशाक में रहते थे। कायदे से रहते थे। शहनाई बजाने से वे कोई आमदनी नहीं करते थे यानी पैसे के लिए किसी के घर जाकर शहनाई नहीं बजाते थे।

तब दलित आन्दोलन नहीं था। केवल कांग्रेसी गाते थे–

लो अछूतो को छाती लगा हिन्दुओ
वर्ना ये लाल ग़ैरों के घर जाएँगे।

लेकिन इसका कोई असर समाज पर नहीं था। तब चमार, भंगी, डोम, हेला पशुओं जैसी ज़िन्दगी बसर करते थे। वे सुअरों के बाड़े जैसे घरों में रहते। उनकी बस्तियाँ गाँव से दूर अलग होतीं। उनकी औरतें मैला साफ करने आतीं। चमाइन की पूछ बच्चा होने के समय होती। वह बच्चा जनाती। अवैध गर्भधारण की स्थिति में पेट गिराने में मदद करती। चमार की पूछ बैसाख में खेत जोतने के समय होती। प्रायः शूद्रों को उनकी जाति का नाम लेकर लोग गाली देते। यों हर जात की निन्दा और प्रशंसा में पद्य उक्तियाँ मौजूद थीं–

मटकीम दाना, सूद उताना।
अन्न न मिलै तब सतुआ खाए,
मनई न मिले तब अहिर से बतुआए।
कायथ औ खटकीरा, इनके मारै न तनिकौ पीरा।
बनिया बक्काल, हमरे क दाल।
न सौ मसाला न एक धनिया, न सौ बांभन न एक बनिया।
बांभन मुस्लिम भाई-भाई, ठाकुर कौम कहाँ से आई।
एक अगुवा बिना सौ जोलाहा डूबि गए।

दलितों की बहू-बेटियों पर सवर्णों की निगाह रहती थी। खासतौर पर ठाकुरों-बाम्हनों की। अहीर, पासी, कुम्हार, कहार, गड़रिया, नाई, मुराव (सब्जी उगानेवाले), घरकार (बाँस का काम करनेवाले), बरई आदि भी शूद्र ही थे लेकिन इनकी स्थिति उतनी खराब नहीं थी। सोनार, कसेर, ठठेर तो लगभग वैश्य की श्रेणी में आते थे। अहीर जबर्दस्त होते थे। उनसे लोग डरते भी थे।

बिस्कोहर के ज़मींदार, बांभन, मुसलमान

गाँव-जंवार में कई बड़े ज़मींदार थे। वहाँ ज़मींदार ज़्यादातर ठाकुर होते थे। हालाँकि बस्ती जिले में जो बड़े-बड़े ज़मींदार थे वे ठाकुर से ज़्यादा बांभन थे। जिन्हें भूमि दान में मिली होगी। पुरोहित वर्ग के लोग बड़े ज़मींदार हो गए। कुछ मुसलमान ज़मींदार थे जो महतो और चौधरी कहलाते थे। इससे लगता है कि वे पहले कुर्मी रहे होंगे जो बाद में मुसलमान हो गए। महतो और चौधरी ज़मींदारों में से किसी को दाढ़ी रखते नहीं देखा। वे लगभग हिन्दू होते थे। धोती पहनते थे। एक बात अधिक उल्लेखनीय है, जिसे धर्मनिरपेक्षता के नज़रिए से न देखा जाए लेकिन सच है कि उन दिनों जालिम जमींदार हिन्दू ही होते थे। किसी मुस्लिम ज़मींदार को जालिम नहीं पाया गया। वे बहुत मिल-जुलकर रहते थे। जैसे घर पर कोई काम काज होता तो वे आते थे। उनको अलग से खाना खिलाया जाता था और जब वे न्यौता देते तो उनके घर जाते। एक जैतापुर के चौधरी थे जिनके पास हाथी था। फूलपुर के करीम महतो थे। इन लोगों से बिसनाथ के दादा के बड़े अच्छे सम्बन्ध थे।

आज से पचास-साठ साल पहले के ज़मींदार कैसे होते थे ? गाँव के सबसे शरीफ ज़मींदार रस्तोगी भैया थे। रस्तोगी बिस्कोहर में, शुरू में, सम्भवतः व्यापार करने आए होंगे फिर उन्होंने आस-पास की ज़मीन भी खरीद ली होगी। वे सबसे शरीफ ज़मींदार थे लेकिन उनके घर भी, लगान न दे पाने के कारण असामियों को जूतों से पिटते हुए देखा है।

हिन्दू ज़मींदार कई थे। बाबा बूढ़ननाथ थे, उनके पुत्र बाबा विश्वम्भरनाथ थे, घिराऊ पाण्डे थे, लक्ष्मीनिवास पाण्डे थे, लाखन सिंह थे, शोहरतगंज के राजा साहब थे। ये सब ऐसे लोग थे जो पागलों की तरह मनमाना अत्याचार करते थे। इनके जुल्म और अत्याचार की कहानियाँ लोग गौरवपूर्वक सुनाते थे। ऐसा किंवदन्तियों में ढला हुआ कोई मुस्लिम अत्याचारी ज़मींदार नहीं था।

अजीब बात है कि जंवार में जितने भी अत्याचारी ज़मींदार थे, सबको रियाया ने मार डाला। अदालत में तो इन ज़मींदारों को सजा हो नहीं सकती थी लेकिन

आखिर में जिन पर अत्याचार होता था, जो पीड़ित थे—वे इकट्ठा हुए, योजना बनाई और अत्याचारी ज़मींदारों को पकड़कर मार डाला। कोई बचा ही नहीं। घिराऊ पाण्डे, लक्ष्मीनिवस पाण्डे, लाखनसिंह—सब मारे गये। ये बड़ा आश्चर्यजनक था कि कोई ज़मींदार बहुत बड़ा होता, उसका उत्कर्ष होता फिर कुछ दिन के बाद बड़े सामान्य लोग उसे इकट्ठे होकर मार देते थे। एक बार बिसनाथ ने यह घटना डॉ. रामविलास शर्मा को सुनाई तो उन्होंने कहा कि ऐसा करो, ये घटनाएँ मुझे लिख करके दे दो कि मध्यकाल में जो सामान्य जनता थी वह भी प्रतिरोध कैसे करती थी।

बिस्कोहर का क्षेत्र बहुत पिछड़ा हुआ था। जब बिसनाथ अपने बचपन को याद करते हैं तो लगता है कि घोर मध्यकाल देख चुके हैं। गाँव में कुछ लोग ऐसे थे, जिन्होंने बहुत दिनों तक ट्रेन नहीं देखी थी। उस मध्यकालीनता का सबसे बड़ा लक्षण और प्रमाण ये था कि क्षेत्र के ज़मींदार बहुत निरंकुश, उद्दण्ड और क्रूर होते थे। इनके बारे में जनता में बड़ी मिश्रित भावना होती थी। गर्मियों में पेड़ के नीचे बैठकर खैनी-तम्बाकू मलते हुए, खलिहान में, चौपाल में, अलाव पर—जहाँ मौका मिलता, इनके बारे में किस्से सुनाते।

इनमें से वय की दृष्टि से, बाबा बूढ़ननाथ को सबसे प्राचीन समझिए। वे चेतिया के तिवारी थे और पंक्तिपावन ब्राह्मण थे। शायद वे बस्ती जिले के सबसे बड़े ज़मींदार थे। उनसे बिसनाथ के पितामह के पिता त्रिवेणी तिवारी की मैत्री थी। बिसनाथ के दादा बताते थे कि त्रिवेणी तिवारी कभी-कभी बाबा बूढ़ननाथ के यहाँ जाते थे और वीणा बजाते थे। बाबा बूढ़ननाथ भी वीणा बजाते थे। वे उस तरह के चरित्र थे अगर आपने 'संघर्ष' फिल्म देखी हो तो उसमें जयन्त और सप्रू। मध्यकालीन काशी के दृश्य। 'संघर्ष' फिल्म तो पण्डों के जीवन पर है लेकिन बाबा बूढ़ननाथ अपने जिले के सबसे बड़े ज़मींदार थे। शायद अस्सी या सौ गाँवों के मालिक।

बाबा बूढ़ननाथ शाक्त थे। नरबलि देते थे। यह घटना भी बिसनाथ ने दादा से सुनी है, उनको पितामह के पिता ने सुनाई थी कि एक बार बाबा बूढ़ननाथ भोजन कर रहे थे। उनके जामाता आए हुए थे। वे भी उनके साथ भोजन कर रहे थे। बाबा बूढ़ननाथ ने अपने पुत्र से कहा कि, "क्यों भई, ये जो पहुना आए हैं, बहुत अच्छे हैं, सुन्दर हैं, कुलीन ब्राह्मण हैं—इनके जैसा पात्र और कहाँ मिलेगा ?" जामाता को कुछ हुनुक-सुनुक लगी कि ये कैसी बातचीत हो रही है ? उनको किसी ने बता दिया कि ये सारी योजना तुम्हारी बलि देने की हो रही है। जामाता वहाँ से रात को ही भग गए।

कहते हैं बाबा बूढ़ननाथ ने अफीम खाकर आत्महत्या कर ली थी। बिस्कोहर में आत्महत्या करने का एक बड़ा प्रचलित तरीका यह था कि अफीम को सरसों के तेल में घोंट लेते। एक कटोरा भर सरसों का तेल और उसमें काफी अफीम घोंटकर पी लिया। इससे आदमी मर जाता है। बाबा बूढ़ननाथ भी अफीम को तेल में घोंटकर पी गए। कारण क्या था ? कारण था कि उनके पुत्र जो बाबा विश्वम्भरनाथ थे, उनको हत्याएँ करने के जुर्म में छह या सात महीने की सजा हो गई थी। बाबा बूढ़ननाथ को यह बहुत अपमानजनक लगा। वे बहुत शोकग्रस्त हुए कि मैंने अस्सी कत्ल करवाए, मुझे कभी कोई सजा नहीं हुई और ये ऐसा अयोग्य पैदा हुआ कि बीस कत्ल ही कराया और इसी में इसको सजा हो गई।

बाबा बूढ़ननाथ के बारे में एक किस्सा और। उनके समय में नयी-नयी ट्रेन चली। गोरखपुर से गोण्डा। लूप लाईन थी। गोरखपुर से गोण्डा का जो उत्तरी हिस्सा है, वह नेपाल का तटवर्ती है। नेपाल की सीमा को स्पर्श करता हुआ। वहाँ से उसका, नौगढ़, शोहरतगंज, बढ़नी, पचपेड़वा, बलरामपुर—ये सब नेपाल की सीमा पर हैं। जब ट्रेन चली तो बाबा बूढ़ननाथ भी ट्रेन पर चले। उनके लिए टिकट-विकट लेने की कोई बात नहीं थी। उनके साथ दो-तीन लठैत थे, लठैत तो कई थे लेकिन दो-तीन लठैत ख़ास थे जो हमेशा साथ रहते। उनमें से एक मंगलसिंह थे। टी.टी. आया, पैंट-कमीज पहने था। ये उसी पुरानी, मध्यकालीन वेशभूषा में थे। घुटने तक धोती और कुर्ता। साफा-ऊफा भी बाँधे रहे होंगे। टी.टी. ने समझा कि कोई देहाती है। टी. टी. ने इनसे टिकट माँगा। इन्होंने कहा कि मेरे पास टिकट नहीं है। टी.टी. ने इनकी गर्दन पकड़कर डिब्बे से बाहर कर दिया। बूढ़ननाथजी के लिए यह अप्रत्याशित था। उन्होंने मंगल को आवाज दी—'मंगल'। उसने कहा—'हाँ' ? तो कहा कि, "ई जो सूथनवाला है, ये हमारे गर्दन पर हाथ धर दीहिस।" जैसे ही ये कहना हुआ वैसे ही दे जूता, दे लात, दे घूँसा, दे डंडा—टिकट कलक्टर को बहुत मारा। मार-मारकर अधमरा कर दिया। जो आवे वही उसको दो थप्पड़, दो घूँसा और दो लात मारे। बार-बार बूढ़ननाथ कहें कि, "ई सूथनवाला जो है इसने हमारे गर्दन पर हाथ धर दिया साले ने।" इसके बाद टी. टी. की फिर पिटाई शुरू हो जाए। बाद में चारों ओर हल्ला मचा। स्टेशन मास्टर दौड़कर आए। डाँटा टिकट कलक्टर को कि "जानता नहीं ये कौन हैं" ?

बाबा बूढ़ननाथ के पुत्र थे विश्वम्भरनाथ। सन् 1938-39 के आसपास एक चुनाव हुआ था। असेम्बली का चुनाव रहा होगा जिसमें कांग्रेस की सरकार बनी थी। उस चुनाव में शोहरतगंज के राजा साहब शिवपतसिंह खड़े थे। बाबा विश्वम्भरनाथ एक तो बहुत बड़े ज़मींदार, दूसरे ब्राह्मण। उनके सामने राजा साहब

टिक नहीं पाए। जीते बाबा विश्वम्भरनाथ ही।

बाबा विश्वम्भरनाथ की एक बहन थीं। उनको सब बुआजी कहते थे। बिस्कोहर के पास एक गाँव है सिकौथा, वहीं उनका बहुत बड़ा घर था। वहाँ पर उन्होंने संस्कृत का एक विद्यालय खुलवा रखा था, जहाँ विद्यार्थी मुफ़्त पढ़ते। भोजन भी मिलता। वहीं से अध्यापकों को वृत्ति मिलती। उनके यहाँ जब श्राद्ध होता तो हजार-दो हजार ब्राह्मण खाते थे।

रिश्ते में, एक बाबा थे--पट्टीदार थे, उजड्ड थे, मारपीट बहुत करते थे। नाम था गुड्डू बाबा। वे सिकौथा की बुआजी के यहाँ नौकरी करते थे।

घिराऊ पाण्डे के अत्याचार की कथाएँ बहुत प्रचलित थीं। घिराऊ पाण्डे कत्ल फौरन करवा देते थे। उन दिनों बहुत ही क्रूर कर्म होते थे। आज के ज़माने में जब इतनी हत्याएँ होती हैं, लोग समझते हैं कि आज ज़्यादा क्रूरता है लेकिन वह युग आज से ज़्यादा क्रूर था क्योंकि तब कोई सुनवाई नहीं होती थी। प्रतिरोध का तरीका दूसरा था जिसकी ओर संकेत कर चुका हूँ।

एक ज़मींदार एक आदमी पर नाराज हो गए तो उसको उठाया और ज़िन्दा ही तीसी के (तीसी अलतस को कहते हैं, तिल जैसी छोटी-छोटी, बड़ी चिकनी होती है।) बखार में डाल दिया। तीसी इतनी चिकनी होती है कि जब उसमें उस आदमी को डाला गया होगा तो सीधे सर्र ऽ ऽ से नीचे चला गया होगा। किसी को पता ही नहीं चल सकता कि आदमी कहाँ गया क्योंकि वह तो अनाज के बखार में पड़ा हुआ था। दो-तीन साल बाद जब अनाज बेचने के लिए बखार खोला होगा तब उसका कंकाल उसमें से मिला होगा। घिराऊ पाण्डे की हरकतें ऐसी थीं। जाहिर है कि ऐसे लोग दुस्साहसी होते हैं। महाराज बलरामपुर से उनका झगड़ा रहता था।

घिराऊ पाण्डे की हत्या का किस्सा ये है कि शाम या रात के समय वे घोड़े पर सवार होकर खेत में जा रहे थे। एक खेत से गुज़र रहे थे। अरहर का खेत था। अरहर का पौधा लम्बा होता है। किसान उसमें छिपे हुए थे। उन्होंने लाठी से पीट-पीटकर घिराऊ पाण्डे को मार डाला। किसी का कुछ नहीं हुआ। पता ही नहीं चला कि किसने मारा। घिराऊ पाण्डे का लड़का हनुमान पाण्डे बिसनाथ के साथ पढ़ता था। दोनों एक ही कक्षा में थे लेकिन वह केवल पन्द्रह-बीस दिन के लिए क्लास में आया होगा। उसके बाद नहीं आया। बहुत जबरदस्त था देखने में। घिराऊ पाण्डे के घर से भी बिसनाथ के यहाँ से आना-जाना था। उनके यहाँ एक हाथी था।

लक्ष्मीनिवास पाण्डे गड़ावर गाँव के थे। बहुत आतंक था उनका। थोड़े से

साम्प्रदायिक भी थे। मुसलमानों पर बड़ा जुल्म करते थे। उन्होंने अपने पट्टीदार रामचरित्तर की भी हत्या की थी।

एक गाँव था, जिसका नाम भूल रहा हूँ। उसमें ज़्यादातर किसान मुसलमान थे। लक्ष्मीनिवास पाण्डे की हाँक पर पाँच-छह सौ आदमी इकट्ठे हो जाते थे। वे उन लोगों को मुसलमान किसानों के खेत में ले जाते थे। धान के पौधे लहलहा रहे हैं तो आप जानते हैं कि खेतों की निराई होती है, मतलब है कि जो घास है उसे धान के पौधों से अलग कर दिया जाता है–घास को हटाकर फेंक देते हैं और जड़हन, धान के पौधे को रहने देते हैं। लक्ष्मीनिवास पाण्डे अपने लोगों से कह देते थे कि जितने धान के पौधे हैं, सबको उखाड़कर फेंक दो। बहुत से लोग शायद कल्पना नहीं कर सकते कि किसान के लिए इसका क्या मतलब होता है। यह केवल कोई किताबी या एकेडेमिक अनुभव नहीं है। किसान के लिए अनावृष्टि, अतिवृष्टि, ओले पड़ जाना, कीड़े लग जाना–ये बड़ा हाहाकारी दृश्य होता है। बिसनाथ ने ओले पड़ने के बाद सब्जी की फसल को बरबाद होते देखा है। इसके बाद यह भी देखा कि कुँजड़े किस तरह से छाती पीट-पीटकर रो रहे थे, जैसे घर में आग लगी हो, आदमी मर गया हो। वे लोग जो खेती नहीं करते–ये अनुभव ही नहीं कर सकते कि फसल के नष्ट हो जाने का मतलब क्या होता है। फसल के नष्ट हो जाने का मतलब होता है कि अब, जब तक अगली फसल नहीं होगी तब तक किसान भीख माँगेगा, कुत्ते की तरह टुकड़े-टुकड़े के लिए इधर-उधर दौड़ेगा। उसके बच्चे भूख से बिलबिलाएँगे। लक्ष्मीनिवास पाण्डे इसकी परवाह नहीं करते थे।

लक्ष्मीनिवास पाण्डे के विरुद्ध मुसलमान किसानों ने योजना बनाई। पता नहीं कि उनमें कुछ हिन्दू भी शामिल थे या नहीं। लक्ष्मीनिवास पाण्डे कहीं अपनी 'पाही' पर गए थे। अपने गाँव से दूर जो खेती होती है, उसे पाही कहते हैं। वहाँ जो बँगला था उसमें रात को लक्ष्मीनिवास पाण्डे सो गए। ये लोग गए, उनको जगाया और क्रूरतापूर्वक उनकी हत्या की। पहले उनके पैर काटे, फिर हाथ काटे और उसके बाद उनका सिर काटा। लक्ष्मीनिवास पाण्डे ने पहले तो उन लोगों को डपटा लेकिन जब समझ गए कि हमको मारेंगे तो बहुत गिड़गिड़ाए लेकिन उनको छोड़ा नहीं।

उन मुसलमान किसानों पर मुकदमा चला क्योंकि उनसे हिन्दू ज़मींदार नाराज हुए। वातावरण में थोड़ी-सी साम्प्रदायिक उत्तेजना भी पैदा हुई। बिसनाथ के दादा का नाम तेजबहादुर तिवारी था। सोहना के एक ठाकुर थे, उनका नाम भी तेजबहादुर सिंह था। दोनों में मित्रता थी। बाबू तेजबहादुर सिंह कहते थे कि जब मैं सोचता हूँ कि किस तरीके से लक्ष्मीनिवास पाण्डे को मारा गया है तो दिन में

तीन बार मेरा खून खौलता है। वे इस भाव से बातें करते थे कि एक ब्राह्मण को मुसलमानों ने मिलकर मार दिया। लेकिन सामान्यतः लक्ष्मीनिवास पाण्डे के प्रति किसी की सहानुभूति नहीं थी।

मुकदमा बहुत दिनों तक चला और उस मुकदमे से सब बरी हो गए। जब छूटकर बस्ती से अपने गाँव के पास डुमरियागंज तहसील में आए तो उन मुसलमानों ने घोषणा की कि देखो हम लोगों ने शेर मारा था। जितने भी लोग सुन रहे हैं उन सबको दावत है, वे सब निमन्त्रित हैं, आकर भोजन करें। करीब पाँच-सात हजार लोगों ने उनके यहाँ भोजन किया। उन दिनों गाँव में जश्न का यही एक तरीका था। उन लोगों ने हत्या के अभियोग से बरी होने पर इस तरह जश्न किया।

लाखनसिंह को बिसनाथ व्यक्तिगत रूप से जानते थे। वे दादा के मित्र थे। सगरागढ़ के राजा साहब थे। उनकी शादी लाखनसिंह की बहन से हुई थी। राजा साहब ने किसी मुसलमान औरत को रख लिया था। लाखन सिंह की बहन उनके साथ रहती थी या अलग, नहीं जानता। बिस्कोहर के पास ही एक गाँव है देबियापुर। लाखनसिंह वहाँ आकर रहते थे। वे थे तो भनवापुर के लेकिन कभी-कभी आते थे। लाठी-वाठी चलने के किसी फौजदारी के मामले में बिसनाथ के पिताजी ने उनकी सहायता की थी। इसलिए दोनों में मित्रता हो गई। वे बिसनाथ के घर आते थे। बिसनाथ के यहाँ, उस समय के बहुत मशहूर पहलवान जो लखनऊ के थे, सादिक, वे भी एक बार हाथी पर चढ़कर आए हैं। रामविलासजी ने निराला वाली पहली किताब में सादिक पहलवान का उल्लेख किया है कि निरालाजी उनसे कुश्ती लड़ने की आकांक्षा रखते थे। सादिक बड़े खूबसूरत थे। जाड़े के दिनों में भी तंजेब और मलमल का कुर्ता पहनते थे और पंखा झला करते थे।

बिसनाथ के पिताजी ने लाखनसिंह की जो सहायता की थी उसके लिए उन्होंने बारह-पन्द्रह बीघा खेत भी दिया था। उसका आधा हिस्सा तो बिसनाथ के भाई ने बेच दिया लेकिन आधा अभी भी बिसनाथ के नाम से गाँव में है।

लाखन सिंह दुबले-पतले आदमी थे। शुरू में तो बिसनाथ को बड़े निरीह लगे लेकिन बाद में उनके बारे में पता चला कि वे बड़े क्रूर ज़मींदार थे। सामान्य जनता का शोषण बहुत करते थे। उनके मन में किसी प्रकार की दया-माया जैसी चीज थी ही नहीं।

सन् 1948-49 में, जब बिसनाथ इण्टरमीडिएट के फर्स्ट इयर में थे तो एस.डी. कालेज, कानपुर में एक पम्फलेट—परिपत्र पढ़ा—'बस्ती जिले का रावण

लाखन सिंह'। वह पम्फलेट कम्युनिस्ट पार्टी ने निकाला था'।

बी. टी. रणदिवे के समय, जब किसानों को ज़मीन से बेदखल करने पर आन्दोलन चला था, एक तरीके से सशस्त्र क्रान्ति, उस कम्युनिस्ट आन्दोलन में लाखन सिंह की हत्या की गई थी। उनको कम्युनिस्टों ने मारा था। उनके भाई को भी मारा था।

जिले में कम्युनिस्टों के एक नेता थे–कृष्णमोहम्मद। ठाकुर थे लेकिन कृष्णमोहम्मद नाम उन्होंने राहुलजी के प्रभाव से रखा। राहुलजी की एक किताब है–'22वीं सदी' जिसमें उन्होंने बताया है कि 22वीं शताब्दी में नाम कैसे रखे जाएँगे। ये नहीं होगा कि हिन्दुओं के नाम अलग, मुसलमानों के अलग बल्कि एक साथ, एक जैसे नाम रखे जाएँगे। उस ढंग से उन्होंने अपना नाम रखा–कृष्णमोहम्मद। कृष्णमोहम्मद ने किसानों को इकट्ठा किया और जब कब्जा करने के लिए खेत पर गए तो लाखन सिंह अपनी बन्दूक लेकर पहुँचे हुए मिले। उनको नहीं पता था कि ये किसान उनको मार ही डालेंगे। किसानों ने उनकी बन्दूक छीन ली और उनको मार डाला। बिसनाथ के घरवालों को उनकी मृत्यु पर बड़ा अफसोस हुआ।

इस प्रकार छोटे-छोटे किसान जो मध्यकालीनता के भार से इतने दबे थे, समझिए कि जो होरी की तरह थे, किसी के सामने सिर उठाना ही नहीं जानते, ज़मींदार को ईश्वर का प्रतिरूप मानते थे, अन्ततोगत्वा जब बहुत जुल्म होता तो इकट्ठे होकर ज़मींदारों की हत्या कर देते थे।

बिस्कोहर के पश्चिम में ठाकुरों का गाँव बेलवा था। बेलवा के ठाकुर बिस्कोहर के ज़मींदारों के नजदीकी रिश्तेदार, एक तरह से पट्टीदार थे। इसके बाद सोहना, भनवापुर, सिकटा आदि आस-पास के कई गाँवों के ठाकुर ज़मींदार थे। डोकम के चन्द्रपाल सिंह बहुत प्रसिद्ध थे। वे आर्य समाज के नेता थे। बिसनाथ को बचपन में उन्होंने एक बार वाद-विवाद प्रतियोगिता में पुरस्कार भी दिया है। सोहना के भानुप्रताप सिंह जनता पार्टी के राज में कृषि मन्त्री भी थे जो बहुत पहले से ही आधुनिक पद्धति से खेती करते थे। लेकिन जो इज़्ज़त, रईसी और दबदबा बिस्कोहर के ज़मींदारों का था वह इनमें से किसी का नहीं था। बिस्कोहर के ज़मींदारों का वैभव बिसनाथ ने अपनी आँखों से देखा है। उनसे सम्पर्क भी था। उन्हें बाबू साहेब कहा जाता था।

बिस्कोहर के ज़मींदार हाड़ा वंश के थे। वे पाँच गाँवों के ज़मींदार थे। उनकी रईसी, रहन-सहन सबसे अलग था। ये लोग किसी के दरवाजे पर नहीं जाते थे। इनका किसी के घर जाना बहुत बड़ी घटना मानी जाती थी। पूरा बिस्कोहर गाँव उन्हीं का था लेकिन कहा जाता था कि उनके घर के किसी सदस्य को आप कस्बे

में लाकर छोड़ दें तो वह अपने घर नहीं पहुँच पाएगा। उनके बच्चे भी कभी गाँव या बाज़ार में नहीं आते थे। एक बार, सिर्फ गोपाष्टमी के दिन छोटा-मोटा समारोह होता था। उस अवसर पर उनके घर के कुछ लोग हाथी पर चढ़कर बाज़ार घूमते थे।

बहुत बड़ा घर था उनका। पुराने जमाने के जैसे घर होते थे। पक्का घर नहीं था, खपरैल था। मिट्टी की दीवारें थीं। लेकिन बहुत विशाल था। उसके आस-पास और किसी का घर नहीं था। घर के सामने दो पक्के कुएँ थे। दाहिने तरफ एक पोखरा था, जिसे लोग बाबू साहेब का पोखरा कहते थे। उसकी मछली कभी मारी नहीं जाती थी। घर के बाईं ओर इन्हीं के पट्टीदार मँझले बाबू का लगभग उतना ही बड़ा एक दूसरा घर था। घर के सामने, कुएँ के पास एक अतिथि भवन था। उसी के साथ एक बहुत बड़ा पत्थर का बना हुआ मन्दिर था। बाबू लोगों के उस घर को एक छोटा-मोटा राजभवन समझिए।

वे पढ़े-लिखे लोग थे—शरीफ रईस। आज याद करके आश्चर्य होता है कि ये लोग आधुनिक दृष्टि के थे, प्रबुद्ध थे। निश्चित रूप से यह सन् 1950 के पहले की बात है। वे सब प्रायः नास्तिक थे। राहुलजी का नाम सबसे पहले बिसनाथ ने वहीं सुना। लोग उनके घर को दुआरा कहते थे। 'दुआरे पर गये' यानी बाबू साहेब के यहाँ गए। सहस्र रजनी चरित्र वहीं, चन्द्रकान्ता वहीं, चन्द्रकान्ता सन्तति वहीं—उनके पास एक छोटा-मोटा पुस्तकालय था। कुछ और पुस्तकें रही होंगी, बिसनाथ ने ध्यान दिया होता तो वे पुस्तकें भी मिलतीं।

मँझले बाबू का नाम राधिकाप्रसाद सिंह था। वे लोग शाक्त रहे होगे क्योंकि जितने नाम थे वे सब देवी के नाम से शुरू होते थे। जैसे—आद्याप्रसाद सिंह, गिरिजाप्रसाद सिंह, राधिकाप्रसाद सिंह, दिनेश्वरीप्रताप सिंह, इन्दिराप्रसाद सिंह, ज्वालाप्रसाद सिंह। जिनसे बिसनाथ बहुत निकट थे, उनका नाम पण्डू बाबू था। उनका वास्तविक नाम क्या था बिसनाथ को नहीं पता, न किसी ने बताया और न उन दिनों जानने की कोशिश की।

वे लोग कांग्रेसी थे। उनमें से जेल कोई नहीं गया था। लेकिन कांग्रेसी नेताओं का आदर करते थे। ज़्यादा प्रभाव आर्य समाज का था यद्यपि कोई ब्राह्मण आर्य समाजी नहीं था। ज़्यादातर आर्य समाजी गैर ब्राह्मण ही थे। यूँ तो बाबू साहेब सनातनधर्मी थे लेकिन विचारों में कांग्रेसी थे।

सामान्यतः ये किसी को सताते-वताते नहीं थे। लेकिन प्रशासन चलाने के लिए जितना आतंक चाहिए था वह उनका भी था। मौका पड़ने पर वे भी अत्याचार करते थे। बिसनाथ ने कई लोगों को उनके दरवाजे पर पिटते हुए देखा

है। जब कोई ऐसी घटना होती थी तो दूर से खड़े होकर देखते थे, उनके दरवाजे पर नहीं जाते थे। सजा के तौर पर ज़्यादातर जूते लगाए जाते। वे खुद नहीं मारते थे। उनके आस-पास कुछ अवर्ण जातियों के लोग रहते थे जिनको उस जमाने में चमार, भंगी या पासी कहा जाता था। जब कोई हुक्मउदूली कर देता था बेगार करने से मना कर देता तो इन अवर्णों को जूते मारने के लिए नियुक्त किया जाता। भीषण गर्मी में दण्ड देने के लिए जमीन पर लिटाया जाता था। लेकिन कुल मिलाकर ये लोग पढ़े-लिखे, प्रबुद्ध, शरीफ और आप चाहें तो कह सकते हैं कि घिराऊ पाण्डे, लक्ष्मीनिवास पाण्डे और लाखन सिंह की तुलना में मानवीय भी थे। जबकि इन्हीं के पट्टीदार बेलवा के ठाकुर उजड्ड थे, पढ़े-लिखे नहीं थे और आपस में बहुत झगड़ा करते थे।

बिस्कोहर के ज़मींदारों का एक गाँव नेपाल में भी था जिसका नाम था—भिलमी। इसलिए ये लोग कभी-कभी नेपाल भी जाते थे।

कहानी प्रचलित थी कि इन्होंने प्राचीन काल में किसी ब्राह्मण की हत्या करवा दी थी। बताया जाता था कि यदि किसी ब्राह्मण की हत्या की जाती है तो वह ब्रह्मराक्षस हो जाता है। गाँव के बाहर ब्रह्म बाबा का एक मन्दिर था। ब्रह्म बाबा के मन्दिर को ब्रह्मराक्षस का ही मन्दिर माना जाता था। वहाँ पूजा भी की जाती थी। वहाँ किसी की मूर्ति वगैरह थी—यह नहीं लगता। लेकिन सबसे भयंकर देवता ब्रह्म बाबा ही माने जाते थे। बिसनाथ ने अपने दादा को भी फुसफसाते हुए सुना है कि यहाँ के जो ठाकुर हैं यानी ज़मींदार—बाबू साहेब, वे ब्राह्मणों से द्रोह करते हैं। उसकी वजह शायद यह है कि एक तो आस-पास के ब्राह्मण बड़े ज़मींदार थे। दूसरी, जो ब्राह्मण थे वे जात्याभिमान में कभी भी दबते नहीं थे। इसलिए ये ठाकुर ज़मींदार अपने दरवाजे पर ब्राह्मणों का अपमान करते थे। जैसे यह सुना गया कि पूरबी टोले के पं. गंगाराम का इन्होंने अपमान किया था। एक बार बिसनाथ के दादा को भी ज्वाला बाबू ने शराब के नशे में आकर दरवाजे से चले जाने को कहा था। लेकिन इनके अत्याचार या ज़ुल्म की स्मृति बिसनाथ के पास नहीं है।

जंवार में बिसनाथ दूसरे लड़के थे जिन्होंने हाई स्कूल पास करके आगे पढ़ाई की तो उनका नाम आस-पास के लोग पढ़ाकू लड़कों में लेने लगे। जब छुट्टियों में गाँव जाते तो ज़ाकिर नदवी, अब्दुल अज़ीज़ और ज़ाकिर नदवी के भाई फज़लुल्लाह के साथ घूमते। दुआरे पर तो बहुत कम जाते लेकिन मँझले बाबू के यहाँ जरूर जाते। मँझले बाबू के यहाँ दादा कारिन्दा या मैनेजर जो कुछ कहिए, थे। बाबू लोगों ने सुन रखा था कि बिसनाथ के नम्बर अच्छे आते हैं। मँझले बाबू

यानी राधिकाप्रसाद सिंह के मुँह से सबसे पहले बिसनाथ ने 'गंगावतरण' का पाठ सुना। बहुत शुद्ध भाषा में पढ़ते थे। जिस तरह से पढ़ा था वह बिसनाथ को अभी तक याद है। वे फ़ारसी भी जानते थे। उनकी उर्दू भी बहुत अच्छी थी और उनका तलफ्फुज़ बहुत दुरुस्त था। बिसनाथ ने पहली बार उन्हीं को बोलते सुना है कि 'तीन दिन से मुसल्सल बारिश हो रही है' या 'लरज़ाबरन्दाम हो गया'। इसके साथ वे संस्कृत के श्लोकों का उच्चारण भी शुद्ध करते थे।

लेकिन वे कुशल प्रशासक नहीं थे। ज़मींदारी का काम-काज नहीं देख पाते थे। वे अपनी ज़मींदारी को रियासत कहते और कहते कि 'रियासत में किस चीज की कमी है' या 'रियासत में ये काम होना है'। सब लोग अन्दर ही अन्दर हँसते थे। दादा कभी-कभी उनसे कहते 'बाबू साहेब आपको ज़मींदारी पर, खेती-बारी पर ध्यान देना चाहिए' तो जवाब देते, "देखो तेजबहादुर, उसका नाम रज़्ज़ाक है। रज़्ज़ाक माने, वह सबको रोजी देता है।"

मँझले बाबू शराब के शौकीन थे बल्कि शराब की उनको लत लग गई थी। उनके छोटे-छोटे बच्चे भी उनको देखकर शराब पीने लगे थे। उनकी पत्नी, दूसरी पत्नी थीं जिनको बिसनाथ ने देखा है। बिसनाथ ने उनके यहाँ खाना भी बहुत खाया है। मँझले बाबू की ठकुराइन कभी-कभी दादा के लिए माँस बनाकर भेजती थीं। बिसनाथ जब उनके घर जाते तो देखते कि बहुत सारी शराब की बोतलें रखी हैं और दो-तीन तलवारें लटकी हैं। एक बार ठकुराइन ने तलवारों को म्यान से निकालकर दिखाया। इस तरह मँझले बाबू के यहाँ तो बिसनाथ का आना-जाना था लेकिन दुआरे पर नहीं जाते थे। वहाँ जाते हुए डर लगता था।

जब पढ़ाई के कारण लोग बिसनाथ को जानने लगे तो एक दिन एक आदमी आया उसने कहा कि आपको पण्डू बाबू ने बुलाया है। बिसनाथ गए। पण्डू बाबू ने पूछा कि 'तुम पढ़ते हो' ? कहा- 'हाँ'। फिर पूछा कि "ये हाथी पानी में खड़ा है"—इसकी अँग्रेजी क्या होगी' ? कहा, 'दिस एलीफैन्ट इज़ इस्टैंडिग इन वाटर', तो बड़े खुश हुए। उन्होंने कहा कि "देखो शान मत करना और तुम घमण्ड मत करना तो बिस्कोहर का नाम ऊँचा करोगे। तुम मेरे यहाँ आया करो।" उस दिन उन्होंने बिसनाथ को रात के नौ-दस बजे तक रोक लिया और दुनिया भर की गप्प लगाई। उन दिनों उनके पास ग्रामोफोन था। कई रिकार्ड बजाकर सुनाए। बताया कि "मुझे टी.बी. हो गई है तो डॉक्टर ने कहा कि बाजा, सुना कीजिए, इससे आपका मनोरंजन होगा। ये भी कहा है कि टी.बी. हो गई तो कोई बात नहीं, मर्ज़ है तो दवा भी है।" उनके घर के प्रायः सभी लोग टी.बी. से मरे, जितनों को भी बिसनाथ जानते थे—आद्या बाबू, गिरिजाबाबू, पण्डू बाबू, इन्दिरा बाबू, दिनेश्वर

बाबू। सबसे अन्त में जिनको मरते देखा और जिनका मरना बड़ा करुण है, वे थे—ज्वाला बाबू। वे भी तपेदिक से ही मरे।

पण्डू बाबू और उनकी बीमारी को लेकर एक घटना याद आती है जिसके लिए बिसनाथ अभी तक शर्मिन्दा हैं और अगर जन्मान्तर होता होगा तो जन्मान्तर में भी शर्मिन्दा रहेंगे। बड़बोलेपन के कारण, अनजाने में एक अपराध हो गया। एक दिन पण्डू बाबू के यहाँ भगेलू महाशय आए हुए थे। भगेलू महाशय आर्य समाजी थे। बिसनाथ बचपन से ही बहस करने के बड़े शौकीन। आर्यसमाजी भी बहस करते हैं। भगेलू महाशय कह रहे थे कि 'दुनिया में हिन्दू-जाति सबसे अच्छी जाति है।' बिसनाथ पर उन दिनों राहुलजी का प्रभाव पड़ने लगा था तो कहा कि, "नहीं, हिन्दू जाति सबसे कमीनी और नीची जाति है।" उन्होंने कहा कि, "इतने दिन हो गए, अतीत से लेकर अब तक हिन्दू जाति जस की तस चली आ रही है। सभी जातियाँ मिट गई लेकिन हमारी हिन्दू संस्कृति बच गई।" बिसनाथ ने कहा, "बची होने का मतलब क्या होता है। तपेदिक का मरीज, उसको पाँच बजे मरना है तो वह चार बजकर उनसठ मिनट, उनसठ सैकिंड तक कह सकता है कि मैं जिन्दा हूँ। हिन्दू जाति जिन्दा है लेकिन किस हालत में जिन्दा है—ये भी हमें देखना चाहिए" ये कहकर बिसनाथ बहस में तो विजयी हो गए लेकिन देखा कि सब एकदम चुप हो गए। बिसनाथ ने समझा कि यह मेरी विजय है। जब रात को घर आए तो एकदम से लगा कि अरे पण्डू बाबू को तो तपेदिक है जबकि उनके सामने मैं ये तर्क दे रहा था। इसीलिए कहा जाता है न कि मूर्ख का लक्षण यह भी होता है कि वह जल्पना करता है, जितना बोलना चाहिए उससे ज़्यादा बोलता है। जीवन में दो-तीन घटनाएँ ऐसी हुई हैं जिनके लिए बिसनाथ अपने आपको बड़ा शर्मिन्दा महसूस करते हैं। उनमें से एक घटना यह भी है। अगर यह पहले की बात होती, इतने पढ़े-लिखे न होते या बिसनाथ के बारे में पण्डू बाबू की राय अच्छी न होती तो इसके लिए वे कोई भी सजा दे सकते थे—पिटवा सकते थे, गाली देकर भगा सकते थे। लेकिन वे चुप रहे, कुछ बोले नहीं। उसके बाद एक बार जब बिसनाथ छुट्टियों में गाँव गए तो पता चला कि पण्डू बाबू की मृत्यु हो चुकी है।

ज्वाला बाबू दूसरे ढंग के आदमी थे। वे मनोरंजक चरित्र थे। उल्लेख किया है कि वे लोग बहुत स्वाभिमानी थे। जंवार में उनकी बड़ी इज्जत और प्रभाव था। उनके घर की किसी औरत को कभी किसी ने नहीं देखा। उनके दरवाजे पर कभी कोई बच्चा नहीं रोता या टुन्न-टुन्न कर रहा होता। वे दरवाजे से इतनी दूर रखे जाते थे कि उनके रोने की आवाज हवेली के अन्दर ही रहे, बाहर न

आ सके। दरवाजे पर कुर्सियाँ रखी होतीं जिन पर ज़मींदार और उनके घर के लोग बैठते। एक तख़्त रखा रहता जिस पर बाहर के या बेलवा के ठाकुर लोग बैठते। सामने बेंचें पड़ी रहती जिन पर बिसनाथ के दादा वगैरह बैठते। एक बार, जब बाबुओं की हालत बहुत खराब हो गई थी, ज्वाला बाबू आदि मर गए थे तो बिसनाथ उनके दरवाजे पर गए। उन लोगों ने कहा कि कुर्सी पर बैठ जाएँ लेकिन कुर्सी पर बैठने की बिसनाथ की हिम्मत नहीं पड़ी। अपनी जगह—बेंच पर ही बैठे।

बाबू लोगों का पूरा घर बहुत सुन्दर था। ज़्यादातर धोती-कुर्ता पहनते थे। हमेशा साफ-सुथरे रहते। इनमें से किसी को, बिसनाथ ने मैले कपड़े पहने नहीं देखा। तलफ्फुज़ सबका साफ। सामान्यतः शिष्ट लोग थे। उनके यहाँ कुछ लोग अतिथि के रूप में महीनों पड़े रहते। कोई हारमोनियम बजानेवाला होता, कोई पहलवान, कोई पंडित और कोई विद्वान। चार महीने-पाँच महीने, जब तक मन होता उस अतिथि-भवन में रहता। खाना, पीना मिलता रहता। जब जाने लगता तो दक्षिणा भी दी जाती।

कभी-कभी कुछ घटनाएँ ऐसी हो जाती थीं जिनके बारे में बिस्कोहर बाज़ार के लोग बहुत दिनों तक कहा-सुनी करते। बाबू साहब के यहाँ एक हाथी था। जब किसी के यहाँ शादी-ब्याह होता तो उसे माँगकर ले जाता। सन् 50-51 के बाद एक ट्रैक्टर भी खरीद लिया। उस इलाके में सबसे पहले ट्रैक्टर उन्हीं के यहाँ आया। मोटरसाइकिल भी थी। ज़मींदारी प्रथा में, ज़मींदार भी सरकार को लगान देते थे। लगान न देने पर कुर्की आती थी। लगान चुकाने जाने से बाबू लोगों का मतलब नहीं था। कारिन्दे, सिरवार या मुंशी होते थे जो लगान चुका दिया करते थे। ज्वाला बाबू ने तो शाम को शराब पी, खाना खाया और सो गए। कभी-कभी कारोबार भी देख लिया करते। जब कोई गम्भीर बात हो जाती थी तब।

एक दिन ज्वाला बाबू बैठे हुए थे। एक आदमी आया और नमस्ते करके बैठ गया। ज्वाला बाबू बातें करते रहे। एकाएक वह आदमी उठा और कहा कि, "साहब, आपका हाथी कहाँ है" ?

ज्वाला बाबू ने कहा, "होगा कहीं" किसी का नाम लेकर कहा कि "उसको पता होगा"।

उस आदमी ने कहा कि, "साहब, आपका ट्रैक्टर कहाँ है" ?

ज्वाला बाबू ने कहा, "ट्रैक्टर भी खड़ा होगा उधर"।

अचानक ज्वाला बाबू को ध्यान आया और उन्होंने कहा, "आप ये सब क्यों पूछ रहे हैं" ?

उसने कहा कि "मैं कुर्क अमीन हूँ, कुर्की लेकर आया हूँ"।

ज्वाला बाबू नशे में थे लेकिन निहायत गम्भीरता से उन्होंने कहा, "आपकी माँ कहाँ है" ?

कुर्क अमीन ने कहा, "गाँव पर हैं"।

"आपकी बहन कहाँ है" ?

"वह भी गाँव पर है"।

"उन सबको लाइए यहाँ और मैं उन सबको कुर्क करूँगा"—ज्वाला बाबू ने कहा और इसके बाद उन्होंने कुर्क अमीन को बहुत मारा। चारों ओर से सब लोग दौड़े और उस कुर्क अमीन को जो देखे वही दो थप्पड़ मारे और कहे, "साले तुझे पता नहीं तू किससे बात कर रहा था ? यहाँ पर क्यों आया है" ?

ज्वाला बाबू को लोग मरकहवा बाबू कहते थे। मरकहवा यानी बहुत मारने वाला। वे शराब पीकर छत पर चढ़ जाते थे। वहाँ से ढेला फेंकते और कहते कि, "भई बचो, सड़क पर मत आओ, किसी को ढेला लग गया तो मैं नहीं जानता"।

इस खानदान पर बात करते समय इनका एक खिदमतगार याद आता है, जिसका नाम ओटे था। हम लोग उसे ओटवा-ओटवा कहते थे। उसकी महत्त्वपूर्ण भूमिका थी। ऐसा स्वामिभक्त सेवक बिसनाथ ने जिन्दगी में दूसरा नहीं देखा। पत्नी, पुत्र, नौकर ऐसी सेवा नहीं कर सकते जैसी सेवा ओटवा ने इन सबकी बीमारी में की।

ओटवा पर जब ज्वाला बाबू नाराज होते थे तो उसे लालटेन से मारते थे। जलती हुई लालटेन उठाते और मारने लगते।

एक बार बिसनाथ के साथ जगदम्बा पंडित ज्वाला बाबू के यहाँ गए। पानी बरस नहीं रहा था, हल्की-हल्की बूँदाबाँदी हो रही थी। अकाल के लक्षण थे। ज्वाला बाबू आराम कुर्सी पर बैठे थे। हम लोग अपनी नियत जगह पर बैठ गए। एकाएक ज्वाला बाबू आसमान की ओर मुँह करके बोले—"डरा रहे हो ? धमका रहे हो ? धोखे में डाल रहे हो ? हम सब समझते हैं। बरसो-बरसोगे नहीं, हम जानते हैं।" वे बड़ी देर तक भगवान से बातें करते रहे। उन दिनों बिसनाथ किशोर थे, नई चीज़ सीखकर सुनाने की आदत थी। उन्होंने एक शेर पढ़ा जो ज़ाकिर साहब से सुना होगा—

करते हैं मना हमको क़दमबोसी के लिए
क्या आसमान के भी बराबर नही हूँ मैं ?

ज्वाला बाबू ने सुना और कहा, "क्या आसमान के भी बराबर नहीं हूँ मैं' अच्छा, इसका मफ़हूम क्या है" ? उन दिनों बिसनाथ मफ़हूम का मतलब ही नहीं

जानते थे। मफ़हूम माने भावार्थ ज्वाला बाबू बार-बार कहें कि मफ़हूम बताओ इसका। बिसनाथ ने कुछ बताने की कोशिश की तो कहें कि "वो तो सब ठीक है लेकिन इसका मफ़हूम क्या है ? थोड़ी देर बाद उन्होंने ओटवा से कहा कि "ओटवा इधर आओ, देखो इनके पैर धुलाओ। आखिर ब्राह्मण हैं, विद्वान हैं। और पेड़ा मँगवाओ"।

बिसनाथ जब जाते, वे अक्सर पाव भर-आधा किलो पेड़ा जरूर खिलाते। बिसनाथ आधा किलो खा नहीं पाते थे लेकिन ज्वाला बाबू मँगवाते थे।

जगदम्बा पंडित ने उनसे बातें करनी शुरू कीं तो उन्होंने जगदम्बा पंडित का मज़ाक उड़ाना शुरू किया। ठाकुर लोग जगदम्बा पंडित का मजाक बहुत उड़ाते थे।

ज्वाला बाबू का जो अन्तिम रूप बिसनाथ ने देखा वह बहुत करुण था। अपने घर के अन्य पुरुष सदस्यों की तरह वे भी टी.बी. से मरे। अन्तिम दिनों में वे रोग-शैय्या पर पड़े रहते थे। खुद पानी भी नहीं पी पाते थे। ओटवा उनको बच्चों की टोंटी वाले छोटे से लोटे से पानी पिलाता। पानी के साथ बार-बार ग्लूकोज देता।

इसी बीच एक घटना ये हुई कि मँझले बाबू की पत्नी से ज्वाला बाबू का कुछ झगड़ा चला। वह अपने दूर के रिश्ते के किसी भाई को ले आईं। भाई पूरब—गोरखपुर की तरफ से चार-पाँच बदमाश ले आया और ज्वाला बाबू के दरवाजे पर आकर उनका काम-काज देखनेवाले बेलवा के ठाकुर कोदई सिंह को पिटवाया। बिस्कोहर के इतिहास में वह पहली घटना थी जब बिस्कोहर के ज़मींदारों के दुआरे के किसी आदमी को दुआरे पर ही जाकर पीटा गया। ज्वाला बाबू बोल नहीं पाते थे लेकिन ओटवा से बार-बार कहें कि ओटवा हमको बन्दूक दे दे और उस साले को पकड़कर ला। मैं उसे गोली मार दूँ, मै तो मर ही रहा हूँ। अपने दरवाजे पर ये दृश्य देखकर ज्वाला बाबू की मृत्यु हुई। ओटवा बहुत रोया।

बाद में, ज़मींदारी टूटी। सब बाँट-बखेरा हो गया। बिस्कोहर में प्रचलित है कि गिरिजाबाबू को किसी ने बता दिया था कि ये मकान छोड़ दीजिए, इस मकान में रहनेवालों को टी.बी. हो जाती है। यह मकान पुराना पड़ गया है और इसकी जलवायु खराब हो गई है। गिरिजाबाबू, पोखरे के दूसरी तरफ एक नया, पक्का मकान बनवाना चाहते थे। उसके लिए उन्होंने बहुत पेड़ कटवाए जिनमें आम के पेड़ भी थे। बिस्कोहर के लोगों में प्रवाद हो गया कि चूँकि बाबू साहेब ने आम के इतने वृक्ष कटवाए इसलिए उनके घर का सर्वनाश हो गया। लेकिन ऐसी बात नहीं है। अभी भी उनके खानदान के लोग हैं। उनकी स्थिति पहले वाली तो नहीं

है लेकिन अभी भी उनको खाने-पीने को बहुत है। जो पुराने लोग हैं वे जानते हैं कि ये बाबू साहेब लोग हैं इसीलिए अभी भी उनकी इज़्ज़त करते हैं।

ज्वाला बाबू और पण्डू बाबू के जाने से बिसनाथ के लिए एक युगान्त हो गया। स्वाधीनतापूर्व का भारत जैसे समाप्त हो गया। सामन्ती मूल्यों में बड़ी गड़बड़ियाँ थीं। अत्याचार तथा शोषण भी बहुत था लेकिन उन सामन्ती मूल्यों में कुछ मानवीय भी था, कुछ ऐसा भी था जिसे बचाकर रखा जाना चाहिए था। एक तरीके से वह सब समाप्त हो गया।

बिस्कोहर में ब्राह्मणों की अच्छी बस्ती थी। पूरब में पंडितों का टोला था। वे ज़्यादातर पुरोहिती का काम करते थे। पच्छूँ टोला में बिसनाथ का घर था यानी तिवारी, मिसिर और दुबे लोगों का जो खेती करते थे, किसान थे। आस-पास और भी कई ब्राह्मण थे। पूरे गाँव में गरीबी थी। सभी जातियों के लोग गरीब थे। काफी संख्या में ऐसे परिवार थे जो दोनों समय भोजन नहीं करते थे। चावल ज़्यादा खाया जाता। गेहूँ भी खाया जाता है लेकिन कम। चावल से उसका दर्जा नीचा है। वहाँ कहावत है कि, 'बनै रोटिल्ला खाए उड़िल्ला' यानी मोटी-मोटी रोटियाँ बनाई गईं, उन्हें उड़िल्ला--गँवार लोग खाते हैं। जो दुकानदार थे, वे अपेक्षाकृत खाते-पीते थे लेकिन उनके यहाँ भी दाल-भात और तरकारी एक साथ कभी-कभी ही बनती। अनुमान है कि आस-पास के कुँजड़े, डफालिए और दूसरी अवर्ण जातियों के लोग दोनों समय का भोजन नहीं करते थे। महीने में कई दिन बेल, इमली, घास-पात, उबली अरबी और भूँजा पर उनका जीवन चलता था। कुछ ही लोग थे जो सम्पन्न थे वरना भोजन और अच्छा भोजन तो कभी-कभी ही मिलता था। शायद इसीलिए बिसनाथ प्रेमचन्द की कहानियों, खासतौर पर 'कफ़न', 'सवा सेर गेहूँ', 'सद्गति' और तुलसीदास के साहित्य से ज़्यादा आत्मीयता स्थापित कर पाते हैं। उनके लिए ये किताबी जिन्दगी नहीं है बल्कि, ये सब घटनाएँ लगभग इसी रूप में उन्होंने अपने बचपन में, गाँव में देखी हैं। अन्नपूर्णा पर तुलसीदास की बहुत प्रसिद्ध पंक्तियाँ हैं–

लालची ललात, बिललात द्वार द्वार दीन,
बदन मलीन, मन मिटै न बिसूरना।
ताकत सराध कै विवाह कै उछाह कछू,
डोलैं लोल बूझत सबद ढोल तूरना॥

प्यासे हू न पावै वारि, भूखे न चनक चारि;
चाहत अहारन को पहार, दारि घूर ना।
सोक को अगार दुख-भार-भरो तौलों जन
जौलों द्रवै न भवानी अन्नपूरना॥

यह तुलसीदास की कल्पना नहीं, उनके समय की और बिसनाथ के बचपन की वास्तविकता थी। बिसनाथ ने अपनी आँखों से देखा है कि बनिए, जो अपेक्षाकृत समृद्ध थे, उनके यहाँ जब कोई समारोह होता और जब दावत समाप्त हो जाती तो लोग बाहर जाकर अपनी-अपनी पत्तल फेंक देते थे। अनेक अवर्ण जाति के लोग उन पत्तलों को लूटते थे।

लेकिन भोजन के लिए जितनी अधिक आतुरता, लालसा और बेचैनी ब्राह्मणों में थी उतनी किसी में नहीं। यह परान्नभोजी जाति, इसके लिए बहुत विख्यात और कुख्यात थी। बाक़ायदा हिसाब लगाए रखते थे कि यह आदमी मरनेवाला है, जब मरेगा तो इसकी तेरही कब होगी। श्राद्ध के दिनों में ब्राह्मण विशेष रूप से प्रसन्न रहते थे। कहावत है कि 'जेठ में चमार और श्राद्ध में ब्राह्मण की इज़्ज़त बहुत बढ़ जाती है'। बुलाने पर एक ब्राह्मण तीन-तीन, चार-चार, पाँच-पाँच जगह खाते थे। 'देवी' कहानी में निराला ने एक पंक्ति उद्धृत की है, पता नहीं किसकी है—

'दूबर होत नहीं कबहूँ पकवान के विप्र मसान के कूकुर'—यही स्थिति बिस्कोहर के ब्राह्मणों की थी।

एक थे—भोला तिवारी, जो बिसनाथ के यहाँ आते-जाते थे। वे गाड़ीवान थे। गाड़ी हाँकने के काम के साथ-साथ वे गगरा, बाल्टियों और लोटों को निकालने का भी काम करते। कुएँ में पानी भरते समय जो कुएँ में गिर जाते थे या रस्सी से टूटकर कुएँ में रह जाते थे। उन्हें निकालने के लिए पैसा लेते थे भोला तिवारी। अक्सर एक तिकड़म किया करते, जब निकालने के लिए कुएँ में डुबकी लगाते तो निकालते नहीं बल्कि यह कह देते कि मिल नहीं रहा है। जिसका लोटा या गगरा होता था वह निराश होकर चला जाता था। भोला तिवारी रात में जाकर उस बर्तन को निकालते और जाकर बेच देते।

भोला तिवारी गाड़ीवान थे तो एक काम यह भी करते थे। किसी की बहू या बेटी को कोई भगा ले जा रहा है—जिसको आजकल 'किडनैप' कहते हैं, तो उसकी सहायता करते थे। गाँव में कभी-कभी प्रेम का अंजाम इस रूप में होता था। एक नौजवान किसी की बेटी से प्रेम करता है लेकिन शादी नहीं कर सकता तो उसे भगा ले जाता। ऐसे कामों में भोला तिवारी की गाड़ी बहुत काम आती,

जिसके लिए भोला तिवारी काफी पैसा वसूलते।

भोला तिवारी को अगर किसी ने तेरही या श्राद्ध में नहीं बुलाया तो बहुत बिगड़ जाते। एक बार भैरव बनिया ने अपने बाप के मरने पर तेरही में भोला तिवारी को नहीं बुलाया। तेरही के बाद एक दिन भोला तिवारी जा रहे थे। भैरव बनिया ने उनको पैलागी किया–"महाराज ! पाँय लागी"। तो उन्होंने कहा कि–"तुमको क्या आसीरबाद दें जी ? जब तुमने हमको तेरही में नहीं बुलाया तो हमारा-तुम्हारा बोलचाल बन्द। हमको पैलागी मत किया करो। हमको तुमसे क्या मतलब" ? भोला तिवारी की नाराजगी यहीं तक नहीं रहती थी। वे घर भी फूँकते थे, चोरी भी करते थे। मतलब, तेरही में न बुलाने पर इतना नाराज होते कि न बुलाने वाले का घर फूँक देते या उसके यहाँ चोरी कर लेते।

जैसे ही कोई मरता भोला तिवारी वहाँ पहुँच जाते और टिकटी (शवासन) बनाने में लग जाते या और काम-काज करने लगते जिससे तेरही या नितकम में उनकी उपेक्षा न हो। जिस तरह से लोगों का व्यवसाय होता है, रोजी होती है, उसी तरह से यह ब्राह्मणों की वृत्ति या व्यवसाय था।

जब कोई त्यौहार या उत्सव होता तो ब्राह्मणों को भोजन पर निमन्त्रण या 'सीधा' दिया जाता था। सीधा का मतलब है चावल, दाल, आटा दे देना।

पूरब के पंडित, सामान्य ब्राह्मणों से कम विपन्न थे क्योंकि उन दिनों श्राद्ध, नितकम, तेरही, भागवत, सत्यनारायण कथा से उनकी काफी आमदनी हो जाती थी। वैसे भी लोग ब्राह्मणों को बहुत दान-दक्षिणा देते थे। ब्राह्मण अपनी झोली लेकर निकलते और सब लोग उनकी झोली में चावल, दाल या पैसा, कुछ न कुछ डाल देते।

जब ब्राह्मणों को भोजन कराया जाता तो भोजन बनाने का काम ब्राह्मण ही करते। वे दूसरों का बनाया नहीं खाते थे। ऐसे अवसरों पर प्रायः पूरब टोला के पुरोहितों के घरों की औरतें-पंडिताइनें आकर भोजन बनातीं। कभी-कभी पंडित भी आते। जब भोजन परोसा जाता तो उसमें नमक नहीं डाला जाता था, अलग से दिया जाता। ब्राह्मणों की पंक्ति में कोई पैंट या पाजामा पहनकर शामिल नहीं हो सकता था। लोग पंक्ति में बैठते, एक-एक करके परोसा जाता फिर एक साथ खाना शुरू करते। एक साथ ही उठते भी।

तेरही के भोजन में पहला ग्रास कौन उठाए। इसके लिए बड़ी कशमकश होती, क्योंकि पता नहीं किस कारण से पहला ग्रास उठाना बहुत बुरा माना जाता था। हर आदमी यही कोशिश करता कि वह खुद पहला कौर न उठाए। लोग कहते कि, "भई अब खाना शुरू करो, अब हो, अब किसकी देर है ?" लेकिन शुरू कोई

नहीं करता था। कभी-कभी आधा-पौना घंटा इसी में लग जाता। तब कोई आदमी, जो लालची होता था, घबराकर पहला ग्रास मुँह में रखता। फिर सब लोग खाना शुरू करते।

बहुत से लोग अधिक मात्रा में भोजन करनेवाले थे। उनके मन में भोजन के प्रति बड़ी हविस रहती। कुछ लोग तो इतना खाते कि खाने के बाद या खाते समय ही कै करने लगते। कुछ इतना खा जाते कि उन्हें हैजा हो जाता, मर जाते। एक थे रामहृदय पाण्डेय, बहुत दुबले-पतले लेकिन उनके बारे में मशहूर था कि वे एक सौ बीस-एक सौ पच्चीस पूरी खा जाते हैं।

यदि किसी मेहमान के आने की आशंका होती थी तो पूरी कोशिश की जाती कि उसका आना किसी तरह से टल जाए। अगर दामाद या समधी आ जाए तब तो अलग बात है लेकिन अगर कोई दूर का रिश्तेदार या मित्र आ गया तो जिसके यहाँ वह आता था वह पूरी कोशिश करता कि किसी तरह से ऐसा हो कि भोजन के समय, रिश्तेदार या मित्र न रुके। किसी को भोजन कराना विपत्ति की बात मानी जाती, लेकिन खुद भोजन करने के लिए तिकड़म की जाती।

एक बार बिसनाथ पाटन मेला गए। जगदम्बा पंडित उन्हें बहुत मानते थे। वे साथ थे। रात हो गई। खाने का कुछ इन्तजाम ही नहीं। अपने साथ खाना लेकर चलने की प्रवृत्ति नहीं थी। सब लोग भगवान भरोसे जाते थे कि कोई जजमान मिल जाएगा, कुछ न कुछ हो ही जाएगा। वहाँ कोई मिला ही नहीं। जगदम्बा पंडित गए और अपना इन्तजाम कर आए। बिसनाथ बच्चे ही थे। जब उन्होंने जगदम्बा पंडित से पूछा कि "पंडिज्जी, रात का खाना कहाँ होगा ?" तो उन्होंने कहा कि, "हमने तो अपना कुछ तिकड़म कर लिया।" उन्होंने बिसनाथ के बारे में कुछ नहीं सोचा।

दरिद्रता और लोगों में भी थी। कुँजड़े या और अवर्ण-जातियों के लोग ब्राह्मणों से ज़्यादा दरिद्र थे। लेकिन उनके अन्दर भोजन के प्रति इतनी लालसा नहीं थी। वे इतनी दरिद्र प्रकृति के नहीं थे। इसमें कोई शक नहीं कि कुछ ब्राह्मण ऐसे भी थे जो तेरही में खाने नहीं जाते थे। ज़रूरी नहीं कि वे अपेक्षाकृत सम्पन्न ही थे लेकिन वे या तो स्वाभिमानी रहे होंगे या कुलाभिमानी या इस बात का विचार करते रहे होंगे कि हम इस तरह से नहीं जाते।

जहाँ तक शिक्षा-दीक्षा का प्रश्न है, ब्राह्मणों और अवर्ण जातियों में बहुत अन्तर नहीं था। पुरोहित थोड़ी बहुत संस्कृत पढ़-लिख लेते थे—अच्छी संस्कृत नहीं, न इनका उच्चारण शुद्ध होता था न ठीक से पढ़े-लिखे होते थे। जो पुरोहित नहीं थे, वे अनपढ़ थे। पढ़े-लिखे, ज़्यादातर बनिए और कायस्थ थे।

व्यवसाय करने की दृष्टि से ज़्यादातर ब्राह्मण लठैत, चौकीदार, आसामी या सिरवार होते। कुछ गर्मियों में पौशाला खोलते, पानी पिलाने का काम करते। इसमें कोई शक नहीं कि राजनीति में और सामाजिक प्रतिष्ठा में ब्राह्मण को महत्त्व मिलता है, उसे पैलागी किया जाता है लेकिन ब्राह्मणों का मज़ाक भी उड़ाया जाता था। वे भिखारी और मूर्ख माने जाते थे। बहुत से ब्राह्मण बनियों के यहाँ नौकरी करते थे। कई ऐसे थे जो दुकान में बुहारी (झाड़ू) लगाते या मुनीमी का काम करते।

पुरोहित या बांभन और नाऊ, इन दोनों का शादी ब्याह में लगभग बराबर स्थान होता था–तिलक लेकर जाना, दहेज लेकर जाना और मन्त्र पढ़ना, इन सबका समान महत्त्व है। पूरब में नाऊ को ठाकुर कहते हैं। उसकी बड़ी प्रतिष्ठा होती है। पूर्वी उत्तर प्रदेश की राजनीति में ब्राह्मणों, दलितों और मुसलमानों का साथ पारम्परिक था।

शायद दरिद्रता के ही कारण ब्राह्मणों की शादी बहुत कम होती थी। ब्राह्मणों के लड़के अक्सर कुँआरे रह जाते, जिनको रंडुआ कहा जाता था। प्रेमचन्द के यहाँ पंडित दातादीन के पुत्र मातादीन का सिलिया चमारिन से जो सम्बन्ध है वह ऐसे ही नहीं है। अक्सर यही होता कि ब्राह्मणों की शादी नहीं होती थी। भिक्षाटन के द्वारा माँग-वाँग करके खा-पी लेते और किसी अवर्ण जाति की महिला को रख लेते। शादी नहीं कर सकते थे क्योंकि उससे धर्मभ्रष्ट होने का खतरा था। कभी-कभी कर भी लेते तो उनको जात-बाहर कर दिया जाता था। बाकी के ब्राह्मण उनसे भोजन-पानी का सम्बन्ध तोड़ लेते।

नारी-सम्पर्क के इस चक्कर में ब्राह्मण अपमानित होते। बिस्कोहर में एक अहीरिन थी। एक बेलवा के महाराज थे। अहीरिनें सुबह दही बेचने आती थीं, मटके में रखकर। दही का मतलब दिल्ली वाली दही नहीं, जिसे यहाँ लस्सी कहते हैं–वह बेचने आती थी। बहुत स्वादिष्ट सुगंधि से युक्त और लाल दही। हांड़ी में पकाए गए दूध की। महाराज अकेले थे। शादी नहीं हुई थी। अहीरिन से दही लेते। अहीर बड़े ज़बरदस्त होते हैं, लाठी चलाते हैं, मारपीट करते हैं। उनका अपमान नहीं किया जा सकता। महाराज ने अहीरिन को प्रेम-पाश में फाँसना चाहा। अहीरिन ने शर्त रखी कि 'तुम मेरे साथ लाठी खेलो, अगर तुम मेरे शरीर से लाठी छुआ दो तो मैं अपना पति छोड़कर तुम्हारे साथ रहने लगूँगी'। लाठी खेलने का मतलब होता है कि दोनों प्रतिपक्षी अपने-अपने हाथ में लाठी ले लेते हैं और एक-दूसरे को मारते हैं, जैसे तलवार का खेल होता है वैसे ही लाठी का भी। सर फूट जाता है, हाथ-पैर टूट जाते हैं और कभी-कभी आदमी मर भी जाता

है। महाराज और अहीरिन लाठी खेलने लगे। महाराज अहीरिन के शरीर से लाठी तो नहीं छुआ पाए लेकिन अहीरिन ने उनका सर और हाथ-पैर तोड़कर रख दिया।

बिसनाथ कई लोगों को जानते हैं जिनमें से किसी ने तेलिन को, किसी ने चमारिन को, किसी ने और किसी जाति की औरत को रख लिया था। इसका मतलब यह नहीं है कि ब्राह्मणों की लड़कियों से दूसरी जातियों के लोग इश्क नहीं करते थे लेकिन सामान्यतः ब्राह्मणी कन्या से प्रेम करना पाप माना जाता था। जब प्रेम की बहुत ही तीव्र मनोभूमि वाला कोई युवक होता तो वही किसी ब्राह्मण-कन्या से प्रेम करता। नहीं तो ऐसा बहुत कम होता था।

जिस ब्राह्मण के घर कोई शादी ढूँढनेवाला या शादी करनेवाला आ जाए वह रोब से रहता। कुछ ब्राह्मण ऐसे थे जो इसी से अपनी रोजी-रोटी कमाते। वे शादी के नाम पर धोखा देते थे। झूठ कह देते कि हमारे यहाँ लड़की है, मैं लड़का ढूँढने आया हूँ। उन्हें वर-देखुआ कहा जाता है। वर-देखुआ की बड़ी खातिरदारी की जाती। लड़की नहीं है, शादी-वादी नहीं करनी है लेकिन सालभर लड़का देखने जाते और माल उड़ाते। खाने-पीने के अनेक तरीके ब्राह्मणों ने ढूँढ रखे थे।

निराला के बिल्लेसुर की तरह भोला तिवारी ने भी अपने लड़के की शादी की, बल्कि जब बिसनाथ ने पढ़ा कि किस तरह बिल्लेसुर अपनी बालिका पत्नी को कन्धे पर सोते हुए ही बिठाकर ले आए तो उन्हें भोला तिवारी की याद आई। भोला तिवारी के पुत्र रामलखन की शादी नहीं हो रही थी। उन्होंने एक तिकड़म की। एक विधवा को फाँसा, खुद उससे प्रेम किया और उसकी दो-तीन साल की लड़की से अपने पुत्र का विवाह करा दिया। जब लोग पूछते तो कहते, ''क्या है, हम इसे खिला-पिलाकर जल्दी से सयाना कर लेंगे।'' बाद में वह सयानी हुई भी।

गाँव में एक थे तुड़म महाराज। वे रामहृदय के पिता थे, जिन रामहृदय के बारे में लिखा कि एक सौ बीस पूरी खाते थे। तुड़म रामअवध पंडित के शिष्य थे। उनसे पढ़ते और पैर दबाते। तुड़म महाराज, पैर दबाते हुए अक्सर पूछते कि, ''पंडितजी, ये बताइए कि मैं आपके समान विद्वान कब हो जाऊँगा ?'' पंडितजी कहते, ''अरे तुम सेवा करो, पढ़ाई करो, हो जाओगे विद्वान, चिन्ता क्यों करते हो ?'' लेकिन तुड़म महाराज रोज पूछते कि, ''पंडितजी बताइए, हम आप जैसे विद्वान कब हो जाएँगे'' ? एक दिन पंडितजी रामअवध से कुछ नाराज थे, पत्नी से झगड़ा-वगड़ा हुआ था। शिष्य ने फिर पूछा, ''बताइए न पंडितजी, मैं आपके जैसा विद्वान कब हो जाऊँगा'' ? पंडितजी ने कहा, ''देखो तुड़म, तुम तो हमारे

जैसे विद्वान कभी नहीं हो पाओगे लेकिन अगर तुम हमारे साथ कुछ दिन और रहे तो हम तुम्हारे जैसे मूर्ख अवश्य हो जाएँगे।"

तुड़म के पिता भी बेढब थे। तुड़म पढ़ने गए। एक बाबू साहेब उनके शिक्षक थे। दुआरा पर रहते। वहीं भोजन करते और पढ़ाते। एक दिन तुड़म के पिता देखने गए कि तुड़म क्या पढ़ाई करते हैं। पहुँचकर कहा कि, "दिखाओ तुड़म क्या लिखे हो ?" पाटी पर तुड़म ने लिख रखा था–'क'। जैसा लिखा जाता है वैसा ही लिख रखा था यानी बीच में एक लम्बी लकीर, बाईं तरफ एक गोल आकार और दाहिनी तरफ एक लटकता हुआ आकार। तुड़म के पिताजी ने उसे देखा और तड़ाक् से एक झाँपड़ तुड़म को रसीद किया। कहा, "साले, यही पढ़ते हो बैठके, न आवत है न जात है, इतना दिन होइ गए अभी 'क' लिखना नहीं आवा ? और बाबू साहेब ये क्या पढ़ा रहे हो तुम, ऐसे ही पढ़ाते हो बच्चों को ?" बाबू साहेब ने आकर देखा और कहा कि 'ठीक तो लिखा है।"

"का बाबू, तू भी न जानत हो का ?"

"पंडितजी फिर बताइए कैसे लिखा जाता है ?"

"अभी बता देते हैं।"

पंडितजी ने उस लिखे हुए 'क' का आकार उलट दिया। जो गोल आकार था उसे दायीं तरफ और लटकता हुआ बायीं तरफ। साथ ही कहा, "ऐसे लिखा जाता है 'क'।

कुछ ब्राह्मण पच्छूँ टोला की बेड़िनों के यहाँ भी पहुँचते। प्रेम करते। लेकिन वहाँ जाने के लिए गाँठ में कुछ पैसा चाहिए और पैसा होता नहीं था। तो पंडितजी महाराज लोग क्या करें ? वेश्याओं को तो द्रव्य चाहिए तभी वे सद्व्यवहार करेंगी। एक थे फेरू महाराज। उनके पास बैलगाड़ी थी। वे किसी बेड़िन की ईंटे लादकर यहाँ से वहाँ पहुँचाते या कोई गैंसड़ी स्टेशन जा रही होती तो उसे छोड़ आते।

इसमें कोई शक नहीं है कि आम ब्राह्मण आकबत या परलोक से डरते थे और अनिवार्य रूप से कर्मकाण्डों-संस्कारों का पालन करते थे। प्रेमचन्द की कहानी 'सद्गति' ठेठ ढंग की कहानी है। लेकिन इन बातों को छोड़ दिया जाए तो ज़्यादातर ब्राह्मणों की स्थिति अवर्ण और दलितों जैसी थी। वे ज़्यादातर रहते भी उन्हीं के साथ थे। लेकिन ये बात सामान्य ब्राह्मणों की है। बहुत से ब्राह्मण बड़े-बड़े ज़मींदार भी थे जो लगभग ताल्लुकेदार थे। वे ब्राह्मणों से ज़्यादा क्षत्रियों की तरह रहते थे। उनके रहन-सहन को देखकर उन्हें ब्राह्मण नहीं कहा जा सकता। न वे पुरोहिताई करते थे।

बिस्कोहर के ब्राह्मण मछली आराम से खाते थे। कहने सुनने के लिए चोरी छिपे माँस भी खाते। मुर्गा खाने का रिवाज बहुत कम। अण्डा तो बिल्कुल नहीं। उन दिनों ब्राह्मणों का शराब पीना नहीं होता था। ऐसे ही कभी कोई पीनेवाला निकल जाए तो अलग बात है।

बिस्कोहर में, मुसलमानों की अच्छी बस्ती थी। पचास प्रतिशत से ज़्यादा मुसलमान थे। उनमें भी कई जातियाँ थीं। कहने को तो मुसलमानों में जातियाँ नहीं होती लेकिन यह बात वही कहते हैं जो जानते नहीं। वहाँ भी शेख और सैयद ऊँचे माने जाते हैं और जुलाहे, धुनिया नीचे। जैसे हिन्दू आबादी के कई स्तर थे वैसे ही मुस्लिम आबादी के भी। ज़्यादातर लोगों का मतलब शिक्षा-दीक्षा से नहीं था। बहुसंख्यक जनता गरीब थी। लेकिन जैसे हिन्दुओं में कुछ लोग—पंडित-पुरोहित, एकाध अखबार पढ़ने वाले या कांग्रेस, आर्य समाज, राजनीति की बातें करनेवाले थे वैसे ही मुसलमानों में भी थे।

बिसनाथ के मित्र ज़ाकिर नदवी साहब के वालिद मौलवी अब्दुल ग़फ़ूर साहब बहुत पढ़े-लिखे थे। ज़ाकिर नदवी भी बहुत पढ़े हुए थे। नदवी कहने से ही पता चल जाता है कि वे नदवा से शिक्षा प्राप्त थे। उन दिनों वहाँ पढ़ानेवालों में सुलेमान नदवी का नाम प्रमुख है जो विद्वत् मुस्लिम समाज में बहुत बड़ा नाम है।

मौलवी अब्दुल ग़फ़ूर साहब अरबी में कविता करते थे। जब सउदी अरब के शासक भारतवर्ष आए तब मौलवी साहब ने उनके बारे में अरबी कविता लिखी। जिसके लिए उनको पुरस्कार भी मिला। उस पुरस्कार के उपलक्ष्य में बिस्कोहर में पहली बार एक पार्टी हुई। वह पार्टी बहुत मनोरंजक थी। उसमें नए जमाने के हिन्दुओं और मुसलमानों ने एक टेबल पर बैठकर एक साथ चाय पी। लेकिन उसमें बिस्कोहरी टच भी था। वो ये कि जैसे ही चाय समाप्त हुई, उस कार्यक्रम का सबसे गम्भीर अवसर आया। मौलवी साहब सबको धन्यवाद देने के लिए खड़े हुए, वे दो-चार वाक्य ही बोले थे कि श्रोताओं में से एक आवाज आई, "मौलवी साहेब, लोटवा कहाँ है ?" ये आवाज़ लोटन अहीर की थी। चाय लोटे में आई थी और लोटा लोटन अहीर का था जो शायद उसे मिल नहीं रहा था।

मौलवी अब्दुल ग़फ़ूर साहब का पूरा बाज़ार बहुत सम्मान करता था। वे बहुत सम्भ्रान्त व्यक्ति थे। बिसनाथ उनके साथ कभी-कभी बैठते थे। बिसनाथ के

पितामह ब्रह्मानन्द तिवारी के साथ पढ़ते थे। उनके बारे में बहुत-सी बातें बताते थे। बिसनाथ के बाबा तीन भाई थे। उनमें से जो पहलवान के रूप में विख्यात थे, वे मँझले भाई—बिन्दा तिवारी थे। लेकिन मौलवी साहब हमेशा कहते थे कि "नहीं ! कुश्ती लड़ने में, जो बहुत अच्छे थे, वे ब्रह्मानन्द तिवारी थे।"

मौलवी साहब ने बिसनाथ को कुछ बातें बहुत काम की बताईं। यदि बिसनाथ उनके साथ न बैठते तो उनमें यह अक्ल और तमीज़ न आती। जैसे उन्होंने बताया कि जब तुम किसी ऐसे आदमी से मिलो जो तुमसे छोटा है तो उससे मिलाने के लिए हाथ तुम्हें पहले बढ़ाना चाहिए और जब ऐसे आदमी से मिलो जो तुमसे बड़ा या बुज़ुर्ग है या पद में बड़ा है तो जब पहले वह हाथ बढ़ाए तब तुमको हाथ बढ़ाना चाहिए। छोटे के लिए तुमको एक हाथ बढ़ाना चाहिए और बड़े ने एक हाथ बढ़ाया है तो उसे दोनों हाथों से पकड़ना चाहिए—जिसे मुसाफा कहते हैं।

अगर अपने से बड़े आदमी के साथ चल रहे हो तो उसके दाहिनी तरफ नहीं चलना चाहिए, बायीं तरफ चलना चाहिए। इस तरह की बातें मौलवी साहब ने बताईं। अब ये सब चीज़ें खत्म होती जा रही हैं लेकिन कभी-कभी बहुत काम आती हैं। किरोड़ीमल कॉलेज में बिसनाथ के एक मित्र थे। रजत नाम था उनका। मनोविज्ञान के अध्यापक थे। आजकल शायद जर्मनी में होंगे। वहीं किसी जर्मन महिला से शादी कर ली। उन्होंने एक बार बिसनाथ से कहा कि, "प्रो. नीहाररंजन आए थे। देखिए मुझे इतना जानते हैं, मेरे पी.एच.डी. के परीक्षक थे, वाइवा की बड़ी तारीफ की थी लेकिन बड़ी अजीब बात है कि वे आए तो मैंने हाथ मिलाने के लिए उनकी ओर हाथ बढ़ाया तो उन्होंने मुझसे हाथ ही नहीं मिलाया, पीछे कर लिया।" तब बिसनाथ को मौलवी अब्दुल ग़फूर की बातें याद आईं। उन्होंने रजत को बताया कि पहले उनको हाथ बढ़ाना चाहिए था तब तुमको हाथ मिलाना चाहिए था। प्रो. नीहाररंजन इस बात को जानते रहे होंगे इसलिए उन्होंने हाथ पीछे कर लिया।

मौलवी साहब जैसे पढ़े-लिखे, बुज़ुर्ग लोग कम थे। जैसे कोई बड़ा आदमी होता है, ऋषि-मुनि, सन्त जैसा, उसे देखकर ही मन में शान्ति होती है—इसी तरह के थे, मौलवी अब्दुल ग़फूर। गाँव में उनको बड़े मौलवी कहा ज़ाता था।

यहाँ जामा मस्जिद के बल्लीमारान में एक मक़तब है। मौलवी साहब वहाँ शिक्षक के रूप में बुलाए जाते थे। एक बार बल्लीमारान के उस मक़तब में बिसनाथ उनसे मिलने गए थे। वहाँ बीच में एक बड़ा हौज था, तालाब था, उसमें रंगीन मछलियाँ थीं। बड़ा शान्तिमय दृश्य था वह।

ज़ाकिर नदवी का जिक्र कई बार हो चुका है। उनके छोटे भाई फ़जलुल्लाह साहेब थे। बिसनाथ के सबसे नजदीक तो ज़ाकिर नदवी ही थे लेकिन उनके छोटे भाई के लंगोटिया यार फ़जलुल्लाह थे। वे बिसनाथ को भी बहुत प्रिय थे। उन्होंने शायरी भी शुरू की थी। गरीब आदमी पर एक कविता लिखी थी जिसकी एक पंक्ति है—"बिड़ला की तलवार है इस पर"। 'इस पर' यानी उस गरीब आदमी की गर्दन पर। बिसनाथ के पास उनकी बहुत-सी चिट्ठियाँ रखी हैं।

इनके अलावा बिस्कोहर की और जो मुस्लिम आबादी थी वह बहुत पढ़ी-लिखी तो नहीं थी लेकिन बहुत विचित्र, रंगीन और जीवन्त थी। उस फ़िजा में मनोरंजन होता था, अपूर्व सुख मिलता था। मौलवी साहब के घर के पास ही एक घर था। बहुत बड़ा नहीं था लेकिन उसके बाहर का चबूतरा और आँगन बहुत बड़ा था। उस घर में अतीकुर्रहमान साहब रहते थे। लोग उनको तीकुर साहेब कहते और उनके घर को तीकुर रहमान का ठेका। क्यों कहते नहीं पता। बिस्कोहर में उनका नाम था 'पानी'। अब उनको पानी क्यों कहा जाता था यह भी नहीं पता।

पानी साहब भदभद शरीर के थे। मोटे। छोटे कद के। बहुत गोरे। हमेशा हँसते रहते। उनकी शख्सियत कुछ-कुछ मदनलाल खुराना जैसी थी। लेकिन मदनलाल खुराना से ड्योढ़े मोटे थे। हमेशा बनियाइन और तहमद पहने रहते।

पानी साहब बहुत ही खुशमिज़ाज़ आदमी थे। वे अपनी उम्र के लोगों के साथ बहुत कम बैठते थे। ज़्यादातर लौंडे-लपाड़ियों के बीच रहते। शिवबालक साहू की तरह।

पानी साहब को लेकर कुछ घटनाएँ याद आती हैं। बिसनाथ एक बार उनके घर गए। चूँकि बिसनाथ बलरामपुर में पढ़ते थे तो लोग उनसे मिलते थे और किसी के घर जाते, तो बिठलाते थे, हाल-चाल पूछते थे, बातें करते थे। पानी साहेब दर्ज़ी का काम करते थे। बिसनाथ उनके पास बैठे थे। तब तक एक बहुत बड़ा बकरा आया। उस बकरे पर उन्होंने हाथ फेरा। फिर बोले कि "देखत हो बिसनाथ" ? कहिन "हाँ"। बोले कि "कुर्बानी के दिन, बकरीद के दिन हम ही इनके गरदन पर छुरी फेरब।" कहते-कहते रोने लगे। वे उस बकरे को बहुत प्यार करते थे। उनका कहने का मतलब था कि मैं इसको इतने प्यार से पाल रहा हूँ लेकिन कुर्बानी के दिन इसे काट दिया जाएगा।

दूसरा वाक़या ये कि गाँव में, लाला बाबू के घर के पीछे एक बहुत बड़ा बाग और तालाब था। बाग में एक बन्दर था। बड़ा उत्पाती था। इतना उत्पाती कि

यूथपति था। उसके होंठ और नाक कटे हुए थे, जिसे ढड्ढू बन्दर कहते हैं, वह था। ढड्ढू बन्दर की पहचान ही यह होती है कि वह बड़ा झगड़ालू होता है, सबसे युद्ध करता है और नाक-होंठ कटे होते हैं। उसको ओंठकटवा भी कहते हैं—ओंठकटवा ढड्ढू। वह बन्दर पकड़ में नहीं आता था। गाँव में जितने भी शरारती लड़के थे उनसे उसकी दुश्मनी नम्बर एक थी क्योंकि उनमें से बहुतों को उसने काटा था।

एक बार बन्दर पकड़ने वालों को बुलवाया गया और उनसे कहा गया कि इस बन्दर को पकड़ो। पूरे बिस्कोहर बाज़ार के लोग वहाँ पहुँचे कि आज ओंठकटवा पकड़ा जाएगा। पानी भी आए। गाँव में लोग इधर-उधर टट्टी कर देते हैं। वह पड़ी रहती है और सूख जाती है। उसको बिस्कोहर में 'आग' कहते हैं। पता नहीं किस न्याय से कहते हैं—इसमें कोई कवि-कल्पना है या कुछ और। पानी जहाँ बैठे वहीं सूखी हुई टट्टी पड़ी हुई थी। ज़ाकिर साहब भी ओंठकटवा के पकड़े जाने का दृश्य देखने आए थे। वे मुस्कराते हुए बोले कि "देखिए पानी साहेब, जरा आग से बचना।" पानी उधर खिसक गए। खैर, आखिर ओंठकटवा पकड़ा गया। जब पकड़ा गया तो लड़के उसके पास गए। कोई उससे बातचीत करे, कोई उसको छेड़े, कोई मारे और कोई कहे, "कहो बेटा, अब बोलो ?" पानी भी उसके पास गए और बोले, "कहो अब क्या हालचाल हैं ? बोलो ले चलें अब पकड़ करके तुमको यहाँ से ?" उसी में शकील साहब भी गए। उन्होंने वहाँ कुछ ऐसी हरकत की जो यहाँ कहने लायक नहीं है। शकील साहब को भी वह बन्दर कई बार काट चुका था।

तीसरी बार पानी साहब को देखा, वह एक दूसरी तरह का किस्सा है। जब एक बार गाँव गए तो सुना कि थाना त्रिलोकपुर का एक कांस्टेबल है जो लोगों को बहुत तंग करता है। बिस्कोहर बाज़ार में आकर दुकानदारों को या किसी और को पकड़कर वैसे ही पीटने लगता है। कभी भगवती हलवाई को पीट दिया, कभी भैरव बनिया को पीट दिया या कभी किसी और को पीट दिया। कोई पंडित था—दुबे। नौजवान था लेकिन शरारती था और मारता बहुत था। इसका प्रतिकार करने के लिए गयाप्रसाद शिवाला में शाम को बनियों-दुकानदारों की मीटिंग हुई। वह पंचायत-भवन था जो शिवाला में था। बहुत बड़ा था। उसमें पहले स्कूल भी था। कार्यक्रम की शुरूआत 'ईश्वर-अल्लाह तेरे नाम' के गान से हुई। फिर ढोलक बजाकर गाना-वाना शुरू हुआ। मुसलमान कभी गाने में शरीक नहीं होते। बिस्कोहर में भी मुसलमानों में धार्मिक दृष्टि से कीर्तन या गाना कभी नहीं होता। वे इससे परहेज करते हैं। लेकिन पानी उस सभा में आए और गाना भी गाया,

धीमे-धीमे ही सही लेकिन गाया। विचार-विमर्श में भी पानी साहब ने बढ़-चढ़कर हिस्सा लिया। कहा कि उस कांस्टेबल को ठीक किया जाना चाहिए। बाद में उस कांस्टेबल का क्या हुआ, इसकी जानकारी नहीं है। शायद उसे थानेदार की डाँट पड़ गई क्योंकि फिर कभी उसकी शिकायत नहीं सुनी गई।

शकील साहब ! शकील साहब ऐसे थे कि उनकी याद अक्सर आती है। शकील साहब और जलील साहब—ये दो भाई थे। जलील बिसनाथ की उम्र के थे और शकील छोटे थे। बिसनाथ के छोटे भाई शेरसिंह की उम्र के रहे होंगे। शकील और जलील के पिता थे—बिराहिम मौलवी साहब। बिराहिम दर्ज़ी गोगा नहीं, वे बिराहिम मौलवी जो ब्रह्मानन्द तिवारी के साथ सविनय अवज्ञा में जेल गए थे। वे जब भी बिसनाथ को देखते तो दादा से कहते कि "इसको कह दो, मैं ले जाता हूँ बिसनाथ को, रफी अहमद साहब से मिलवा दूँगा और कह दूँगा कि हमारा लड़का है, इसके लिए कुछ कीजिए आप।" हालाँकि वे कुछ कर नहीं सकते थे। कौन पूछता था स्वतन्त्रता सेनानियों को। उनको, स्वयं पेंशन तक नहीं मिली।

शकील और जलील की माँ मर चुकी थी। बिराहिम मौलवी कुछ करते नहीं थे, फक्कड़ आदमी थे। उनको जब भी देखा, सरौते से दोहरा काटते हुए ही देखा।

एक बार जलील से कुश्ती हुई जिसमें उन्होंने बिसनाथ को पटक दिया। शेरसिंह साथ था। जब जलील चला गया तो छोटे भाई को डाँटा कि तुमने मेरी सहायता क्यों नहीं की ? शेरसिंह ने तपाक से उत्तर दिया, "देखो बड़का बाबू, जब दुइ लोग कुश्ती लड़त रहत तो हम का करीं ? हम बीच में नाहीं बोल सकित हैं।"

बाद में जलील साहब अफीम के आदी हो गए। बहुत दुबले-पतले हो गए थे। जब आखिरी बार मिले तो वे बेहद कमजोर हो चुके थे। नशा करनेवाले सबसे पैसा माँगते हैं। चलते-चलाते उन्होंने बिसनाथ से भी पैसे माँगे। याद नहीं उन्हें पैसा दिया या नहीं।

शकील गोरे रंग के खूबसूरत लड़के थे। वे पढ़ते-वढ़ते नहीं थे, घर का खर्चा चलाते थे। कैसे ? शकील साहब शहद निकालते थे। जंगल की तरफ चले जाते और वहाँ से बबूल का लासा निकालकर लाते जो बिकता था। जंगल से, खेतों से और दुकानों से ऐसी-ऐसी चीजें ढूँढ कर लाते जो पंसारी के यहाँ बिकती हैं। शकील, शरच्चन्द्र के पात्र श्रीकान्त की तरह थे जो रात को श्मशान में घूम रहा है और दिन में कभी कहीं दिखलाई पड़ रहा है, कभी कहीं।

बाढ़ अक्सर आती थी। जब बाढ़ आती थी तो देखा जाता कि शकील साहब

बाढ़ में तैर रहे हैं और तैरकर साँपों को मार रहे हैं। एक बार पूछा कि, "शकील तुम्हें डर नाहीं लागत ? साँप मारत हो" तो बोले, "बाबू तू हूँ का कहत हो, उनके सारेन कै..." अंग का नाम लेकर कहा कि "खुद ही फटी है, साँपन की इस समय, हमको क्या काटेंगे ?"

अगर बातचीत करो तो शकील साहब अक्सर समझदारी की बातें करते। उनकी बातों को लिख दिया जाए, कुछ बातें कविता में बाँध दी जाएँ तो वे कबीरदास की कविताओं जैसी होंगी। जैसे बड़े मौलवी ग़फूर साहब से तो मज़ाक करने की हिम्मत कोई नहीं कर सकता था। लेकिन ज़ाकिर नदवी के मौलवी और धार्मिक प्रकृति के होते हुए भी सब लोग उनसे मज़ाक करते थे, उनको तंग भी करते थे। एक बार शकील ने ज़ाकिर नदवी साहब से पूछा कि, "ऐ मौलवी साहेब ई बताओ, मान लो कि तुम जो हो, तुम तो हो जन्नती, तुम्हारे काम जो हैं अच्छे हैं और तुहार जौन मेहरारू हैं—हमार भौजाई, उनका काम बुरा है तो वो हैं दोजखी। तो जब तू तो जाबो जन्नत मां और वै जई हैं दोजख मां, तो भैया भेंट कैसे होई तुम्हार और भौजी के ? ई का घपला होइ जाई ? ईका हमको पता नहीं चलत कब्बो। हम तो ई भेद को नहीं समझ पाइत।"

बरसात के दिनों में, बिस्कोहर के बाज़ार में कीचड़ बहुत हो जाता था। एक बार शकील ने सबको बुलाकर अपनी ये योजना बताई कि इस बीच बाज़ार में यानी जो सड़क है, वहाँ पर खेत बुवा दिया जाए। बोले, "हमारा मन करता है कि यहाँ पर साला धान बोआ दें, इतना कीचड़ हो गया है, लेवा लग गया है।" लेवा लगना मिट्टी की वह स्थिति होती है जब उसमें बीज डाला जाता है।

बिराहिम मौलवी दाढ़ी रखते थे। एक दिन शकील ने बैठकर बड़े चिन्तन की मुद्रा में कहा, "हम सोचित हैं हो कि हमरे वालिद साहेब हैं इनके जो दाढ़ी न रहत तो इनका चेहरा कैसा लागत ? हियाँ बिस्कोहर मां केतना दाढ़ी वाले मौलवी लोग हैं ?"

बिसनाथ नौकरी करने लगे। जब गाँव जाते तो शकील साहब से जरूर मिलते। एक बार शकील ने शहद दिया। बिसनाथ ने कहा कि असली शहद है कि नाहीं। तो बोले, "बाबू लै जाउ, ऐसा असली शहद है कि तू दिल्ली लै जाबो तो दिल्ली मां कहिएँ कि ई शहद होबेइ न करै। असल चीज मां इहै गड़बड़ होत है कि जौन ऐसेन लोग हैं तौन मनतै नहीं कि इहै कौनो चीज़ है।"

शकील अपने काम से काम रखते हैं। हलालखोर आदमी हैं। पढ़े-लिखे बिल्कुल नहीं लेकिन उनका व्यक्तित्व अविस्मरणीय है। अपने भाई जलील को वे अक्सर ज़लील कहते। उर्दू में जलील का मतलब होता है जलालवाला और

ज़लील का कमीना। लोग पूछते कि जलील साहब कहाँ हैं ? तो बोलते "जलील न कहो, ज़लील कहो, हुइहै कहूँ अफीम-उफीम के चक्कर मां, पैसा-वैसा लेत माँगत होई।"

हिन्दू आबादी और मुस्लिम आबादी के रहन-सहन और ज़बान में फर्क था। मुसलमान, मुसलमान लगते थे हिन्दू, हिन्दू। लेकिन वर्गीय दृष्टि से जैसे-जैसे नीचे जाएँ वैसे-वैसे ये फर्क घटता जाता था और जैसे-जैसे ऊपर जाएँ वैसे-वैसे दिखलाई पड़ता था। बिसनाथ बच्चे थे तो कभी-कभी मुसलमानों के मोहल्ले में पहुँच जाते। वहाँ पहुँचकर डर लगता कि यहाँ औरंगजेब की तरह का कोई व्यक्ति रहता होगा। डर के मारे वहाँ से जल्दी निकलना चाहते। एक-दूसरे में भिन्नता थी, अन्दर से कहीं न कहीं। हिन्दू,मुसलमानों को अपने से नीचा समझते थे और मुसलमान हिन्दुओं को। उसका इज़हार भी करते। खान-पान, रहन-सहन, ज्ञान और ज़बान के मामले में मुसलमान, ज़ाहिरा तौर पर अपने को हिन्दुओं से श्रेष्ठ समझते थे। लेकिन कोई मज़हबी झगड़ा या फसाद हो या हिन्दू-मुसलमान का झगड़ा सिर्फ इसलिए हो कि हम हिन्दू हैं और वे मुसलमान—यह कोई कल्पना में भी नहीं सोच सकता था। बल्कि हिन्दुओं और मुसलमानों का आपसी विरोध कभी-कभी मनोरंजन का कारण बन जाता।

अब पच्छूँ टोले के मोहल्ले की घटनाएँ। जो एक तरफ हास्यास्पद हैं, लेकिन दूसरी तरफ यह भी है कि मजहबी झगड़ा बिस्कोहर मे हो ही नहीं सकता था।

मुसलमानों के त्यौहार हैं—ईद, बकरीद, शब्बेरात। बकरीद के दिन बिसनाथ के घर में गोश्त और गेहूँ बहुत आता। आस-पास के मुसलमान हमारे घर गेहूँ और गोश्त भिजवाते। दिवाली के दिन तिवारी लोग मौलवी साहब, ज़ाकिर नदवी साहब और आस-पास के लोगों को मिठाई ही नहीं खिलाते थे बल्कि घर पर खाना भी खिलाते थे। आस-पास के मुसलमान, जिनमें ज़्यादातर कुँजड़े होते थे, उनके यहाँ से बधना (मुसलमानों द्वारा प्रयोग किया जाने वाला लोटा जिसमें टोंटी लगी होती है) और थाली मँगा लेते थे और खाना खिला करके इन्हें वापस कर देते।

सूसे काका और लाले कुँजड़े का घर पास-पास था। ऐन बकरीद के दिन सूसे काका सवेरे-सवेरे, जोर-जोर से गाना शुरू करते—

ईद बकरीद, शुबेरात भारी,
हिन्दुन कै झाँ...मुसलमानन कै दाढ़ी।

'हिन्दून कै...' और 'मुसलमानन कै दाढ़ी' के बीच का शब्द बहुत बेढब है

जिसका प्रयोग आगे के गुप्त स्थानीय बालों के लिए किया जाता है और जो 'झाँ' से शुरू होता है, 'ट' पर खतम। सूसे काका इस गीत को जोर-जोर से करीब एक घंटे तक गाते। इस बीच जैसे ही दो-तीन मिनट गा चुके होते तो लालू कुँजड़ा या तो कहीं सो रहे होते या टट्टी फरागत गए होते। वहाँ से आते, सुनते कि सूसे काका गा रहे हैं तो वे भी शुरू कर देते—

ईद बकरीद शुबेरात भारी,
हिन्दून कै गाँ.. मुसलमानन ने मारी।

यहाँ का रिक्त स्थानीय शब्द आप समझ ही गए होंगे। वही जिस शब्द का प्रयोग पीछे के अंग विशेष के लिए किया जाता है, जो 'गाँ' से शुरू होता है 'ड़' में खतम। बहुत देर तक दोनों का यह गान-युद्ध चलता। जैसे एक सिंह, दूसरे सिंह को ललकारता है, एक कुत्ता दूसरे कुत्ते पर भौंकता है। इसके बाद अक्सर यह होता कि लाले कुँजड़े के बाप घुट्ठाहे घर पर रहते नहीं थे, कहीं गए हुए होते थे और उधर सूसे काका के बाप रामप्रसाद बाबा भी नहीं रहते थे। उनमें से जो बाप पहले आ जाता वही अपने लड़के को दो झाँपड़ लगाता कि साला ये क्या बक रहा है। इस तरह यह युद्ध शान्त होता। ऐसा कई बार देखा लेकिन ताज़्जुब है कि इस पर न तो कोई ऐतराज करता न किसी को बुरा लगता। कोई इसका नोटिस ही नहीं लेता था।

मुसलमानों में एक धुनिया जात थी। इन्हीं में एक शकूरे धुनिया थे। शकूरे का घर तिवारी फुलवारी के एक तरफ किनारे पड़ता था। शकूरे धुनिया से सम्बन्धित एक घटना है। घटना नहीं बल्कि कहिए कि वहाँ यह एक सामान्य दृश्य होता था। शकूरे धुनिया के घर रोज शाम को बहुत झगड़ा होता था। परिवार में जितने थे, सब एक-दूसरे से झगड़ते थे। पता नहीं किस बात पर। जैसे ही शाम हुई, वैसे ही उनके यहाँ झगड़ा शुरू हो जाता और रात के नौ बजे तक चलता। पूरे मोहल्ले में जोर-जोर से आवाज़ें आतीं। एक बार फागू बाबा के लड़के कुद्दन काका ने कहा, "बिसनाथ ज़रा एक नज़्ज़ारा देखो। 'नज़्ज़ारा' ये था कि शकूरे धुनिया के घर के पास मोहल्ले के कुत्तों के दो दल यानी आठ-दस कुत्ते एक तरफ और आठ-दस कुत्ते दूसरी तरफ, खड़े होकर आपस में भौं ऽऽ...भौं भौं ऽऽ...झगड़ा करें। खैर, ये तो होता ही रहता है, कोई बात नहीं लेकिन उनमें से एक दल के कुछ कुत्ते दूसरे दल की तरफ भौं ऽ ऽ...भौं ऽ ऽ...करते हुए काटने को दौड़ें, काटें नहीं वापस लौट आएँ, उसी तरह दूसरे दल के भी कुछ कुत्ते पहले दल की तरफ काटने को जाएँ और बिना काटे वापस लौट आएँ। शकूरे धुनिया के घर के पास यह दृश्य, नित्य चार-पाँच घंटे चलता। बात यह थी कि शकूरे धुनिया के घर में

रोज पाँच घंटे जो झाँय-झाँय होती थी, उसका प्रभाव उन कुत्तों पर भी पड़ता। कुत्ते भी उसी तरीके से रोजाना पाँच घंटे झाँय-झाँय करते। ये वैसे ही उनकी दिनचर्या का अंग था जैसे शकूरे धुनिया के परिवार की दिनचर्या का अंग था।

औरतों में, जरा-सा भी खाने-पीनेवाली मुस्लिम औरतें बनाव-सिंगार से रहतीं। उनके बनाव-सिंगार में और पच्छूँ टोले की बेड़िनों के बनाव-सिंगार में बहुत समानता थी। पच्छूँ टोले की वेश्याएँ भी वैसा ही बनाव-सिंगार करती थीं जो समाज में प्रचलित था। उनकी पोशाक और कपड़े भी वैसे ही होते।

शोभा बाबा ने एक मुस्लिम लड़की से शादी कर ली थी। उसका नाम था—सुबरा। सुबरा की छोटी बहन थी मकबूलन। दोनों बहनें खूबसूरत थीं। लेकिन मकबूलन ज़्यादा खूबसूरत थीं। कभी-कभी बिसनाथ की अम्मा के पास आतीं। एक बार मकबूलन आईं तो बहुत से सोने के जेवर पहने थीं। सबसे ज़्यादा सोने के जेवर बिसनाथ ने उन्हीं के बदन पर देखे हैं। वे गहने उन पर बहुत अच्छे लगते। बाद में उनकी लड़की की शादी अब्दुल अजीज़ से हुई।

बिसनाथ की बड़ी बहन गाँव में दो ही घरों में जाती थी। एक तो मून बाबू के यहाँ जिनकी माँ नजदीकी रिश्ते में बुआ लगती थी। और एक मुस्लिम परिवार था पच्छूँ टोले में ही, जो बड़ा परम्परावादी था। बिसनाथ अपनी बहन के साथ जाते थे। बहन वहाँ कैसे चली जाती थी और माँ उसे कैसे भेज देती थीं ये अभी भी नहीं जानते। अम्मा स्वयं कहीं नहीं जाती थीं। दादा उनको कहीं भेजते ही नहीं थे। बहनें भी बहुत कम बाहर जाती थीं। बहन जब छोटी थी तो इमली के पेड़ के नीचे खेलती जरूर थी। खैर, वह उस मुस्लिम परिवार में कभी-कभी जाती थी। जिनसे मिलने जाती थी वह लम्बी थी। चूड़ीदार पाजामा और कुर्ता पहनतीं। सबसे पहले बिसनाथ उनकी ओर, उस पोशक के कारण आकृष्ट हुए। बहुत नफीस उर्दू बोलतीं। उनके साथ उनकी बूढ़ी माँ रहती थीं। याद नहीं कि वहाँ कुछ खाते थे या नहीं। मिठाई-विठाई खाते रहे होंगे। ये भी हो सकता है कि केवल बहन खाती रही हो, लेकिन चुपके से, बिसनाथ के सामने नहीं क्योंकि यह डर था कि कहीं घर जाकर न कह दें।

उच्च वर्ग की मुस्लिम औरतें पर्दे में रहती थीं। पान जरूर खाती थीं। इसलिए बहुत अच्छी लगती थीं। लेकिन मुसलमानों के यहाँ एक बात बहुत खराब लगती थी—उनके यहाँ तलाक होता था। पति-पत्नी अलग होकर कैसे रहते होंगे ? जो इतने नज़दीक हैं उससे सम्बन्ध कैसे तोड़ा जा सकता है ? मेरे माँ-बाप अलग हो जाएँ तो कैसे रहेंगे ? ये सोचकर बिसनाथ को भय भी बहुत लगता।

हिन्दुओं में भी, जो औरतें जरा-सा भी खाते-पीते वर्ग की होतीं ज़्यादातर, घरों

के अन्दर ही रहतीं। गर्मी, बरसात, जाड़ा हर मौसम उनके लिए इस दृष्टि से एक जैसा होता। इसीलिए उनका स्वास्थ्य खराब रहता और वे मर भी जातीं। उनमें अक्सर देवी आती, जैसे मुसलमान औरतों में जिन्न आता था। इलाज के लिए ओझा बुलाए जाते, जो ताबीज आदि बाँधकर चले जाते। लगता है कि देवी या जिन्न का आना उनके खराब स्वास्थ्य या रुग्ण शरीर का परिणाम था।

तब आज़ादी नहीं मिली थी

बिस्कोहर और उसके आस-पास स्वाधीनता आन्दोलन का प्रभाव तो था लेकिन उसका कोई सक्रिय या उग्र रूप नहीं दिखलाई पड़ता था।

तिवारी परिवार के पड़ोस में एक लगभग अशिक्षित परिवार था। कसेर थे—रामशंकर बाबा। उनसे तिवारी परिवार की बड़ी आत्मीयता थी। उनकी दुकान पर गांधीजी का एक चित्र था जिसमें गांधीजी मुट्ठी बाँधकर, उस पर मुँह को रखे हुए कुछ सोच रहे हैं। बिस्कोहर के दुकानदारों के यहाँ, खासतौर पर जवाहरलाल नेहरू और सुभाषचन्द्र बोस के फोटो या चित्र टँगे रहते थे। भारतमाता का एक चित्र बिस्कोहर की कई दुकानों पर देखा, जिसमें भारतमाता एक रथ पर सवार हैं। उस रथ में घोड़ों के स्थान पर सिंह जुते हुए हैं। पीछे जवाहरलाल नेहरू झंडा लिए खड़े हैं और वह रथ जा रहा है।

बिस्कोहर बाज़ार के पूरब में, जहाँ मंगल बाज़ार लगता है, वहाँ एक बहुत बड़ा बाग था। पास-पास दो पक्के कुएँ थे। कोई डिप्टी इंस्पेक्टर या कोई और आता तो बाग में ही रुकता। स्वाधीनता आन्दोलन से सम्बन्धित सबसे पहला भाषण बिसनाथ ने उसी बाग में सुना है। एक नेता आए थे, खद्दर का कुर्ता, धोती और खद्दर की टोपी लगाए हुए। कुएँ की जगत पर खड़े होकर उन्होंने भाषण दिया। जनता नीचे बैठी। उनके भाषण का और कोई अंश याद नहीं, लेकिन यह याद है कि उन्होंने भाषण शुरू करते हुए कहा कि, ''अभी आप में कुछ ऐसे लोग मौजूद होंगे जिन्होंने अपने बचपन में 1857 का स्वाधीनता संग्राम देखा होगा'' यानी ये उस समय की बात होगी जब 1857 को बीते हुए अस्सी-बयासी साल हुए होंगे।

उन दिनों कांग्रेसी और आर्यसमाजी लगभग एक होते थे। आर्य समाज का काफी प्रचार था। रामलखन महाशय थे जिनको भगेलू महाशय कहा जाता था। 'लखन' नाम से कविता करते थे। वैश्य थे। एक काशीराम महाशय थे जो मुराव थे। मुराव वह जाति होती है जो खेतों में सब्जी उगाती है। एक मन्त्रीजी कहलाते थे जिनका नाम हरनारायण था। वे छांगुर ठठेर के पुत्र थे।

लगभग प्रति वर्ष आर्य समाज का वार्षिक उत्सव होता था। उसमें गाए जाने वाले कई गीतों की पंक्तियाँ आज भी याद है। जैसे–

ब्रह्मचर्य नष्ट कर डाला,
क्यों देश हुआ मतवाला।

या–

बिना विद्या के भारत देश,
आज हुई तेरी ख़्वारी।

आर्यसमाज के उपदेशक आते और हारमोनियम पर गाते। ढोलक बजानेवाले बिस्कोहर के ही लक्ष्मीनारायण भूज थे। विदुर पंडित भी थे जो वैसे तो हकलाते थे लेकिन गीत भी गाते और ढोलक भी बजाते। वे बिस्कोहर के सबसे सुन्दर वरिष्ठ व्यक्ति थे।

मुसलमानों के बीच मुस्लिम लीग का भी जोर था। उनके भी मजहबी जलसे होते थे।

बिसनाथ के दादा के एक मित्र थे। उनको सनेही बाबा कहते थे। उनके एक पुत्र थे, जिनका नाम शायद लालबहादुर था। वे आते और कांग्रेस का प्रचार करते। लोगों को बहुत समझाते कि विदेशी वस्त्र नहीं पहनना चाहिए, खद्दर पहनना चाहिए अंग्रेजों को भगाने के लिए संघर्ष करना चाहिए। वे एक-दो बार जेल भी गए थे। बहुत कम उम्र में उनकी मृत्यु हो गई।

पास के किसी छोटे से गाँव से एक बढ़ई जाति के व्यक्ति आते थे। उनके हाथ में तिरंगा झंडा होता था। वे घूम-घूमकर, अनाज के रूप में, पैसे के रूप में यानी किसी न किसी रूप में कांग्रेस के लिए चन्दा इकट्ठा करते थे। कभी अकेले होते कभी साथ कोई आदमी होता।

साल में एक-दो बार कनफटे नागा बाबा आते थे। वे बड़े उज्जड और उपद्रवी थे। कई तरह की अश्लील मुद्राएँ करते। कभी अपने गुप्तांग को बहुत बड़ा कर दिया, कभी उसमें पैसा भर दिया, कभी उसमें कोई चीज़ टाँग दी यानी वे असामान्य ढंग की क्रियाएँ करते थे। वे सब बाबू साहेब ज़मींदार के यहाँ रुकते। घूम-घूमकर लोगों से पैसा वसूलते। जिस तरह से पुलिस आतंक मचाती है और सामान्य जनता को भयभीत करती है उसी तरह से नागा बाबा भी करते। जिसको चाहते मारते-पीटते। पता नहीं क्यों, उनके ऊपर ज़मींदार साहब का प्रश्रय रहता था। उन नागाओं के बारे में एक बार ये हल्ला मचा कि उनके साथ एक औरत भी है जो पुरुष वेश में रहती है।

एक दिन वे लोग आए हुए थे और पैसा वसूल रहे थे। अम्मर गोसाईं ने उनसे

कहा कि “हम तुमको पैसा तब देंगे जब तुम हमसे कुश्ती लड़ोगे।” अम्मर गोसाईं और एक नागा बाबा में कुश्ती हुई। अम्मर गोसाईं पटक दिए गए, हार गए।

एक बार वह बढ़ई कांग्रेसी युवक तिरंगा झंडा लिए आ रहा था। जैसे ही उसको इन नागाओं ने देखा वैसे ही उसकी तरफ दौड़े और पकड़कर मारने लगे। ऐसा लगता था कि जैसे ये नागा बाबा अंग्रेजों के समर्थन में सामन्तवाद की फौज हों। तिरंगे झंडे को देखकर ये लोग इतने ज़्यादा क्यों बिगड़ गए ? ये लोग कहीं न कहीं ये समझते थे कि तिरंगा झंडा हमारे पाखंड का विरोधी है।

सनू बयालीस में बिसनाथ दर्जा चार या पाँच में पढ़ते रहे होंगे। नौ अगस्त के दो दिन पहले स्कूल में एक कांस्टेबल आया। उसके पास बन्दूक थी। उसने कक्षा में आकर ये चेतावनी दी कि यदि कोई भी लड़का यहाँ पर नौ अगस्त को होनेवाली सभा में गया तो उसको इतना मारेंगे कि अक्ल ठीक हो जाएगी, हम उसको गोलियों से भून देंगे। वह लोगों को डरा-धमकाकर चला गया।

उन्हीं दिनों बिसनाथ के साथ एक घटना हुई। वे अपनी ननिहाल गए थे। वहाँ बैठकर गांधीजी के बारे में, जवाहरलाल नेहरू के बारे में, सुभाषचन्द्र बोस के बारे में खूब बढ़-चढ़कर बातें कर रहे थे। एक कांस्टेबल आया और बोला कि, ‘तुम ऐसी बातें करते हो ? हम तुमको जेल में बन्द कर देंगे।’ बिसनाथ ने जवाब दिया, ‘कर दो जेल में बन्द, हम नहीं डरते।’ तो वह बिसनाथ को बड़ी दूर तक ले गया कि हवालात में बन्द करेगा। ननिहाल के लोग सहमे हुए थे। लेकिन पता नहीं क्या हुआ कि एक किलोमीटर दूर ले जाकर छोड़ दिया और कहा कि ये सब बातें करोगे तो हम तुमको मारेंगे।

इसी तरह वह बिस्कोहर में भी बहुत बातें करते। जो बातें अपने दादा से या और लोगों से सुनते, वही बातें करने लगते। वे लोग बड़े थे, समझदार थे जानते थे कि ये बातें कहाँ करनी हैं, कहाँ नहीं करनी है। लेकिन बिसनाथ में यह समझ नहीं थी। एक बार वह ये बातें स्कूल में कर रहे थे। एक सिपाही आया, उसने दो थप्पड़ मारे और कहा कि “क्रांतिकारी बनता है ?” किसी ने उसकी कोई प्रतिक्रिया नहीं की। बिसनाथ को बुरा भी नहीं लगा। ऐसा लगा जैसे देश के लिए बलिदान कर रहा हूँ। उस समय वह मुश्किल से दस-बारह साल के रहे होंगे।

इस प्रकार राजनैतिक चेतना वातावरण में थी। उसकी गूँज भी इधर-उधर से सुनाई पड़ती थी। बिस्कोहर के एक हिन्दू और एक मुसलमान ने असहयोग आन्दोलन में भाग भी लिया था जिसके कारण वे जेल गए थे। ब्रह्मानन्द तिवारी और दूसरे बिराहिम मौलवी। लेकिन फिर भी वहाँ स्वाधीनता आन्दोलन की घटनाओं का कोई व्यापक प्रभाव नहीं था।

गाँव के ज़मींदार लगभग कांग्रेसी थे। ये तो उनको बुरा लगता था कि कांग्रेस ने कह रखा था कि जब हम शासन में आएँगे तो ज़मींदारी-प्रथा समाप्त कर देंगे लेकिन वे गांधीजी, जवाहरलाल नेहरू, सुभाषचन्द्र बोस के महत्त्व को जानते थे। ये भी स्वीकार करते थे कि भारत को आज़ाद देश होना चाहिए।

वहाँ से नेपाल की सीमा बहुत नजदीक है। लुके-छिपे क्रान्तिकारियों का जमाव उस सीमा पर होता था। नेपाली कांग्रेस के आन्दोलन का भी वह बहुत बड़ा अड्डा था। बढ़नी बाज़ार, उसका बाज़ार, शोहरतगंज बाज़ार ये सब वही इलाका है।

बस्ती जिले में, किसानों का आन्दोलन बहुत तेज था। उस उग्र आन्दोलन में भारतीय कम्युनिस्ट पार्टी की भूमिका थी। कम्युनिस्टों से प्रभावित किसानों के एक दल ने लाखन सिंह को मारा था। सन् 1948 में परसा और शोहरतगंज स्टेशनों के सिग्नल तोड़ दिए गए थे।

आज जिसको आनन्दनगर कहते हैं पहले उसका नाम फरेन्दा था। वहाँ फरेन्दा का बहुत बड़ा जंगल था। उस जंगल में नेपाल और भारत के क्रान्तिकारी छिपे रहते थे।

करीब 24 किलोमीटर दूर बलरामपुर है। बलरामपुर बहुत बड़ी रियासत थी। वह छोटा-मोटा नगर था जहाँ कांग्रेस के कार्यकर्ताओं की सक्रियता बहुत ज़्यादा थी। बिस्कोहर छोटा गाँव या कस्बा था, जहाँ कोई बहुत सक्रियता नहीं दिखलाई पड़ती थी। ज़्यादातर लोग दबे-सहमे रहते थे। जहाँ कहीं कोई खतरा होता, उससे अपने को बचाए रखना ही समझदारी, बुद्धिमत्ता और जीवन की बहुत बड़ी उपलब्धि समझते जो क्षत्रिय थे। अहीर-कुर्मी, आपराधिक कार्य बहुत बढ़-चढ़कर करते थे। वे स्वाधीनता आन्दोलन के नेताओं के नाम जानते थे, नेताओं का सम्मान भी करते थे लेकिन खुद सक्रिय राजनीति में भाग लेते हों, ऐसा नहीं था।

बिस्कोहर का भासा बिग्यान

बिस्कोहर की भाषा-प्रवृत्ति के पीछे पता नहीं कौन-सा भावबोध है कि वहाँ पर विकलांग व्यक्ति को, खासतौर पर काने को अलग से एक नाम दे दिया जाता है। वह नाम डिप्टी साहेब, कलक्टर साहेब, कप्तान साहेब या थानेदार साहेब में से होता है। जैसे मान लीजिए कि कोई माधोलाल हैं और उनकी एक आँख खराब है तो उनको कहा जाएगा कि, "ऊ जो कप्तान साहेब हैं।" या "ऊ जो कलेक्टर साहेब हैं।" या "ऊ जो डिप्टी साहेब हैं।" इसी तरह से अन्य विकलांगों को भी कोई नाम दे दिया जाता है। जैसे कोई लँगड़ा है तो कहेंगे, "ऊ जो नव्वाब साहेब हैं।" यह प्रवृत्ति कैसे पैदा हुई समझ में नहीं आया लेकिन है ज़रूर।

हाल ही में, बहुत दिनों बाद बिसनाथ गाँव गए। जब विद्यार्थी थे तो बसें नहीं चलती थीं। लेकिन कुछ वर्षों के बाद चलने लगीं। बसें चलने के बाद एक दिन पहुँचे। बस-स्टैण्ड पर, एक बुढ़ी औरत हाँफती-खाँसती आई और बहुत आज़िजी के साथ उसने कहा कि "अरे कण्डेवर भैया, तनि बात सुन लो हमार।" बिसनाथ ने सोचा ये कण्डेवर क्या होता है ? पहले तो कभी नहीं सुना। उसने कण्डेवर, कण्डक्टर को कहा। गाँववालों ने यह शब्द ऐसे बनाया कि ड्राईवर को वे डेवर कहते हैं। कण्डक्टर में से 'कन' लिया और ड्राईवर का 'डेवर' लिया। और चूँकि कण्डक्टर, ड्राईवर के साथ बैठता भी है इसलिए वे डेवर हैं ये कण्डेवर हैं। और कण्डेवर सबको बहुत डाँटते-डपटते हैं तो 'कन' में काना भी व्यंजित है। झगड़ालू है तो उसे एक शब्द भी दे दिया।

बस-स्टैण्ड पर चाय की एक दुकान है जिसे ओरी पंडित के पुत्र चलाते हैं। वहाँ चने की घुघनी और प्याज की पकौड़ी बनती है। प्याज की पकौड़ी में बेसन की बजाय आटे का इस्तेमाल किया जाता है। बिसनाथ जब जाते हैं तो लोगों के साथ बैठकर सुबह की चाय वहीं पीते हैं और बातें करते हैं। एक बार जैसे ही पहुँचे, जोर से पानी बरसने लगा। रात भर पानी बरसा। एक हैं सईद मियाँ। उन्होंने कहा कि, "आओ बाबू आओ, देखो तो केतना चैम्पियन पानी बरसा है।" जो वे कहना चाहते थे, उसके लिए उन्होंने शब्दों का बड़ा ही सर्जनात्मक उपयोग

किया जो कि गाँवों में अक्सर होता है। सईद मियाँ का उद्देश्य यह बताना था कि बहुत ही जोर का पानी बरसा लेकिन उन्होंने उसके लिए 'चैम्पियन पानी बरसा है' कहा।

एक शब्द होता है 'उचकुन' जिसका मतलब बिस्कोहर के आस-पास के लोग जानते हैं या ज़्यादा-से-ज़्यादा पूरबी अवधी बोलनेवाले लोग जानते होंगे। खाना बनाते समय जब चूल्हे पर बटुली या तवा रखा जाता है, खासतौर पर बटुली तो वह चूल्हे पर ठीक से स्थापित हो जाए, इसके लिए चूल्हे के ऊपर छोटी-छोटी गिट्टियाँ लगा दी जाती हैं—उसको उचकुन कहते हैं। उचकुन का मतलब हुआ ऊँचा करने की चीज़। लेकिन इस शब्द का उच्चारण करें तो उसमें एक अजीब प्रकार की व्यंजना होगी। जब एक दोस्त दूसरे दोस्त से मिलता था तो कहता था, "का हो उचकुन, का हाल है ?" यानी लोग अपने यारों-मित्रों के लिए जब आत्मीयता प्रकट करते थे तो उनसे कहते थे, "का हो उचकुन, का हाल है ?" या कभी-कभी कहते थे, "जाने दो, साला उचकुन है वो।" पता नहीं वह कौन-सा केन्द्र या कौन-सा कारखाना है जहाँ ऐसे शब्द बनाए जाते हैं। और जो तुरंत प्रयोग में आ जाते हैं। जैसे एक शब्द है 'झौथू'। कहते हैं न कि, "बड़ा झौथू आदमी है ये।" इसी तरीके से एक शब्द है 'अड़ब्द'। इसका प्रयोग इस रूप में करते हैं कि "जान दो उसे, उसका काम तो अड़ब्द हो गया।" गाँव में एक स्कूल चलता था। उसके मौलवी या पंडितजी को तनख्वाह नहीं मिली तो कुछ दिन बाद ही वह बन्द हो गया। लड़कों ने उसकी दीवार पर लिख दिया कि, "ये स्कूल अड़ब्द हो गया है।"

कुछ शब्द फैशन करने पर भी बोले जाते थे। मान लीजिए मोहर्रम के दिन या किसी त्यौहार, शादी-ब्याह के दिन कोई साफ-सुथरे, अच्छे कपड़े पहने है तो उससे कहते थे, "कहो शेख, आज तो तुम बहुत खुरस रहे हो।" इसका मतलब क्या होता है, बिसनाथ नहीं जानते लेकिन इसका प्रयोग उन्होंने भी किया है और उनके लिए भी किया गया है।

कुछ शब्द बचपन में चलते थे। वे शब्द अब तेजी से ख़त्म होते जा रहे हैं और उनका प्रयोग गाँव में भी कम होता जा रहा है। जैसे एक शब्द चलता था—'नतगुण'। नतगुण पूरी तरह से गाली तो नहीं है लेकिन किसी को बेवकूफ, उल्लू या हीन बताने के लिए यह विशेषण या सम्बोधन दिया जाता था कि, "वो पूरा नतगुण है साला" या "ओ नतगुण।" नतगुण का तत्सम वाला मतलब तो नहीं हो सकता कि, जिसका गुण नत हो लेकिन भाव वही था।

बचपन में, जब लड़के बहुत खुश होते थे तो बड़े आनन्दातिरेक में, लय में

बोलते थे–"आऽऽ रमुली, हाऽऽय रमुली, येऽऽ रमुली। लेकिन बच्चे अब इसका प्रयोग नहीं करते।

यदि बिसनाथ किसी और जगह के होते तो सर्वेश्वरजी की कविता ठीक-ठीक नहीं समझ पाते। सर्वेश्वरजी की एक कविता है–

झाड़े रे महँगुआ तीन किनारे की धोती

इसे बिस्कोहर में होली के अवसर पर गाया जाता था। झाड़े रहो, झड़वाए रहो–इसकी व्यंजना गाली की भी है लेकिन अक्सर ऐसे आदमी के बारे में कहा जाता था जिसकी आर्थिक स्थिति ठीक नहीं है लेकिन रहता है रौब से। ऐसा आदमी जिसकी हैसियत ज़्यादा नहीं है लेकिन हर वक्त फैशन किए घूमता है, उसे महँगुआ कहते थे और उसे देखकर कहते थे–"झाड़ो रे महँगुआ" या "आज महँगुआ झाड़े है।"

सर्वेश्वर जी की एक पंक्ति है–

"चुपाये रहो दुलहिन मारा जाई कउवा।"

इसका मतलब होता है–'झूठी दिलासा या सान्त्वना देना'। आप कथा का अध्याहार करके इसे समझ सकते हैं कि किसी ने एक व्यक्ति का कुछ बिगाड़ दिया है तो उसे सान्त्वना देने के लिए कहा जा रहा है कि उससे बदला ले लिया जाएगा, उसे सजा दी जाएगी। हालाँकि कहने वाला यह भी व्यंजित कर रहा है कि सजा-वजा कुछ नहीं दी जाएगी, वह ऐसे ही निश्चिन्त घूमेगा–चुपाये रहो दुलहिन मारा जाई कव्वा।

कुछ लड़के होते थे जो लड़कियों जैसे लगते थे या उनका बर्ताव लड़कियों जैसा होता था। पता नहीं किस न्याय से या किस आभ्यन्तर प्रभाव-साम्य से ऐसे लड़कों को 'ढाई सवा पाँच' या 'पौने आठ' कहा जाता था। कहते थे कि, "ये लड़का थोड़ा पौने आठ है" या "थोड़ा-सा ढाई सवा पाँच है।" ढाई और सवा पांच को जोड़ें तो पौने आठ ही होगा। कभी कोई लड़का अंग्रेजी पढ़कर आए तो उसके लिए कहते, "ये सात सही तीन बटा चार है।" पौने आठ का यह अंक ऐसे लड़कों के लिए बहुत प्रचलित था।

बिस्कोहर में मुस्लिम आबादी काफी थी सो उसकी भाषा भी बड़ी विचित्र और मनोरंजक थी। एक बूढ़ी कुँजड़ी साहिबा थीं। वे झौआ में सब्जी रखकर बेचती थीं। पंचवक्ता नमाज पढ़ती थीं और सिर ढँककर कायदे से बैठती थीं। एक दिन ऐसे ही बैठी थीं। घुट्ठाहे कुँजड़े का लड़का आया। अपनी भाषा में उनसे कुछ बात करने लगा। बोला, "अरे बुढ़िया का देखिस तैं" और "बुढ़वा कहाँ है तोर" और "अभी तो तू बड़ा काजल-वाजल लगाकर के आई है।" उसने एक

अजीब दृश्य उपस्थित कर दिया। जो अश्लील शब्दावली मान्य होती है, उस अश्लील शब्दावली में बातें करने लगा। बूढ़ी कुँजड़ी अपना सांस्कृतिक स्तर थोड़ा ऊँचा समझती थीं। इसलिए बार-बार कहें कि, "ये कैसा कच्चा कलाम बोल रहा है तू, कैसा कच्चा कलाम बोल रहा है ?" वे गाली को गाली नहीं कह रही थीं, उन गालियों को बोल-बोल कर बता भी नहीं रही थी कि तू ऐसा क्यों बोल रहा है। उसकी जगह पर कह रही थीं "कच्चा कलाम बोल रहा है"।

कुछ लोग ऐसे होते हैं जो पढ़े-वढ़े तो नहीं होते लेकिन दिखाते ये हैं कि नहीं भई हम भी थोड़ा पढ़े-लिखे हैं। अब तो पढ़े-लिखे होने का प्रमाण थोड़ी-सी अंग्रेजी बोलकर दिया जाता है लेकिन उस जमाने में पढ़ा-लिखा होने की पहचान खड़ी बोली बोलना और बिन्दी लगाकर बोलना होती थी। बिन्दी लगाकर बोलना मानी ज़, फ़, ग़ बोलना और 'स' को 'श' बोलना। बिस्कोहर में कुछ गाने वाले थे जो बहुत अच्छा गाते थे। नात या मुसलमानों के धार्मिक गीत गाते थे। जो ज़्यादातर हज़रत मोहम्मद पर होते थे। वे बड़े रौब से गाते थे कि—

"इलाही दूनो आँख़ों में बशे ज़ल्वा मोहम्मद का"

ये नहीं कहते थे कि, 'इलाही दोनों आँखों में बसे जलवा मोहम्मद का'। बल्कि हर जगह पर बिन्दी लगाकर बोलते थे, स को श बोलते थे और समझते थे कि यही इसका शुद्ध उच्चारण है।

कुछ लोग खड़ी बोली बोलते लेकिन ठीक नहीं बोल पाते थे, अपनी तरफ से तो ठीक बोलते लेकिन वह हास्यास्पद होता था। बिसनाथ के बड़के काका थे जिनका नाम रामकिशोर था। वे बच्चे थे, पढ़ने-लिखने नहीं जाते थे। एक बार उनके पिता ने उनको बुलाया और कहा कि, "तुम पढ़ने नहीं गए ?" फिर उनको मुर्गा बना दिया। थोड़ी देर बाद बाबा ने बड़के काका से हँसी में कहा, "अच्छा रामकिसोर ये बता कि तू पढ़ेगा कि घास छीलेगा ?" बड़के काका तड़ाक् से उठे और बोले, "दादा, अब्बै तू कहौ, अपाने हाथ से हम दुइ झव्वा घास छील के तुम्हारे समाने रख दें।" ये अपने आपको थोड़ा-सा अभिजात वर्ग का बनाकर दिखाने की भाषा थी।

बिस्कोहर में प्रचलित कई लोकोक्तियाँ बड़ी विचित्र हैं। उन लोकोक्तियों में तो ऐसी कोई खास बात नहीं है लेकिन उनके अर्थ और बिम्ब बड़े विचित्र हैं। वहाँ की भाषा में ऐसे लोगों पर लोकोक्तियाँ ज़्यादा हैं जो अपनी हैसियत से ज़्यादा प्रदर्शित करते हैं। कुछ तो ऐसी हैं जिनमें उच्च कोटि की सर्जनात्मक क्षमता है। वे हैं तो जुगुप्सित और अश्लील लेकिन जब सोचेंगे तो आप उनकी कल्पना-शक्ति और बिम्ब-विधायिका शक्ति से प्रभावित हुए बिना नहीं रह सकते। जैसे एक

लोकोक्ति है कि, "घर मां भूजी भाँग नहीं कुकुर पादे चिउरा।" कोई गरीब आदमी है पर बहुत बढ़-बढ़कर बातें कर रहा है तो कहेंगे कि 'घर मां भूजी भाँग नहीं'—घर में तो इसके कुछ नहीं है यहाँ भूजी का मतलब शायद पत्ता या भुजिया वाली पकौड़ी है यानी घर में तो पत्ता भर भाँग भी नहीं है या कुछ भी नहीं है, इसके बाद 'कुकुर पादे चिउरा' और उसके घर का कुत्ता चिउरा पाद रहा है। कुकुर पादे चिउरा—सूक्ष्म को स्थूल बनाने की प्रक्रिया है जो आश्चर्यजनक है।

इसी तरह एक दूसरी लोकोक्ति, जो और भी खेदजनक है। कई बार ऐसा भी होता है कि काम तो एक ही आदमी का है लेकिन उसमें पच्चीस लोग लगे हुए होते हैं। कई लोग ऐसे होते हैं जो काम-धाम नहीं करते, काम करने का आडम्बर करते हैं। एक बार गाँव में लोग खटिया बुन रहे थे। उसमें दो आदमियों की ज़रूरत होती है लेकिन वहाँ पर चार-पाँच आदमी लग गए। ये देखकर महादेव बाबा बोले—"ससुर केतना जने हुआँ जौन बैठे हैं, एक जने घाट करैं सौ जने करिहाँव हिलावैं"। कैसा बिम्ब है। इसका शब्दार्थ यह हुआ कि एक आदमी तो रतिक्रिया कर रहा है और सौ लोग वहाँ पर बैठकर अपनी कमर हिला रहे हैं।

पुलकित होने के अर्थ में भी एक मुहावरा चलता है। बदरी हलवाई को काम करने के लिए महादेव बाबा के घर पहुँचना था। वह ठीक समय पर नहीं पहुँचा, आने में देर हो गई। महादेव बाबा ने उससे पूछा, "क्यों बे बदरी, आज इतना देर क्यों कर दिया साले ?" बदरी ने कहा, "बाबू क्या करैं, हम आ रहे थे, तब तक रास्ते में शकूर कुँजड़ा मिला। उसने कहा कि कहाँ जात हो बाबू तनि खैनी-वैनी खाते जाओ। मैं खैनी खाने लगा बाबू, उसी में देर हो गई।" बदरी को डाँटते हुए महादेव बाबा बोले, "बस तू आवत रह्यौ और सकूर तुझसे कहिन कि खैनी खाइ जाओ तो खुसी के मारे तुहार गाँड़ कटोरा होइ गई।" पुलक, हर्ष का ऐसा अनुभाव और कहीं नहीं सुना। इस प्रकार तीव्र अर्थ की व्यंजना करनेवाली ये लोकोक्तियाँ हैं, जो बिसनाथ ने गाँव में सुनी।

'राग दरबारी' में एक खास तरह की भाषा है। एकाएक एक आदमी आता है और नाटकीय ढंग से बोलता है—"करफौन सरफाला है ?" श्रीलाल शुक्ल ने इसे सरफरी भाषा कहा है। इसे पढ़कर बिस्कोहर की एक भाषा-प्रवृत्ति याद आती है लेकिन वहाँ यह सरफरी नहीं है, उसे करमरी कह सकते हैं। जैसे—"तू करमहाँ जारमात हरमओ"—तू कहाँ जात हो ? इसका उत्तर देना होगा तो बोलेंगे—"हरमम अरपने घरमरे जारमाते हरमहैं।"—हम अपने घर जाते हैं। इससे कूट भाषा का काम लिया जाता था।

एक भाषा और बोली जाती थी। जैसे यह कहना हो कि—कहाँ जात हौ तो

कहेंगे–''सातमिस सातमिस सौमिस''। यानी हर शब्द के पहले वर्ण पर 'स' लगा दिया और उस शब्द के बाद 'मिस' जोड़ दिया। धीरे-धीरे इसे सब समझ लेते थे लेकिन नए-नए बालकों के सामने अपने को वयस्क समझने वाले बालक इस तरह बोलकर उन्हें चमत्कृत करते थे।

बिसनाथ की पिटाई कम हुई है लेकिन एकाध बार हुई भी है तो इस बात के लिए कि उनकी धोती आगे से खुली रहती थी। एक बार अपने छोटके काका के साथ उनके ससुराल गए। खाना खाने बैठे। धोती खुली थी। काका ने कहा– ''सोहारमिस सोतीमिस, सुलीमिस सहमिस'' यानी तुम्हारी धोती खुली है। बिसनाथ खट् से समझ गए और अपनी धोती ठीक कर ली।

कबीर, तुलसीदास की पंक्तियों का प्रयोग बिस्कोहर में बहुत होता था। इनके नाम पर भी अनेक पंक्तियाँ प्रचलित थीं। जैसे बचपन में बिसनाथ ने डूडू बाबा से यह गाना सुना है कि–

मनइन मइहन नउवा देखा औ पंछिन माँ कउवा,
नदी किनारे झव्वा देखा, नव्वा, कव्वा, झव्वा।
कबीरा भाई तीनुम ताल लगाई।

कबीर के नाम पर एक और कविता है जो कबीरदास की तो नहीं है लेकिन है किसी निर्गुण की ही। यह भी हो सकता है कि उसे आस-पास के किसी सन्त-महात्मा ने लिखा हो। बिसनाथ ने उस कविता को सुना तो है ही उसका उपयोग होते भी देखा है। वैसा उपयोग शायद ही कहीं दिखाई या सुनाई पड़े।

बिस्कोहर में कम उम्र के लड़के भी साधु हो जाते थे। बाप से जरा-सा झगड़ा हुआ तो साधु हो गए या बीवी से झगड़ा हुआ तो साधु हो गए। इसी तरह दो लड़के साधु हो गए थे–एक थे धुरन्धरदास, दूसरे परबतदास। धुरन्धरदास ताकतवर थे, परबतदास कमजोर। दोनों में जजमानों को लेकर प्रतियोगिता चलती रहती थी। एक बनिया था जो परबतदास से बहुत मेल-जोल रखता था, उसे दान-दक्षिणा देता था। धुरन्धरदास इस बात को ताड़ते थे। वह बनिया, धुरन्धरदास को कहीं मिल गया और दोनों में सत्संग की बातें चल गई। थोड़ी देर बाद धुरन्धरदास उस बनिया को मारने लगे। बिसनाथ पहुँचे। धुरन्धरदास ने बिसनाथ को देखा और उसे मारते हुए बोले, ''सुनत हो बिसनाथ बाबू ?'' पूछा ''का ?'' बोले, ''एकर देखो सारेन को, यहाँ से चले कबीरदास वहाँ से चले रैदासा। बीच में जब भेंट भई तब ज्ञान भया प्रकासा ॥'' और ये कहके दो लाठी और मारे उसको। दोनों के धार्मिक सत्संग में जो विवाद हो गया था उसका उत्तर धुरन्धरदास ऐसे दे रहे थे, ''अरे सुनो लोगो, हियाँ आओ, हियाँ आओ, ई सारे

को देखौ, यहाँ से चले कबीरदास वहाँ से चले रैदासा। बीच में जब भेंट भई तब ज्ञान भया प्रकासा।'' और झट से उसको दो थप्पड़ और मार दें। ये तो नहीं पता कि यह पंक्ति किसकी है लेकिन इसका यह उपयोग अजीब था।

जिस प्रकार क्षेत्रीय भोजन और पहनावा होता है उसी प्रकार क्षेत्रीय वाक्‌दोष भी होता है। यह भी कह सकते हैं कि कुछ क्षेत्रीय रोग भी होते हैं जैसे पूरब में हाइड्रोसील बहुत होता है। बिस्कोहर में ऐसे लोग अक्सर मिल जाते थे जो 'स' को 'फ' बोलते थे। बहुत दिनों तक बिसनाथ यह समझते रहे कि शायद यह फैशन है। एक सज्जन थे। वे हमेशा यही कहते थे कि, ''बिफकोहर बाज़ार फे हमको गैंफड़ी टेफन जाना है'' (बिस्कोहर बाज़ार से हमको गैंसड़ी टेशन जाना है)। छोटके काका जब उनको देखते थे तो नकल उतारते हुए कहते थे, ''बिफ़कोहर फे फड़क जात है गैंफड़ी टेफन को, जाइए फड़किए फे।'' इस तरह 'स' को 'फ' बहुत लोग बोलते थे। यह वहाँ का क्षेत्रीय वाक्‌दोष था।

अश्लील शब्दों का प्रयोग इतने खुले रूप में, धड़ल्ले से होता था कि उनका सारा अश्लीलत्व ही क्षरित हो गया था। वे अश्लील न रहकर सामान्य शब्द हो गए थे। बैजल्ला, कबड्डी, चिक्का, आदि खेलों में, कौड़ा तापते हुए, पंचायत में, यहाँ तक कि पारिवारिक भाषा में भी अश्लील शब्द सहजता से बोले जाते थे। ऐसा केवल बिस्कोहर की भाषा में ही नहीं है, यह सब जगह पाया जाता है। लगता है कि यह हर देश की भाषा में है।

इस प्रकार बिस्कोहर के भाषा-विज्ञान की ये कुछ विशेषताएँ थीं।

जनकदुलारी हमारे गाँव की

काकी का नाम जनकदुलारी है। पूरब में काकी चाची को कहते हैं–चाची यानी काका की पत्नी। जनकदुलारी काकी का नाम तो बिसनाथ को इस बार गाँव जाने पर पता चला लेकिन उनके बारे में श्यामसुन्दर उर्फ सूसे ने दो-तीन बार पहले ही बता रखा था। सूसे काका नोंन-गुड़, हल्दी, मसाला का बोकचा पीठ पर लादकर गाँव-गाँव बेचने जाते थे। लखाही गाँव में उनकी भेंट जनकदुलारी से हुई। सूसे काका ने ताड़ लिया–बात चलाई–आखिरकार घुट्ठी तिवारी साइकिल पर, खड़ी दोपहर में जनकदुलारी को लेकर बिस्कोहर आए। घुट्ठी तिवारी का असली नाम अयोध्या प्रसाद था, वे बिसनाथ के, पट्टीदारी में काका लगते थे।

काकी की शादी पहले कहीं और हुई थी। आदमी उमर में थोड़ा पक्का था। पूछने पर काकी ने बताया–"उमिर तो रहै हमका गोद में लैके खिलावै के और करैं सक-सुबहा ! कौनो सुख नहीं जाना ! जैसे कन्ता घर रहे वैसे रहे बिदेस। दाना न घास खरहरा दोनों जून। हम रहैं मजबूत–भागि आए मायके। बाप ने समझ लिया। बोले–"तुम बिटिया नहीं बेटवा हो, घर का काम करो और रहौ, कोई ससुर कुछ कही तौ देख लेब।"

जनकदुलारी खेत में काम करतीं, बैलों को सानी-भूसा करतीं, माँ मर चुकी थीं, भाई छोटे-छोटे थे। बाप नामी सरकश। लोग डरते, कोई इधर-उधर करे तो खेत फूँक दें, बैल हँकवा दै, नहीं तो साले का घर फूँक दें। थानेदार, पुलिस अक्सर उन्हें पकड़ ले जाती। जनकदुलारी को न बाप की हरकतें पसन्द आतीं न पुलिस की। लेकिन एक बार गजब हो गया। थानेदार आए और बाप को गाँव के बाहर बाग में बुलवा गाँववालों के सामने पिटवाने लगे। बाप को बँधवा दिया। रिश्तेदार जो खार खाए बैठे थे, थानेदार को कुछ सुँघाया–सरकार इसकी बेटी भी जालिम है, नाक कटाकर मायके में कमाती है। थानेदार बोला–क्यों जी, बुलाओ जनकदुलारी को–देखें कैसी है। सिपाही घर पहुँचे तो काकी ने कहा–"थानेदार होंगे अपने घर के। बाप को पीट रहे हैं, का बतावैं लड़का होती तो खून-कतल होइ जाता। थानेदार से कहो जनकदुलारी को न छेड़ें, खून नाच रहा है।" और

रोने लगीं। सिपाहियों ने कहा—"ज़्यादा नखरा न बघारो, चार हंटर पड़ेगा तो नशा हिरन हो जाएगा। सीधी चली चलो नहीं तो झोंटा पकड़कर ले जाएँगे।"

जनकदुलारी ने दौड़कर दरवाजा बन्द किया और अन्दर से बोली—"अच्छा ई बात है तो जाके कह दो अगर असल के हैं तो आकर झोंटा पकड़ कर घसीट ले जाएँ।"

उधर लाठियाँ पटकते, गालियाँ बकते सिपाही थानेदार के पास चले। इधर जनकदुलारी ने बाधी (बनकस की रस्सी) बाँधना और गंडासा पहटना शुरू किया।

थानेदार आगे-आगे बूट पटकता तमतमाता आया। दरवाज़े के किनारे काकी खड़ी थी। वह जैसे ही नज़दीक आया काकी ने बाधी उछालकर फाँसा और गंडासे से गच्च् से वार किया। लेकिन थानेदार पहने था हैट। हैट पट्ट से कटा, साथ में थानेदार की जुल्फी। लेकिन सर बच गया। पागल की तरह बेतहाशा चीखता हुआ भागा। यह सब देखकर गाँव वाले भी शेर बन गए। "...मारो स्साले थानेदार को, गाँव की नाक कट गई तो रहा क्या। बुधई पांडे (जनकदुलारी के बाप) चोरी-डाका करते हैं तो क्या ई साला गाँव की बिटिया को बेइज्जत करेगा—" थानेदार भगा...सिपाही खेत में होकर भगे, कइयों को एक-दो लाठी पड़ी, कइयों को नहीं, दहशत में गिर-पड़ गए, उनके हाथ-पैर फूट गए।

जनकदुलारी का रौब मच गया। आदमी हो तो थाना-पुलिस पीटे। कुछ हो, गाँव—जंवार एक हो तो जवान लड़की को बेइज्जत करने की हिम्मत पुलिस में नहीं। जनकदुलारी काकी बोलते-बोलते खिलखिलाने लगी। हँसते-हँसते दुहरी हो गई—"बिसनाथ बाबू ई तो जानत हो कि लखाही गाँव में हिजड़े रहते हैं। सच मानो बाबू वे भी पुलिस को खदड़ने लगे। दौड़े तो उनकी साड़ियाँ फसर-फसर इधर-उधर हों।"

"अब कौन कह सकता है कि लखाही में हिजड़े रहते हैं काकी ! लेकिन तुम फिर सूसे काका के कहने में कैसे आईं" बिसनाथ ने पूछा।

"सब किस्मत का चक्कर। भाई हो गए बड़े, बड़के भइया की सादी हो गई, मेहरारू किन-किनही। बड़के भइया मेहर-बस। हम समझ गए कि बस, अब हमारा दाना-पानी उठ गया। एक दिन बाप को खिला रही थी तो पूछा—बप्पा हम न रहें तो तुम्हें बहुत तकलीफ होगी न। बप्पा ने सर ऊपर उठाया, गौर से घूर कर चेहरा देखते रहे, बोले—जाना होगा तो दोपहर में जाना रात-बिरात नहीं, उमिर तुम्हें काटनी है—और हमारी ओर से न हाँ, न ना।" बपई वह दिन देखने को रह भी नहीं गए। न खाँसा, न खूँसा। ऐसे पड़े-पड़े एक दिन देह छूट गई। हम अनाथ हो गईं।" काकी रोने लगी, जोर से नहीं। बस रोतीं और नाक छिरकतीं, मानो

जुकाम हो गया हो और नाक बह रही हो।

"बस यह सुसवा एक दिन नोंन-भेली बेचने आया। बोला–बहिनी ऐसे कब तक काटोगी, अपना घर, अपना घर होता है, ऐसे न हो तो देस-दुनिया सादी-ब्याह क्यों करे।"

"तब का करी साहू ! केकरे साधे उढ़िर जाई।"

"अरे बहिनी का बात करती हो, तू हाँ तो करो, एक से एक बैठे हैं। हमरे बिस्कोहर में ही राजा बाबू हैं–का नहीं है, खेत, बगिया, अपना हिस्ट-पुस्ट 20 साल कै उमिर, सोना जैसी देह घुट्ठी तिवारी की है, एक झाँपड़ मारै तो बड़े-बड़े मूत मारै।"

"हम बिना देखे-सुने का कहैं।"

तुम्हरे काका कमीज-पैजामा पहिने बगिया में खड़े थे। इहै दुपहरिया का वक्त। का बताई बाबू मन में पता नहीं कैसा लगा। बप्पा थे नहीं, भौजी मैके थीं, भाई खेत में थे, हमने घर में ताला लगाया और तुम्हारे काका के साथ चल दी। आगे-आगे तोहरे काका, पीछे-पीछे हम, हमरे साथ सूसे बनिया बोकचा पीठ पर लादे। गाँव का सिवान पार हो गया तो तोहरे काका के पास दौड़ आयी। सूसे पीछे छूट गए। तोहरे काका सरमाने लगे। बोले–तनी दूर-दूर चलो, नहीं तो लोग सक करेंगे। अब हमरे लज्जा-सरम कहाँ ! कहो भइया ! जेकरे वास्तें गाँव-गढ़ी छोड़ा ऊ दाढ़ीजार कहैं दूर-दूर चलो। हम बोली–"ए तेवारी...में दम नाहीं है तो अभी कुछ नहीं बिगड़ा है। हम जाएँ घर। हिम्मत है तो साइकिल पर आगे हत्था पर बैठाकर सरेआम लै चलो। जैसे सिनेमा में होता है, नाहीं तो कहाँ बिस्कोहर औ कहाँ लखाही।"

तोहरे काका हिम्मत तो कर गए लेकिन रास्ते भर मूँड़ी नवाए रहे। न इधर देखैं न उधर। पिपरा तहसील पहुँचकर हमने कहा–ए मनसेधू ! हमें भूख लगी है। जिलेबी-लड्डू खाया। तब संझा तक बिस्कोहर अपने घर पहुँचे। अरे तब हम ऐसे नहीं थे। तोहरे काका से हम जबरे थे। फुसफुसा कर धीरे बोलीं–तुमसे का छिपाना तुम्हारे काका भी जानते हैं हम उमिर में उनसे दो-तीन साल बेसी हैं।

जनकदुलारी काकी के कारन एक और महाभारत मचा। बिस्कोहर में मंगल को बाज़ार लगता है। बाज़ार भी समझिए और मेला भी। आदमी खरीद-फरोख़्त करने, रंग-रौनक लेने बाज़ार की सैर ज़रूर करते हैं। बाज़ार कस्बे के बाहर शिव चरन पोखरा के पास बाग में लगता है। वहाँ कुआँ है, प्राइमरी स्कूल है, मवेशी खाना है। कहते हैं 1857 में अंग्रेजी फौज की छावनी इसी बाग में थी। कमसार गाँव यहाँ से दो-तीन मील पर है जहाँ अन्तिम पेशवा छिपकर ठहरे थे। तुलसीपुर,

उतरौला के राजा के घर रुके थे।

हुआ यह कि काकी की पुरानी ससुराल के कुछ गुण्डे रिश्तेदार उनके एक भाई के साथ लाठी-डंडा लेकर बिस्कोहर तीसरे पहर पहुँचे, मंगलवार बाज़ार के दिन। घुट्‌ठी काका घर पर नहीं थे। काकी सो रही थीं, उनकी सास गा रही थीं। सामने परगट गोंसाई पंखे की डंडी से पीठ खुजला रहे थे। परगट गोंसाई थोड़ा-थोड़ा हकलाते थे लेकिन ताड़ते बहुत थे। लाठीधारियों ने कहा—'नमो नारायण परगट गोंसाई'।

"नमो नारायण क् क् काऽऽ है हो। तुऽऽ ऊ कौऽऽन ल् ल् लोग हो।"

"घुट्‌ठी कहाँ है, उनके मेहरारू कहाँ हैं ?"

"घुट्‌ठी गए ब् ब् बजार। उनके म् म् मेहरारू क् क् क् का करबो।"

परगट गोंसाई घर के पीछे से दौड़कर जब तक आगाह करें लट्‌ठधारी घुट्‌ठी के घर में घुस गए। काकी ने दरवाज़ा बन्द कर लिया—"हम उहै जनकदुलारी हैं जे थानेदार पर गंडासा मारा था। वै बचि गए तू लोग न बचबो। लट्‌ठधारी लाठी के हूले से दरवाजे को धक्का देते। एकाध झाँपड़ सास को लगाए। परगट गोंसाई दौड़े बाज़ार की ओर चिल्लाते हुए—आवेश में कभी ज़्यादा हकलाते, कभी बिल्कुल ठीक—द् द् द् दौड़ो घ् घ् घुट्‌ठी के म् म् मेहरारू को पकड़ने आए हैं।

मुहल्ले से लेकर बाज़ार तक हल्ला मच गया। औरतें घर से बाहर निकल पड़ीं—जो जैसइ तैसइ उठि धावा। कहारिन दाई शोर मचाते दौड़ीं—घुट्‌ठी की मेहरारू को पकड़ने आए हैं। लक्खा बुआ दौड़ीं, मुर्गियाँ कुड़कुड़ाईं, कुत्ते भूँकने लगे। कुद्‌दन मिसिर ने हाँक लगाई—देखो जाने न पावे—घेरो, मारो सालों को। घुट्‌ठी बाज़ार में गोश्त खरीदने का जुगाड़ लगा रहे थे। साधु लोकल नेता थे, बोले—अरे घुट्‌ठी तू हियाँ गोश्त खरीदत है, हुआँ तोहरे मेहरारू को सारे पकड़े लिए जात हैं। घुट्‌ठी बेतहाशा दौड़े—साथ में सिरीराम, हरीराम, गोजर।

अब जो पिटाई हुई तो क्या कहना। मारैं पचास गिनैं एक। दे डंडा, दे जूता, दे लात। जनकदुलारी काकी अकेले दो से जूझ रही थीं। उनके गाल, गर्दन, बाँह पर चोट के निशान दिखाई दे रहे थे। वे दोनों हाथों में हँसिया लिए भाँज रही थीं—जो एक एक का नाक-कान न काट लिया तो बुधई पाण्डे की औलाद नहीं—अरे हँसिया छीन लोगे तो दाँतै से कचाकच्च चबा जाऊँगी।"

काकी को झोंटा पकड़कर ले जाने का हौसला रखने वाले लट्‌ठधारी भगे। उनके पीछे घुट्‌ठी और बाज़ार वाले दौड़े—ऐसे कहाँ जाओगे—अब हाँ ठीक से कुटाई नहीं हुई। दो आदमी अरहर के खेत में जा छुपे। उन्हें टाँग से घसीटते हुए शेर सिंह और बुद्‌धू लाए। जनकदुलारी काकी पहचानकर बोलीं—अरे ई तो हमारे

पहेलकू (पहले पति) के मामा हैं। भइया इनकी खातिरदारी ठीक से करो। शेर सिंह ने अपने छोटे लड़के दिनेश से कहा–लाओ आधा सेर पेड़ा। अब दोनों मामाओं के मुँह में दो पेड़ा ठूँसा जाता और दो जूता लगाया जाता। लोगों ने कहा घुट्ठी का और उनकी दुलहिन का मारना ठीक नहीं। शेर सिंह, कुद्दन जबरदस्त है। साले मर न जाएँ। यह काम सूसे काका को सौंपा गया। जब तक पेड़ा खतम न हुआ दो पेड़ा मुँह में और दो जूता सिर पर पड़ता रहा।

जनकदुलारी काकी के बच्चे हुए। सूसे काका ने बोकचा ढोना, लखाही जाना बन्द कर दिया। घुट्ठी काका ने चोरी-नकबजनी तो छोड़ दी लेकिन एक बहुत बुरी लत पड़ गई। काकी बोली–बाबू ई दहिजरक पूत लच्छमीनरायन भूज का कहत है–कौनो टिकिया बेचत है। उहै खाए दिन भर औंघात (ऊँघे) रहत हैं।

बिसनाथ ने कहा–मैंड्रीक्स काकी, मैंड्रीक्स। बोलीं–हाँ बाबू उहै, सिरीराम भी खात रहे। एक दिन अपने आपै को फूँक लिया–कौनो तरीके से बचे। हाथ-गोड़ पर पट्टी अबहीं बँधी हैं। बाबू तू तौ दिल्ली रहत हो। मन्त्री लोगन से कुछ कहौ–बन्द नाहीं कराइ सकते ई सत्यानासी मैंड्रीक्स कै बिक्री।

बिसनाथ ने कहा–काकी हिम्मत न हारो, काका को सँभालो।

काकी बोली–सँभलेंगे कैसे नहीं तोहरे काका। आपन उनकै जिउ एक कर देव।

अम्मा-दादा

पूज्य पिता ने जल से सींचा माँ ने सौंपी अपनी माटी
इन दोनों के महामिलन से ही निर्मित यह अपनी काठी

—कृष्ण मुरारी पहाड़िया

पिता को बिसनाथ दादा कहते थे। माँ को अम्माँ, बड़ी बहन चनपरभा (चन्द्रप्रभा) उन्हें भइया कहती—बड़के काका और छोटके काका की देखा देखी। दादा की याद आते ही उनका चौड़ा सीना और अम्माँ की याद आते ही उनके पेट की गंध याद आती है। माँ के पेट का रंग था मानो हल्दी डालकर पूड़ी बनाई गई हो। दादा को हड़बड़ी में चलते या दौड़ते कभी नहीं देखा। सदैव विश्वस्त डग भरते हुए—सहज बिलम्बित मन्थर गति से चलते हुए देखा। सिर्फ एक बार बहादुर नाऊ को मारने के लिए उन्हें झपटते हुए देखा है।

उन्होंने शायद ही कभी बिसनाथ को अपने बिस्तर पर सुलाया हो, शायद ही कभी प्यार किया हो, दुलराया हो। अपनी थाली में खाना खिलाया हो या नहलाया हो। कभी तारीफ की हो, या शाबाशी दी हो। बिसनाथ की पढ़ाई की और लोग तारीफ करते तो वे चुप रहते। कभी-कभी कहते—हम्मै का करै, का पठिहैं लिखिहैं अपने लिए। भीख मगिहैं ससुर अपने लिए।

बिसनाथ बीमार पड़ते तो दवाई के लिए दौड़-धूप करते। लेकिन पास बैठकर दुखी होना, माथे पर हाथ फेरना या घबड़ाना-रोना कभी नहीं। यह सब काम अम्माँ का था।

विचलित होते हुए सिर्फ दो बार देखा—वे बाहर गए थे कुछ दिनों के लिए। बिसनाथ दर्जा पाँच में थे। वे लौटकर सीधे स्कूल आए। मौलवी साहब ने कहा—तुम्हारे वालिद बुला रहे हैं। बिसनाथ उनके पास गए। वे बैठे थे। उन्होंने बिसनाथ को दो पैसे दिए। अपना गाल बिसनाथ के गाल से सटा कर एक मिनट बैठे रहे। प्यार के नाम पर दादा की सिर्फ यही घटना याद आती है। बिसनाथ को बहुत असहज लगा। दादा ने बिसनाथ से नहीं मौलवी महबूब खाँ से

कहा—"कल पचपेड़वा टेसन पर सो गया। सपना देखा कोई कह रहा है—तोहार बड़का लड़का नहीं रह गवा।"

दूसरी घटना गोंडा जेल की है। 1948 में आर.एस.एस. पर से प्रतिबन्ध हटाने के लिए सत्याग्रह में बिसनाथ जेल गए। वे 16 वर्ष के थे। जेल में मिलनी के लिए दादा आए। मिलनी का समय 15 मिनट का था। बिसनाथ जेल के कपड़ों मे थे। वे 13-14 मिनट तक बिसनाथ को देखते रहे। ओंठ फड़फड़ाते रहे। आँसू आँखों से बाहर नहीं निकल रहे थे—मिलनी खतम होने पर जाते समय बोले—

"माफी तो तुम मँगिहौ नाहीं।" और बाहर चले गए।

तब संयुक्त परिवार में अपने बेटे-बेटी पर प्यार जताने की रीति नहीं थी। बाबा, काका देखभाल करते। माँ नहीं, दादी देखभाल करतीं। अपने बेटे-बेटी को गोद में लेकर घूमना या प्यार करना बेशरमी और कलजुग का प्रभाव माना जाता था। दादा एक बार अम्माँ, छिटाई पंडित, रामअधार बनिया के साथ चारों धाम पर गए। लौटते दिल्ली आए। सभी बैठे थे कि छोटी बेटी सीमा घुटनों के बल सरकती हुई आई और बिसनाथ की टाँगे पकड़कर खड़ी हो गई। बिसनाथ परेशान उसको बार-बार परे हटाएँ, वो न हटे। बिसनाथ से अपनी अस्पष्ट बोली में कुछ बात भी करे जाए।

दादा ने यह स्थिति देखी। गर्वपूर्वक छिटाई पंडित और रामअधार की ओर देखा, बोले—

"बिटिया को उठाय लेव, उठाय लेव। का करौगे। जब हम लोग हियाँ रहते ही नहीं, तब तुम्हीं को जानैगी।"

समूची मंडली ने बिसनाथ की शरमदारी और सतजुगी व्यवहार की भूरि-भूरि प्रशंसा की।

लेकिन सतजुगी व्यवहार तो दादा का था। जिसे दादा से झगड़ा होने पर अम्माँ ने बिसनाथ को बताया।

'यैं (ये) शुरू से ही ऐसेइ थे। तू छोट रहेव। खेलत-खेलत सड़क पर चले गएव। वोहर से लढ़िया (बैलगाड़ी) आवत रही। सरम के मारे तुहैं नाही उठाइन। वो तो कहौ, बप्पा ने देख लिया। तुहै दौड़ि के उठाइन। तब इनका दुइ झाँपड़ दिहिन—का सारै लड़िकवा कुचल जात तब तूँ दौड़ितेउ।

दादा-अम्माँ जब एक साथ होते, कोई न कोई—ज़्यादातर दादा, कहते—

का हो, होत तौ रामलखन अब कै साल कै होत।

अरे अब दाढ़ी मोंछ वाला होत।

फिर दोनों चुप हो जाते। थोड़ी देर तक—फिर और बातें करने लगते। या

काफी देर चुप्पी के बाद अम्माँ कहतीं–

जाइ देव, तकदीर आपन आपन करम–

रामलखन बिसनाथ के बड़े भाई का नाम था जो बिसनाथ के पैदा होने के 7-8 वर्ष पूर्व मर गया था। वह बहुत स्वस्थ था। तेवारी खानदान के लड़कों की तरह, बिसनाथ जैसा छोटे कद का मरघिल्ला नहीं। वह गाँव के ज़मींदार बाबू के यहाँ ज़्यादा रहता। वहीं खाता-पीता। सुन्दर-स्वस्थ था। बाबू के घर की औरतों के बीच प्रिय था। अम्माँ मैके गई थीं। उसने बाबू साहेब के यहाँ रात का रखा गोश्त खाया। बुख़ार आया, झटपट मर गया। दादा ने एक दिन पहले स्कूल न जाने के लिए मारा था। यह सोचकर वे बहुत दुखी होते। अम्माँ का यह शक नहीं मिटा कि उनके सुन्दर-स्वस्थ लड़के से ठकुराइनों को ईर्ष्या हुई और रामलखन को उन्होंने जहर देकर मार डाला।

अम्माँ के पेट में दर्द होता। कहतीं–रामलखन के बाद हम एतना रोईं लेकिन रोवै से का। तब्बै से हमरे पेट मां बाव-गोला हो गया।

नाउन दाई से अम्माँ कहतीं–"अइया। हम सपना देखी। साधु हमको एक बच्चा दे रहे हैं। लड़कवा करिया (काला) रहै हम कहा–ना हम्मैं करिया नाहीं गोरहर लड़िका चाही। ई लड़िका हम ना लेब"।

बिसनाथ माँ को दुखी देखकर बहुत दुखी होते। रामलखन से ईर्ष्या होती कि अम्माँ उनके लिए इतना रोती हैं। माँ को ढाढ़स बँधाते–"अरे अम्माँ, हमही तौ होई रामलखन। हम फिर आए गयन।"

अम्मा सन्देह से देखतीं–ना बड़का बाबू रामलखन तुहसे जबरदस्त था। एतना बड़ा कपार। लम्बा, चौड़ा।

बिसनाथ उदास हो जाते–अम्माँ चिपका लेतीं। तोहरे पैदा भए से तो हम दुनियाँ मां रहि गएन। हमरे पथरे पर तो दूब जामा। और चिपटा लेतीं। अम्माँ को जोर से रोते कभी नहीं सुना। हमेशा सुबकतीं। नाक फड़फड़ाती।

दादा लम्बे, छरहर, गोरहर थे। आत्मविश्वास पूर्वक लम्बे डग भरते हुए चलते तो आजानुबाहु लगते। गाँव में जमीन की खरीद-बिक्री हाथ से नाप कर होती–बीस हाथ जमीन पच्चीस हाथ जमीन। खरीदने वाले आरजू-मिन्नत करके दादा को जमीन नापने के वास्ते ले जाते। बाबू के दरवाजे से रात को देर से लौटते। रात के सन्नाटे में एक फर्लांग की दूरी से उनके पैरों की धमक सुनाई पड़ती। चौके में खाना बनाती हुई अम्माँ कहतीं–तोहार दादा आवत हैं, रोज देर कर देते हैं। चलो ! जल्दी-जल्दी तरकारी छौंक दे। अउते खाना मँगिहैं।

दादा के आते ही बच्चे सतर्क, सहमे और आश्वस्त। अब दादा हैं, सब ठीक

है। बिसनाथ ने उन्हें श्रम करते बहुत कम देखा। श्रम घर के और लोग करते। घर का, खेत का। वे दोनों हाथ पीछे बाँधकर चहलकदमी करते। सबको डाँटते, नुक्स निकालते। सब चुपचाप सुनते कोई बोलता नहीं। वे अपने भाइयों में सबसे बड़े थे। दोनों काका उन्हें भइया कहते।

दादा रामकिसोर, भरत किसोर सम्बोधन करके बुलाते। रामकिसोर बड़के काका, भरतकिसोर छोटके काका। तीनों भाइयों में सबसे जबरदस्त, लम्बे मज़बूत बड़के काका थे। गोरे और सुन्दर भी सबसे। उजड्ड और लंठ भी। कुश्ती लड़ते थे, मारपीट करते थे। धोती ढीली पहनते थे। एक बार सड़क पर किसी को पीट रहे थे, धोती खुल गई। मारने में इतना तन्मय थे कि उसे नंग-धड़ंग ही पीटते रहे। इस घटना का वर्णन करते हुए बड़की काकी हँस-हँस दोहरी हो जाती—बड़की काकी भी बहुत सुन्दर थीं—अभी बुढ़ापे में भी सुन्दर लगती हैं, मिसराइन बुआ उन्हें 'पतरका' (पतली शरीरवाली) कहतीं।

तीनों भाई ताकतवर थे। कुश्ती लड़ते थे। कुश्ती लड़ने में सबसे मशहूर बिन्दा तेवारी। इनके मँझले काका थे। बड़का काका ताक़तवर थे, दाँव-पेंच से ज़्यादा ताक़त का इस्तेमाल करते। कहते—सारे को बैठा दिया, पकरि कै तूर (तोड़) दिया।

बड़का काका ने एक बार अपने पुत्र से क्षुब्ध होकर बिसनाथ को एक घटना सुनाई।

"ई सारे संतपरसदवा (पुत्र) को देखो। हम मजबूत न होते तो हमको तो बैठा देता साला। एक ऊ दिन रहा का बतावैं।

"भउजी (बिसनाथ की अम्माँ) नई-नई आई थीं। खाना परसने में देर कर दी। भइया घर पर थे नहीं। हम सीधा चौका में गए। भउजी को एक घूँसा मारा। भौजी रोने लगीं। हम डरे। भइया हमको मारैं ना। भइया आए तो हम डर के मारे चुप्प। भौजी गुस्से में चूर। हमने भइया से सब बता दिया। भइया हँसकर बोले—चल रमकिसोरवा, चौके में से खाना निकाल। हम दोनों भाई खा लेते हैं। तोहार भउजी भूख के मारे बिल्लायगी तौ खुद ही बोलेगी।" कहकर बड़का काका रोने लगे। "औ एका सारेक देखो। मेहरारू के कहे हमसे बाजि परा।"

एक बार किसी ने सीख दी। भइया से आपन खेत बाँट लो। तुम्हारा भी तो हिस्सा है। दादा ने सुना—रामकिसोर खेत बँटवा रहे हैं। लखा के घर पर बड़का काका बैठे थे। तब तक वे भी जबरदस्त हो गए थे। भइया से एकाध हाथ कर सकते थे। भइया ने देखते ही उतारा जूता, लगे मारने। लेव सार। बँटाओ खेत। दे जूता, दे लात और बँटाओ खेत।

बड़का काका जूता-लात खाँय और यही बोलैं—और मारो भइया,और मारो।

बड़का काका उद्यमी थे। पहले शोहरतगढ़ बिन्दा काका के साथ रहे फिर बढ़नी में बर्तन की दुकान खोली। भट्ठा लगवाया। 150-200 बीघे खेत खरीदे। पक्का मकान बनवाया। सिनेमाघर चलाया। ट्रैक्टर खरीदा। बन्दूक का 'लैसन्स' लिया। चुनाव में केन्द्रीय मन्त्री केशवदेव मालवीय की ओर से वोट गिरवाते। मालवीय जी की लड़की की शादी में दिल्ली आए थे। मॉडलटाउन से शादी में शामिल होने के लिए घर से निकले तो सिर पर गांधी-टोपी लगा ली।

बड़का काका की मृत्यु कैंसर से हुई। खैनी-तम्बाकू मुँह के किनारे दबाकर रात में सो जाते थे। कानपुर में इलाज कराया। दिल्ली नहीं आए। शादी में बिसनाथ से नाराज हो गए थे। जब तक बिसनाथ उन्हें लाएँ, वे चले गए।

छोटके काका के पता नहीं कैसे दो नाम पड़ गए। भरतकिशोर और बालमुकुन्द। अम्माँ उन्हें मुकुन्दे कहतीं। बिसनाथ और शेरसिंह को सबसे ज़्यादा उन्होंने ही खेलाया, प्यार किया है। दोनों उन्हीं से हिले थे। छोटके काका साँवले और अपेक्षाकृत छोटे कद के थे। लोग उन्हें खूँटी भी कहते। कुश्ती बहुत अच्छी लड़ते थे। मारने में अव्वल। गाने के शौकीन। भाँग-अफीम का चस्का।

गोदी ही में थे कि माँ मर गई। अम्माँ बतातीं कि हमारी शादी हुई तो मुकुन्दे गोदी ही में थे। अइया मरीं तो हम ही उनको अपने साथ सुलातीं, गुह-मूत करतीं। छोटके काका अपनी माँ को नहीं जानते। भउजी को ही माँ जानते हैं।

छोटके काका को पशु-पक्षियों, बर्रे, ततैया, साँप आदि से बड़ा प्रेम था। माँ बताती थीं कि वे बचपन में गुल्ली-डंडा, कंचा-गोली बहुत खेलते थे। नदी किनारे श्याम धवला (एक चिड़िया) पकड़ने बहुत जाते। वे दो डोंड़हा साँपों को एक-दूसरे से बाँधकर माला की तरह पहने घूमते। जेब में बर्रे, ततइया भरे रहते। भुरकी (मिट्टी की डिब्बी) में बीछी (बिच्छु) पाले रहते। कुश्ती लड़ते, ढोलक, बाँसुरी बजाते। गांव, मुहल्ले, जवार में निहायत लोकप्रिय। कुसंग में पड़कर एकाध बार चोरी भी की। इश्कबाजी का भी शौक रहा होगा।

बिसनाथ की बहुत तारीफ करते। पढ़ाकू होने के कारण। छोटके काका भी पढ़ने में तेज़ थे। दर्जा चार पास किया तो आगे भी पढ़ना चाहते थे। लेकिन दादा ने साफ कह दिया—पढ़ना हो तो पढ़ैं लेकिन जहाँ पढ़ैं वहीं खाँय। अब छोटके काका कहाँ जाते। बिस्कोहर में ही मटरगश्ती, यारबाज़ी करने लगे। उनका बचपन और केशौर्य उपेक्षा में बीता। दादा से किसी की नहीं पटती थी। न बड़े की न छोटे की।

बड़का काका उन्हें छोड़कर बिन्दा बाबा के पास शोहरतगढ़ चले गए। उनकी

शादी वहीं बिन्दा बाबा ने कराई। छोटके काका भी तंग आकर दादा को छोड़ गए। बड़के काका के पास बढनी चले गए। उनकी शादी बड़के काका ने कराई। दोनों की शादी सगी बहनों से हुई। बिन्दा बाबा की तीसरी शादी भी इन्हीं सगी बहनों की बड़ी बहन से हुई थी। तीनों बहनें एक ही घर में आईं।

छोटके काका को सहारा बड़के काका ने दिया। लेकिन अन्दर से उनकी पटरी आपस में कभी नहीं बैठी। दादा ने तो बढनी जाना—बड़के काका के यहाँ खाना-पीना तक छोड़ दिया था।

बिसनाथ की पढ़ाई में बड़के काका मदद कर देते थे—यह भी दादा को पसन्द नहीं था। खुद कुछ खर्चा दे नहीं सकते थे। कोई दूसरा देता तो बुरा लगता।

लेकिन तीनों भाइयों में अन्दर-अन्दर बहुत प्यार था। दादा काफ़ी कठकरेजी थे। मोह-माया जाहिर नहीं होने देते थे। बड़के काका बहुत मोहगर थे। रोने लगते। छोटके काका भी। दादा की मोह-माया कभी-कभी ही प्रकट होती।

बड़के काका की मौत का समाचार पाकर बिसनाथ बढ़नी पहुँचे। रात हो गई थी। बहुत रोए। जब बिसनाथ छोटे थे तो वे कुएँ पर नहलाते हुए कहते—का रे बाबू, जब तैं बड़ा होबे तब हमरौ सेवा करबे कि नाहीं।

बिसनाथ कहते—जरूर करब काका और बिसनाथ उनकी कोई सेवा नहीं कर पाए। अन्तिम समय में कैंसरग्रस्त बड़के काका शरीर और धन दोनों से क्षीण हो गए थे। अन्तिम समय में वे बिसनाथ से नाराज थे। बाद में एक बात से और नाराज़ हो गए। दादा ने उन्हें वह फोटो दिखा दी थी जिसमें इन्दिरा गांधी बिसनाथ को सोवियत लैण्ड नेहरू पुरस्कार दे रही हैं। काका समझते इन्दिरा गांधी बिसनाथ को जानती-मानती हैं—देखो न। कैसा मुस्करा रही हैं। तब क्या ये कह दें तो हमारा बन्दूक का लैसन्स बहाल नहीं हो जाएगा। चलो, इन्दिरा जी से न सही, सुभद्रा जोशी से ही कह दें और बिसनाथ इस मामले में अव्वल नम्बर के मुँह दुब्बर। कहाँ इन्दिरा गांधी, कहाँ सुभद्रा जोशी। लेकिन काका ने सोचा बिसनथवा जानबूझकर हमारा काम नहीं करा रहा है। इसी गुस्से में आखिरी भेंट में बड़के काका ने बिसनाथ से सिनेमा देखने के लिए भी नहीं कहा। नहीं तो वे सिनेमा हॉल में सबसे पीछे कुर्सी डलवाकर बिठाते थे। थोड़ी देर बाद मूँगफली और रसगुल्ला भिजवाते थे। बढ़नी में मिठाई, चाट और पान बहुत अच्छा मिलता है।

बिसनाथ बढ़नी पहुँचे तो दादा नहीं थे। बड़के काका की अन्तिम बीमारी में वे प्रायः उनके पास रहते। तेरही के बाद घरवालों का खाना होता है। जिसमें भात और डुबकी (बेसन की पकौड़ी की रसदार तरकारी) बनती है। दादा मैली लुंगी पहने नंगे बदन खा रहे थे।

भोजन में घर पर हम लोग कमर के ऊपर कपड़ा नहीं पहनते। दादा ने अगूँठा दबाकर फोड़नी चाही। फिर गुस्से से चीखकर बोले—"कैसी डुबकी है ई फूटती ही नहीं। डुबकी के बनावा है ?"

बिसनाथ ने क्षोभ से सोचा—"वाह दादा, भाई मर गया इसका अफसोस नहीं। डुबकी अच्छी नहीं बनी, इसका इतना गुस्सा।"

खा-पीकर लोग घर के सामने पेड़ की छाया में बैठकर बातें करने लगे। दादा ने बिसनाथ से कहा—बिस्कोहर चले जाव ! अम्माँ से मिलते जाव। बिसनाथ ने कहा—तुहूँ चलौ। दादा सहसा ज़ोर-ज़ोर से रोने लगे। आँखों से झर-झर आँसू। उन्हें ऐसा रोते कभी नहीं देखा था। कैसे जाएँ उसके बौरहा धौरहा, बावले (मूर्ख) बच्चों को छोड़कर। रमकिसोरवा पाँच आदमी के बराबर अकेले काम करता था और दादा बहुत देर तक चीखें मारकर रोते रहे। बाँध टूट गया संयम का। बिसनाथ ने उन्हें रोते कभी नहीं देखा था। भावावेश में प्रायः मार्मिक बात सुनकर उनके होंठ फरफराने लगते थे। चुपचाप आँसुओं की धारा बहती थी। ज़्यादातर तुलसीदास का रामायण बाँचते समय। या गांधी जी या नेहरू आदि की बातें करते हुए।

दादा-अम्माँ को साथ ही देखने की सबसे पुरानी याद। बिसनाथ तीन साल के रहे होंगे। तीन साल की उम्र मे ही मुण्डन होता है। उस मुण्डन में जो लड्डू खिलाया गया था उसका स्वाद बिसनाथ को अभी याद है। तब छोटा भाई शेरसिंह अच्छी तरह चल नहीं पाता था। चलता था गिर पड़ता था। उसके गभुआर बाल थे। पिंगलकेशी था। एक और याद है एक सपने की। उस सपने की याद बिसनाथ को अक्सर आती है। तीन-चार सपनों की याद स्मृति में ऐसे अंकित है जैसे कोई शिलालेख। सपने क्या हैं बिसनाथ की जीवन-यात्रा के चेतन पड़ाव हैं। तो लगभग तीन वर्ष की ही उम्र में देखा गया सपना यह है कि एक अधेड़ स्त्री चौड़े-चकले चेहरे की, जिस पर चेचक के दाग हैं, लाल छींटवाली सलूका पहने दोनों हाथ फैलाए कह रही है—बिसनाथ आ जाओ मेरे पास। मैं तुम्हारी माँ हूँ। सपने में बिसनाथ भयभीत उसकी ओर खिंचे जा रहे हैं। बिसनाथ को अपनी माँ की याद आती है और वे इतने ज़ोर से चीखते-उछलते है कि बिस्तर पर से गिर पड़ते हैं। माँ बिसनाथ को उठाकर छाती से लगा लेती हैं।

कालान्तर में दादा से और अम्माँ से जिस औरत को लेकर अक्सर झगड़ा होता और अम्माँ अकेले में सुबुक-सुबुक कर रोतीं, कभी बिसनाथ से पूछती—का बाबू ऊ सुन्दर है कि हम, उसकी शक्ल और कद-काठी बिल्कुल सपने में देखी हुई औरत से मिलती थी।

दादा रात को बहुत देर से आते। अम्माँ बैठी रहतीं। एक दिन बहुत देर से आए तो अम्माँ रोकर कहने लगीं–

"उसके आदमी के पास बन्दूक है, तुम्हें मार दे तो हमारे बच्चों का क्या होगा।"

एक बार बिसनाथ स्कूल से आए। तीसरा पहर था। एक औरत बैठी थी–काना मुराइन, मुराव–साग सब्जी उगानेवाली जाति। आते ही बिसनाथ का हाथ पकड़कर अम्माँ बोलीं–हम बड़का बाबू के हाथ पकड़कर कहतीं हैं कि हमने ये नहीं कहा–

"तू एकर हाथ पकर के कसम काहे खाएव।" कहकर दादा ने पीढ़ा मारने के लिए उठाया। फिर पीढ़ा पटक कर बोले–"एक थप्पड़ के जिउ हो–हत्यारी के बल पर खेत चरत हिउ, बेटवक कुछ भवा तो बताइब"।

अम्माँ बिसनाथ को पकड़कर रोने लगीं। अम्माँ शायद उस औरत से शिकायत करने उसके घर पहुँच गई थी।

बाद में बड़े होने पर बड़ी बहन ने सब बातें बताईं। उस औरत के पति समर्थ ज़मींदार थे। उन्होंने थाने में मिलकर दादा की हिस्ट्रीशीट खुलवा दी। बड़ी बहन शादी करने लायक–हम दोनों भाई छोटे-छोटे। दादा पकड़ जाने के भय से गाँव छोड़कर बिन्दा-बाबा के पास शोहरतगढ़ भग गए। कुछ दिनों बाद बड़ी बहन और बिसनाथ को वहीं बुला लिया। शेरसिंह और अम्मा बिस्कोहर रह गए।

दादा शोहरतगढ़ बहुत दुखी रहते। रोगी दिखलाई पड़ते। मैले कपड़े पहने रहते। बिन्दा बाबा की तीसरी पत्नी जवान सुन्दर थीं। वे सबको ताने देतीं। दादा से उनकी पटरी नहीं बैठती। दादा ने बिन्दा बाबा को तीसरी शादी करने से मना किया था।

दादा पहलवान थे, कुश्ती लड़ते थे। लेकिन तेवारी खानदान की परम्परा के पुरुष थे। यानी लंगोट के ढीले थे। अम्माँ से मुन-मुन होती। इज्जत थी पैसा नहीं। रहना चाहते थे जमींदारी ठाठबाट से। काम-धाम नहीं करते थे। गुस्सा नाक पर रहता। असहमति बर्दाश्त नहीं कर सकते थे। बात ऐसी बोलते कि आदमी झुलस के रह जाए। उनके और अपने सम्बन्धों को लेकर अम्माँ यह दोहा अक्सर पढ़ती–

चन्दन पड़ा चमार घर नित उठि कूटै चाम
चन्दन बिचारा क्या करै पड़ा नीच रो काम

उनके आलसी स्वभाव पर कहतीं–

कर्म कमण्डल कर गहे कंचन बरसे मेह
माथे छत्र दरिद्र का बून्द न पड़े सरीर

अम्माँ को गीत, गाने, भजन बहुत याद थे। वे बात करते समय हर मिनट दो मिनट पर कोई गीत गाना, भजन या कविता पढ़तीं। किसी से बात करते-करते यकायक काम की याद आ जाती तो कहतीं–

"अरे यतना काम परा है और हम्मैं देखो बात में फँसी है। बिना हरिभजन मुकुत नहि होई।" श्रीरामचन्द्र कृपालु भज मन, पहले उन्हीं के मुँह से सुना। एक गीत गाती थीं–

कहीं टूटै न चरखे का तार चरखवा चालू रहै।

पढ़ना नहीं जानती थीं लेकिन चन्द्रकान्ता, गोदान, शशांक सब रस लेकर सुनती थी। एक बार चौके में साँप निकला। अम्माँ भोजन बना रही थीं। साँप देखकर एक पैर पर खड़ी हुई हाथ जोड़कर बोली–

"हे महाराज ! जे देबी-देउता, पुरखे पुरनिया होउ अपने थाने-पवाने चले जाउ। अबकी नागपंचमी पर तुहैं दूध-लावा चढ़ाइब।"

इस घटना का वर्णन करते समय वे बताती–ऐसा भुजंग साँप, तन डोले मेरा मन डोले और हाथ से फन की मुद्रा बनातीं। हो सकता है कहीं नागिन पिक्चर देखी हो। उसकी यह पंक्ति याद रह गई।

अभावग्रस्तता के कितने रूप और अनुभव माँ से जुड़े हैं। करुणा, असहायता, आशा, उदासी के रूप। माँ भावों की सजीव प्रतिमा। पैसा माँगे, माँ के पास पैसे प्रायः नहीं होते। कहती–होत तो दै देइत, पैसवा तुँहसे प्यारा नहीं है।

बिसनाथ के बीमार पड़ने पर माँ की आशंका जड़ित आँखें। उदास चेहरा। विभिन्न भावों, मनोविकारों का दृश्य रूप क्या होता है। यह बिसनाथ ने माँ के ही चेहरे में देखा है। और वही बिसनाथ के लिए भावों का रूप है। संसार की कोई नृत्यांगना उससे ज़्यादा प्रभाव अपनी मुद्रा से नहीं पैदा कर सकती। गरीबी तो निराकार अवधारणा है। उसे रूप दिया है माँ ने। नारी की सहनशीलता का मतलब बिसनाथ के लिए माँ की सहनशीलता है।

वे खाना बहुत अच्छा बनाती थीं। अपने बनाए खाने पर लोगों ने क्या-क्या तारीफें कीं, सुनाती थीं। सुबह से रात करीब दस-ग्यारह बजे तक काम करती थी। वे सुबह अँधेरे झलफले में पानी भर लातीं। दादा को कुएँ से पानी भरकर लाते हुए शायद ही कभी देखा हो। कभी-कभी अम्माँ बैलों की सानी भी करतीं। कभी-कभी लकड़ी भी काटतीं। सब काम घर के अन्दर ही करतीं। ढेकुल से ओखरी पहुरूआ से धान कुटतीं, आटा पीसतीं। इमली, आम, आँवला की खटाई डालतीं। आम का अमावट डालतीं। प्रायः खुश रहतीं, बात-बात पर गातीं। दुखी दादा के आचरण से या झगड़ा करने पर होतीं। कमी हर चीज की रहती। नमक,

तेल, सब्जी, घी, दूध, मसालों की। माँ कहतीं—सामान पावै तौ बिलार भी खाना बनाइ लेइ।

तिवारी परिवार के लोग तेज़-से-तेज़ बात बोलने में माहिर हैं। सीधा वाक्य कम बोलते हैं। ऐसी तेज़ बेहूदी बात बोल दें कि जनम भर आदमी बिलबिलाता रहै। परिवार में दो पुरुष साथ-साथ बहुत कम दिखलाई पड़ते हैं। या तो लड़ाई-झगड़े में या मरनी-करनी में। साथ बैठेंगे तो एक-दूसरे पर व्यंग्य-बाण छोड़ेंगे। घोर फटीचरी में अकड़, दरिद्रता, दम्भ और मूर्खता का ऐसा संयोग-घटित व्यक्तित्व। पूर्वी उत्तर प्रदेश के लोगों विशेषतः ब्राह्मण-ठाकुरों की विशेषता है।

परिवार के किसी सदस्य को प्रसन्न देख पाना इस घर के लोगों के बस में नहीं है। छोटे अगर साफ कपड़े पहन ले तो बड़ा कहेगा—फैशन झाड़े है। बालों में तेल लगा ले तो—नचनिया निकली सार। शेरसिंह बैलों को सानी करने के बाद हाथ धो लेता साबुन से। दादा ने देखा तो बोले—कै चुके खेती, जब साबुन से हाथ धोवत हैं तो ई ससुर खेती करिहै ?

याद नहीं पड़ता कि कभी कोई त्यौहार, परब, उत्सव बिना झगड़ा-झंझट के निपटा हो। अम्माँ कहतीं—पैसा न खरच करैक परै। यही मारे तोहार दादा झगड़ा कै लेंत हैं ?

दादा तबियत से रईस थे। ज़मींदारों की तरह रहना चाहते थे। सम्पत्ति नहीं थी। उद्यम कर नहीं पाते थे। किसी के साथ बहुत दिनों तक रह नहीं सकते थे। पिनपिनाने लगते। अक्सर बीमार पड़ते। एक बार बहुत कमजोर हो गए थे। बिसनाथ के ननिहाल में ही बीमार पड़ गए। महीनों वहीं रह गए। सगे मामा नहीं थे। वहाँ के लोग तंग आ गए। बड़के काका ने सुना तो आए। दादा का लिवर खराब था। 'लिब फिफ्टी टू' से ठीक हो गया। बीमारी में बिसनाथ को बुलाकर कहते—शिवदुर्गे, शिवदुर्गे का पाठ करो। कहते—मेरे खानदान के पूर्वजों ने बड़ा पाप-अत्याचार किया है। वह मुझे भुगतना पड़ रहा है। अम्माँ को बिसनाथ ने दादा की बीमारी में बदहवास होते नहीं देखा। वे धीरज से चुपचाप काम करतीं। जो तकदीर में है सो होगा। दिल्ली में दवा कराने आए तो एक बार बहुत निराशा हो गई। अम्माँ कहतीं—हिल्ले रोजी बहाने मौत।

एक बार माँ की एक बात ने दादा को बहुत व्यथित किया। ऐसा व्यथित कि दादा ने अपनी व्यथा 11-12 वर्षीय बिसनाथ को अकेले में बताई।

दादा बीमार थे। बिसनाथ के ननिहाल यानी दादा अपनी ससुराल में ड्योढ़ी पर बिछी चारपाई पर लेटे रहते। बहुत अशक्त हो गए थे। रिश्तेदारी में मामी

मुनमुनातीं—पहुना होके दरवाजे पर ही पड़े रहते हैं। हम काम-काज के लिए बाहर कैसे निकलें। इसी बीच में बढ़नी में बड़के काका के यहाँ कोई काम पड़ा। उन्होंने अम्माँ-दादा को बुलाया। दादा को अम्मा का कहीं जाना पसन्द नहीं था। वे गाँव के पड़ोस में भी शायद ही किसी के यहाँ कभी गई हों। बिसनाथ ने उनको घर और मायके में छोड़कर और कहीं देखा ही नहीं। अम्माँ ने दादा से बढ़नी जाने के लिए कहा—''हम सोचित है चली जाई। तनी दूर तक सोचित है।'' (मैं सोचती हूँ चली जाऊ। मैं तनिक दूर तक सोच रही हूँ)।

दादा ने बिसनाथ से रुद्ध कण्ठ से कहा—तोहार महतारी कहित हीं कि हम दूर तक सोचित हैं। उनका कृश चेहरा स्याह पड़ गया था।

बिसनाथ समझ नहीं पाए।

''नहीं समझे। अरे हम बीमार हैं। कौन ठिकाना। तोहार महतारी इहै सोचित हीं''।

बिसनाथ को अम्माँ पर बहुत गुस्सा आया। मन-ही-मन बुझ गए।

अम्माँ दादा से ज़्यादा व्यावहारिक थीं।

अम्माँ हलवाहों को—विशेष रूप से बद्री (पूर्व कथित चमार) को भरपेट खाना खिलातीं। नौकर-चाकर उनसे इसलिए प्रसन्न रहते। स्टेशन पर कोई आदमी मिलता, अम्माँ को अच्छा लगता तो उससे अवधी में भी आप कहकर बात करतीं। माँ बहुत सुन्दर थीं। बुढापे में भी पतली गोरी छरहरी थीं। एक बार घर में बिसनाथ, छोटा भाई और अम्माँ थे। चालीस साल का एक आदमी घर के सामने इधर-उधर घूम रहा था। लोगों से पूछ रहा था तेजबहादुर तेवारी का घर यही है ? हाँ कहने पर वह घर आया। मुझसे कहा—सिरताजी बहिनी (बिसनाथ की माँ का नाम सिरताजी था।) से कहो करुनानिधान आए हैं। माँ सुनते ही हबाक से दौड़ीं। उसे अन्दर ले गईं। बालक बिसनाथ को यह अच्छा नहीं लगा। उस दिन अम्माँ सेवई बना रही थीं। अब यह भी खाएगा।

माँ ने उससे बहुत घुल-मिलकर बातें कीं। माँ को इतना हल्का-फुल्का होकर किसी पुरुष से बाते करते बिसनाथ ने नहीं देखा-सुना। उसने माँ से कहा—''आप (उसने माँ को आप कहा) तो बहुत दुबली हो गईं। वह आपका खरबुज्जा (खरबूजा) जैसा मुँह नहीं रहा।'' माँ बहुत हँसी। फिर माँ ने उसकी किसी प्रेमिका के बारे में पूछा और रहस्यमय मुस्कान से कहा—करुना तुम शुरू से ही बेईमान थे। और वह आदमी थोड़ी ही देर में दोनों भाइयों को बहुत अच्छा लगने लगा। वह शाम को चला गया। अम्माँ ने दादा से बताया—सुना हो करुना आए थे। कौनउ मेहरारू के पेट की दवाई पूछ रहे थे। दादा ने कहा—तोहरे नैहरेक आदमी

होएँ। तुही जानौ।

बुढ़ापे में दादा-अम्माँ फुलवारी में छप्पर कुटी में अलग रहने लगे थे।

बिसनाथ सपरिवार बिस्कोहर साल-दो साल में एक बार जाते। ज़्यादा नहीं जा पाते। अब दादा को पैसे की तंगी नहीं थी। जाने पर पता चला कि रुपया सूद पर उठाते हैं। डाकखाने में एकाउंट खुलवा लिया है। शरीर उनका क्षीण हो रहा था।

बिसनाथ को निर्जीव पुत्र पैदा हुआ। दादा ने समाचार पाकर चिट्ठी लिखी। 'मेरी तक़दीर' अब हर चिट्ठी मे वे लिखते—अब आखिरी है। देख जाओ।

बिसनाथ सोच ही नहीं सकते थे कि दादा नहीं रहेंगे। 24 मई 1980 को *दिनमान* आफिस गए। रघवीर सहाय से प्रस्तावित करने कि डॉ. भरतसिंह उपाध्याय जैसा विद्वान सेवा निवृत्त हो रहा है। उन पर *दिनमान* में कुछ लिखा जाना चाहिए। रघुवीरसहाय ने पूछा—''कौन हैं ये भरतसिंह उपाध्याय''। बिसनाथ ने कहा *पालि साहित्य का इतिहास* जैसे ग्रन्थ के लेखक। 'ध्यान सम्पद्राय यानी जेन पर सम्भवतः अकेले भारतीय लेखक'। यह किताब डॉ. लोहिया ने कमलेश जी से लेकर पढ़ी है। लेकिन रधुवीर सहाय पर कोई प्रभाव नहीं पड़ा। उनके पास बनवारी और सर्वेश्वर जी भी बैठे थे। सर्वेश्वर जी ने थोड़ी सहानुभूति जरूर दिखाई। बाहर आकर बिसनाथ से बोले—'देखा, आप लोग इसकी तारीफ करते हैं'। बिसनाथ बहुत खिन्न मन से घर लौटे। घर पहुँचे तो वातावरण शान्त था। पत्नी गम्भीर किन्तु सामान्य। खाना परोसा, बेमन से खाया। फिर उन्होंने तार दिया—''तेजबहादुर तिवारी एक्सपायर्ड।''

दादा 24 मई 1980 को शाम 8 बजे के आस-पास दिवंगत हुए। अशक्त पिछले एकाध-वर्ष से थे। दाँत और आँखें बिल्कुल ठीक थीं। शरीर स्वच्छ रहता। टट्टी-पेशाब बिस्तर पर कभी नहीं। 24 मई की शाम साढ़े पाँच-छह बजे के आसपास शेरसिंह बाज़ार जाने लगे। दादा ने कहा—देर मत करना। दादा की अन्तिम बीमारी में उनकी सेवा शेरसिंह ने ही की। बड़े लड़के बिसनाथ—जिन्हें दादा बड़का बाबू कहते थे, दिल्ली में मजनू की भूमिका निभा रहे थे। शेरसिंह का कहना है कि उन्होंने बाज़ार में ही सुना कि दादा नहीं रहे।

अम्माँ ने बताया। अँधेरा होने पर कहा—खटिया बाहर कर दो। खटिया पर लेट गए। थोड़ी देर बाद बोले—कुर्ता बहुत मैला हो गया है। धुला कुर्ता पहना दो। कुर्ता पहनने लगे। एक बाँह कुर्ते में डाली दूसरी डाल रहे थे कि खाँसी आई और शरीरान्त—वासांसि जीर्णानि यथा विहाय।

दादा से बिसनाथ की अन्तिम भेंट 16-17 अगस्त 1979 को हुई। बड़के

काका की मृत्यु के बाद बिसनाथ बढ़नी से बिस्कोहर आए। अम्माँ बढ़नी नहीं गई थीं। बिस्कोहर से दिल्ली आने के लिए इटवा जा रहे थे पैदल। बुड्ढी के पास दादा इटवा से बिस्कोहर आते हुए मिले। वे घोड़ी पर बैठकर आ रहे थे। इतने कमजोर हो गए थे। बगिया में थोड़ी देर बैठने के बाद बिसनाथ ने कहा—अब मैं चल रहा हूँ। दादा ने अधीर भाव से कहा—मेरे साथ बिस्कोहर लौट चलो। बिसनाथ उनके साथ गाँव लौट आए। रात भर रहे। सवेरे 10 बजे के करीब फिर दिल्ली के लिए चले। चलते समय उन्होंने कहा—नया मकान बनवाना है। तुम भी कुछ मदद कर दो। बिसनाथ ने बताया—मुझे दो लड़कियों की शादी करनी है। एक-एक शादी में कम से कम 25 हजार रुपया (1979 के हिसाब से) लगेगा। मैं इतना पैसा कहाँ से लाऊँगा। दादा अधीरता, गुस्से से लगभग चीख़कर बोले—बिटियन के बियाहे में तनी कम रुपिया खरच करेउ बाबू। बिसनाथ उनके पाँव छूकर चल चुके थे। उनकी आवाज लगभग 100 गज की दूरी से आ रही थी। बिसनाथ के लिए यह दादा के अन्तिम शब्द थे।

दादा के जाने के साल भर के अन्दर लगभग 11 महीने बाद अम्माँ गईं। दादा के काम (क्रिया कर्म) में बिसनाथ गए। उसके बाद अम्माँ से भेंट नहीं हुई। वे दिल्ली आने को तैयार थीं लेकिन शेरसिंह का ख्याल करके बिसनाथ ने उन्हें वहीं छोड़ दिया। इस बीच राकेश (शेरसिंह के ज्येष्ठ पुत्र) की शादी हुई। अन्तिम समय में राकेश की पत्नी, बिसनाथ की छोटी बहन और एक अन्य रिश्तेदारिन ने अम्माँ की सेवा की। अब्दुल अजीज से उन्होंने पत्र लिखवाकर बुलाया भी। बिसनाथ आज-कल करते रहे। नहीं गए। कहते हैं अन्तिम समय में वे 'बड़का बाबू' आए। पूछती और कहती मरीं। बिसनाथ प्रोफेसर साहब—गाँव में उन्हें लेक्चरर नहीं प्रोफेसर कहा जाता था—नहीं पहुँचे। अम्माँ जब दादा की बीमारी में दिल्ली थीं, तब उन्हें लगा कि दुलहिन के कुछ है। अन्तिम मुलाकत यानी दादा के क्रिया-कर्म के अवसर पर एक दिन एकान्त में बिसनाथ से, धीमे से पूछा—'दुलहिन के कौना नान्हा बारा'। बिसनाथ ने कहा—नहीं तो अम्माँ। अम्माँ धीमे से उठकर चली गईं फिर जैसे दिवंगत पति को सुनाती हुई बोलीं—'सुनत हैं। अब कंसा का राज है'। जिसे गर्भपात कहते हैं उसी की ओर उनका इशारा था।

बिसनाथ ने सुना कि अम्माँ मर गई हैं तो पंचायत, बहस मुबाहिसा, खर्चा के हिसाब-किताब पर झक-झक के डर के मारे बिस्कोहर नहीं गए। यानी अपनी माँ के क्रिया-कर्म में नहीं गए। सोचा दादा के न रहने पर न जाता तो अम्माँ रोतीं। अम्माँ के न रहने पर मेरे न जाने पर रोनेवाला कौन है ? निन्दा-आलोचना करनेवाले ही तो हैं। वह तो हर हाल में करेंगे ही।

मॉडलटाउन में मन्दिर के पंडित जी से पूछा—मेरी माँ गाँव में मर गई हैं। मैं यहाँ उनका क्रिया-कर्म करना चाहता हूँ, करा दीजिए। पंडित जी ने बिसनाथ को देखा, बोले—क्रिया कर्म दो जगह नहीं होता।

पुराने गाँव में नई मैंडरीक्स

1979 ई. के अगस्त महीने में बड़के काका का देहान्त हुआ। उनको जीभ का कैंसर था। इसकी सूचना बिसनाथ को यों मिली—दादा ने चिट्ठी भेजी कि रामकिशोर को कैंसर हो गया है। बिसनाथ ने जवाब भेजा—आप लोग बड़के काका को फौरन दिल्ली ले आइए। यहाँ उनका इलाज करवा दूँगा। लेकिन उत्तर में बड़के काका की ससुराल से सुन्दर मामा के बेटे, रामरक्षा का पत्र आया जिसमें लिखा था कि हम फूफा को नहीं बचा सके। उनका इस तारीख को देहान्त हो गया और इस तारीख को तेरही है।

बिसनाथ दिल्ली से बढ़नी के लिए चले। लखनऊ उतरे। लखनऊ से दूसरी गाड़ी पकड़ी। उस समय जनता पार्टी का राज था और पता नहीं क्यों जनता पार्टी के राज में बड़ी अव्यवस्था फैल गई थी। ऐसा लगता था कि सब लोग उच्छृंखल हो गए हैं। गाड़ी बहुत देर से चली और जैसा होता है कि गाड़ी में बर्थ पर बैठे लोग ताश खेल रहे हैं, कोई गांजा पी रहा है, कुछ लोग तरह-तरह की गालियाँ दे रहे हैं, जिनके पास टिकट है उनको बैठने की जगह नहीं मिल रही है, जिनके पास टिकट नहीं है वे जगह घेरे हुए हैं। नियत समय से काफी देर बाद वह गाड़ी गोण्डा पहुँची जहाँ से गाड़ी बदलकर बिसनाथ को बढ़नी जाना था।

गोण्डा से बढ़नी दो-ढाई घंटे का रास्ता है। उस समय दिन के दस बजे होंगे। बरसात के दिन थे। बदली छाई हुई थी। बिसनाथ टिकट लेकर गाड़ी में बैठे। थोड़ी देर में देखा कि पता नहीं कहाँ से बहुत बड़ी संख्या में स्कूली बच्चे आ गए। वे सब स्कूली बच्चे ही थे क्योंकि उनकी उम्र बारह साल से लेकर अठारह साल के बीच की थी। किसी के हाथ में छड़ी थी, किसी के हाथ में स्टिक, किसी के हाथ में डंडा। पूरी गाड़ी उनसे भर गई और इसके बाद उन्होंने जैसे गाड़ी पर अपना नियन्त्रण कर लिया। गाड़ी न गार्ड के वश में रह गई, न टिकट कलक्टर के, न ड्राईवर के।

गाड़ी अपने समय से एक घंटा बाद चली। लेकिन बार-बार, पाँच या दस

मिनट बाद रोक ली जाती। जैसे ही गाड़ी किसी छोटे से स्टेशन पर पहुँचती और गाड़ी में कोई लड़का ऐसा है जिसका दोस्त उस गाँव से आनेवाला है तो लड़के मिलकर गार्ड और ड्राईवर को पकड़े हुए हैं कि जब तक हमारा दोस्त न आ जाए तब तक गाड़ी मत चलाओ। यात्री बेबस, परेशान। कोई कुछ नहीं कर सकता। अपने क्षेत्र में बिसनाथ ने यह दृश्य कभी नहीं देखा था। समझ में नहीं आया कि आज ऐसी क्या खास बात है कि इतनी बड़ी संख्या में स्कूली लड़के गाड़ी में आए हुए हैं ? ये कहाँ जा रहे हैं ? एकाएक किसी ने कहा—'आज पन्द्रह अगस्त है।' पन्द्रह अगस्त को समारोह मनाने का यह एक ऐसा तरीका था जो बिसनाथ के लिए अभूतपूर्व था। बिल्कुल अराजकता—यहाँ से वहाँ तक। गाड़ी को बार-बार रोकने के और भी अनेक कारण थे जैसे मान लीजिए किसी लड़के को टट्टी लगी है तो उसके साथियों ने गाड़ी रुकवा दी। वह बाहर, खेत में टट्टी करने चला गया और गाड़ी रुकी हुई है।

गाड़ी ने जब धीरे-धीरे, एक-दो स्टेशन पार किए तब एक घटना हो गई। पता नहीं कि देश के अन्य क्षेत्रों में यह होता है कि नहीं लेकिन पूरब की तरफ एक विचित्र प्रथा है। गाँव के छोकरे तीन काम प्रायः करते हैं। एक तो रेलवे-लाइन के दोनों किनारों का उपयोग सार्वजनिक शौचालय के रूप में करते हैं। बालक, वृद्ध, युवक, वनिता—सब यह काम करते हैं। जिसे तुलसीदास ने कहा है कि—'मूँदहु आँख कतहु कोउ नाहीं।'—वे किसी की चिन्ता नहीं करते—कौन आ रहा है, कौन जा रहा है—अपना काम तन्मय होकर करते हैं। दूसरा काम यह कि लड़के अपनी धोती, लुंगी और अंडरवियर खोलकर अपना गुप्तांग यात्रियों को दिखाते हैं। जो इतने उद्दण्ड नहीं होते वे नाना प्रकार की मुद्राएँ बनाते हुए ट्रेन की तरफ खड़े होकर पेशाब करते हैं। इनमें कई लड़के ऐसे होते हैं जो गाय-भैंस चरानेवाले होते हैं लेकिन सारा काम छोड़कर यह कार्य करते हैं और समझते हैं कि गाड़ी में बैठे मुसाफिरों का मनोरंजन कर रहे हैं, उनसे मजाक कर रहे हैं। तीसरे काम में ज़्यादा सक्रियता और कर्मठता होती। रेलवे लाइन के किनारे पत्थर के छोटे-छोटे टुकड़े बिखरे होते हैं। जिन पर रेलवे लाइन बिछी रहती है। लड़के पत्थर के टुकड़ों को इकट्ठा करके ले जाते हैं और गाँव तथा रेलवे लाइन के बीच खड़े होकर ट्रेन पर पत्थर मारते हैं। इसमें कई दुर्घटनाएँ हो जाती हैं। हिन्दी के प्रसिद्ध नाटककार लक्ष्मीनारायण लाल, अपने गाँव से दिल्ली आ रहे थे। पत्थर लगने के कारण उनकी आँख घायल हो गई थी। बिसनाथ बचपन में एक बार सफर कर रहे थे। दाँई कनपटी पर इतनी जोर से पत्थर पड़ा कि हालत खराब हो गई। होली के दिनों में यह काम विशेष रूप से किया

जाता है लेकिन बाकी दिनों में भी, जब इच्छा हो कर लिया जाता है। जब यह ट्रेन गोण्डा से चली तो स्थिति यह कि इधर बहुत से छोकरे और उधर, गाँव के छोकरे जो संख्या में तो कम थे लेकिन पत्थर मार रहे हैं। इधर के उद्दण्ड, पन्द्रह अगस्त मनानेवाले लड़कों ने सोचा कि हम संख्या में ज़्यादा हैं। ट्रेन रुकवा दी और गाँव के लड़कों को पकड़ने के लिए दौड़े। गाँव के लड़के भागकर गाँव में घुस गए। ये भी पीछे-पीछे गाँव में जाकर उन्हें मारने लगे। इसके बाद गाँव के जितने भी युवक, पहलवान और गुंडे थे, उन्होंने ट्रेनवाले लड़कों को पकड़-पकड़कर पीटना शुरू किया। वे इन लड़कों को ट्रेन में ले आए और यहाँ बैठे लड़कों की भी धुनाई करने लगे। बड़ी भयंकर स्थिति हो गई। गाँववाले बोलते कि 'ये पढ़कुए साले जो हैं, कुटैम के लीन हैं, मारो सालों को' और ट्रेन के लड़कों को पीटने लगते। उनके सामने तो ये रोते-गिड़गिड़ाते रहे लेकिन जब गाड़ी चल पड़ी तो अपने पुराने रूप में आ गए।

इन्होंने, बलरामपुर में बड़ी देर तक गाड़ी को रोके रखा। स्टेशन पर छोले बेचनेवालों, मिठाई बेचनेवालों, चाय और फल बेचनेवालों को तंग और तबाह करते हुए, खाते-पीते हुए, अराजकता और उच्छृंखलता फैलाते हुए चले। यात्रियों को खाने की कोई सुविधा नहीं थी। वे स्टेशन पर उतरकर केवल पानी पी सकते थे। ऐसी स्थिति में सामान्य मुसाफिर हस्तक्षेप नहीं कर सकते क्योंकि पिटने का डर रहता है। हाँ, मिलकर सार्वजनिक रूप से नए जमाने की निन्दा जरूर करते हैं। लोगों की बातचीत से पता चला कि एक आदमी को बाज़ार जाकर अपनी लड़की का इम्तहान दिलवाना था--वह परेशान था कि अब तो हम नहीं पहुँच पाएँगे। बिसनाथ को इसी ट्रेन में पता चला कि रामप्रताप बहादुर सिंह का देहान्त हो गया है वे गुर्टू हॉस्टल में बिसनाथ के मित्र थे। हिन्दी नहीं, दूसरा विषय पढ़ते थे। बिसनाथ का बड़ा सम्मान करते थे। गोरखपुर के पास, कप्तानगंज या पी.पी. गंज के रहनेवाले क्षत्रिय थे। बाद में कांग्रेसी नेता हो गए थे। उनके छोटे भाई हरिकेश बहादुर सिंह थे। रामप्रताप बहादुर सिंह से बिसनाथ की मित्रता का कारण यह था कि उनकी शक्ल और मुद्राएँ, बिसनाथ के बलरामपुर के मित्र, पशुपति से बहुंत मिलती-जुलती थीं। मित्रता का एक कारण और भी था। उनकी भी नई-नई शादी हुई थी और बिसनाथ की भी। दोनों मिलकर अपने नए जीवन के विषय में घुल-मिलकर अन्तरंगता से बातें करते। शिवप्रसाद सिंह जब दोनों को इस तरह से बातें करते देखते तो कहते--हाँ हाँ ! अरे भाई, कभी हमारी भी नई-नई शादी हुई थी। रामप्रताप बहादुर सिंह की मृत्यु का समाचार सुनकर बड़ा दुःख हुआ। उनकी उम्र कम थी।

गोण्डा, तुलसीपुर, बलरामपुर और गैंसड़ी से इकट्ठा होकर, इतनी बड़ी संख्या में लड़के क्या करने जा रहे हैं ? पता ये चला कि बढ़नी स्मगलिंग का बहुत बड़ा अड्डा है। नेपाल और बढनी बाज़ार के बीच केवल दस गज़ की एक सड़क है जिसे 'दस गजा' कहते हैं। कोई प्राकृतिक बाधा नहीं है। सड़क पार कीजिए, नेपाल पहुँच गए। ये लड़के नेपाल जाकर कपड़े आदि छोटी-मोटी चीजों की स्मगलिंग करते हैं। यह अवैध तो है लेकिन रोजगार का बहुत बड़ा अवसर भी है। चाहे डर के मारे, चाहे घूस लेने के कारण उन्हें कोई नहीं रोकता। क्षेत्रीय दादा और नेता टाइप के कुछ लोग उन लड़कों से यह काम कराते हैं। लड़कों को पैसा देते हैं, लड़के उस पार जाते हैं और सामान लाकर इनको सुपुर्द कर देते हैं। यह सब सुनकर बड़ा अजीब लगा—पन्द्रह अगस्त का समारोह इस रूप में मनाया जा रहा है ?

शाम को करीब साढ़े आठ बजे बिसनाथ बढ़नी पहुँचे। दादा से मिले। बिस्कोहर के लिए चले। बस जब बिस्कोहर के पास पहुँची तो देखा कि वहाँ बिजली के खम्भे लगे हुए हैं। विश्वास ही नहीं हुआ कि हमारे गाँव में बिजली आ गई है। उन्होंने पूछा—'क्या ये बिजली के खम्भे हैं' ? लोगों ने कहा—'हाँ आपको पता नहीं ? यहाँ तो बहुत पहले बिजली आ गई।' पहले सोवियत यूनियन की पुस्तकें आती थीं, बिसनाथ उनमें किस्से-कहानियाँ पढ़ते थे या उपन्यासों में पढ़ते थे या रेणु ने एक कहानी लिखी है—पंचलैट, जब किसी गाँव में कोई नया ट्रैक्टर आता है या ऐसी ही वैज्ञानिक देन पहली बार आती है तो एक नई चीज़ को देखकर कितना उल्लास और उत्साह होता है—इसका बिसनाथ ने खुद अनुभव किया। बिस्कोहर ऐसा गाँव है जिसमें शायद अब तो नहीं लेकिन सन् 78-79 तक यह स्थिति थी कि वहाँ कुछ लोग ऐसे थे जिन्होंने ट्रेन नहीं देखी थी। यह गाँव, बरसात में चारों ओर से पानी से घिर जाता था। दुर्गम और अगम हो जाता था। वहाँ से सबसे निकट जो स्थान है, जहाँ से बाहर जा सकते हैं, वह है—गैंसड़ी स्टेशन। यह पन्द्रह किलोमीटर की दूरी पर होगा। रास्ते में कई पहाड़ी नाले पड़ते हैं। ये शहर वाले नाले नहीं हैं, बरसात के दिनों में बड़े भयंकर और दुर्गम हो जाते हैं। इनमें से एक नाले का नाम है—अकिलकटवा नारा—जिसे देखकर अकल कट जाए। इन नालों में घुटनों तक, कम पानी हो तब भी बहाव इतना तेज होता है कि खड़ा नहीं हुआ जा सकता। पानी का प्रवाह अन्दर की ज़मीन को काटते हुए चलता है। ऐसे बिस्कोहर में बिजली आ गई।

बिसनाथ घर रात को पहुँचे। थोड़ी देर रुककर गाँव के लोगों से मिले।

घुट्ठाहे के लड़के लालू कुँजड़े से मिलकर उनका 'खिस्सा' सुना। लाले की खिस्सा कहने की विशेषता यह है कि वैसे तो अनपढ़ हैं, अवधी बोलते हैं लेकिन जब खिस्सा कहते हैं तो खड़ी बोली का प्रयोग करते हैं—अपनी खड़ी बोली का। जैसे काव्य भाषा, बोली से अलग होती है उसी तरह खिस्सा कहते समय वे अपनी तरफ से साहित्यिक गद्य का प्रयोग करते हैं।

लाले के एक चाचा या बाबा लगते हैं। जिनका नाम है—इस्माइल मियाँ। उनको शेर कहने का शौक है लेकिन ढंग खास तरह का। जिस प्रकार नाथे बाबा करपात्री जी को कुपत्री कहते थे उसी प्रकार इस्माइल मियाँ एक शेर कहते हैं। उस शेर की एक पंक्ति है—'हज़ारों बुलबुल चहक रही हैं।' लेकिन 'चहकना' शब्द इस्माइल मियाँ की समझ में नहीं आता। वे इस पंक्ति को इस तरह पढ़ते हैं—'हज़ारों बुलबुल चिरक रही हैं।' वे इसे बड़े रौब से सुनाते हैं।

लाले का खिस्सा हुआ, इस्माइल मियाँ का शेर हुआ। इसी बीच मिजाजी बाबा के पुत्र सूसे काका आ गए। उन्होंने बहुत फुसफुसाती आवाज़ में, जैसे कान में कुछ कह रहे हों, बिसनाथ से कहा, 'अरे बाबू सून्यो' ? कहा, 'नाहीं, का बात है सूसे काका' ? बोले, 'अरे, सिरीराम कै आगि लागि गवा।' कैसे ? 'आवत रहे, बीड़ी पीवत रहे और अपनी बीड़ी से ही उनके पजामा में आगि लागि गवा। झुलस गए हैं और उनका उठाके ले गए हैं। बेहोस परे हैं।' बिसनाथ ने सोचा, यह कैसे हो गया ? बीड़ी पीने से कैसे झुलस गए ? बोले, 'पेसाब करे बैठे तो उठि ही नाहीं पाए। बीड़ी फेंका तो पजामा मां बीड़ी लागि गवा।' तब तक अम्माँ आ गईं। उन्होंने कहा कि 'जाए देओ बड़का बाबू, का करिबो तू जानिकै। अरे ई उखमजिया लड़िके हैं आजिकल के, औ बाह्मन, ठाकुरन के लड़िके तो बहुत बरिबाद होइ गए हैं।' बिसनाथ कुछ समझ नहीं पाए। फिर अम्माँ ने बताया कि 'सिरीराम मैंड्रिक्स खाता है। लक्ष्मीनारायण भूज की दुकान पर मिलती है मैंड्रिक्स।' बिसनाथ ने मैंड्रिक्स का नाम तो सुना था लेकिन जानते नहीं थे कि यह क्या होता है। एक बार अखबार में पढ़ा था कि रंगा और बिल्ला के, जिन्होंने संजय-गीता की हत्या की थी, डेरे पर पुलिस ने छापा मारा था तो मैंड्रिक्स निकली थी। सोचा कि दिल्ली में रहकर मैं नहीं जानता कि मैंड्रिक्स क्या होती है लेकिन मेरे गाँव बिस्कोहर में जो चार महीने तक बिल्कुल अलग-थलग रहता है सारी दुनिया से, जहाँ अभी कुछ लोग ऐसे हैं जिन्होंने ट्रेन नहीं देखी है—वहाँ मैंड्रिक्स बिकती है और खाई जाती है। विकास के मामले में इतना धीमा और दुष्प्रवृत्तियों में बिल्कुल भूमण्डलीकृत। माथा एकदम से ठनका। छोटा-सा गाँव है, बड़े अन्तर्राष्ट्रीय तस्कर व्यापार का अड्डा बना हुआ है। आश्चर्य नहीं कि नशीली

दवाएँ पाकिस्तान से या और कहीं से नेपाल होते हुए यहाँ पहुँचती हों। माँ ने आगे बताया कि सिर्फ मैंड्रिक्स ही नहीं खाई जाती, भूसी भी खाई जाती है। भूसी का मतलब है, अफीम की फली, जिसमें से पोस्तो निकलता है—उसके छिलके को उबालकर उसका रस पीते हैं। जाहिर है इस तरह के नशीले पदार्थों और दवाओं का इस्तेमाल करनेवाले एक-दो लोग नहीं होंगे, नौजवानों की पूरी पीढ़ी होगी। शराब पीना तो बहुत आम बात है।

देखा कि बिजली के तो अभी सिर्फ खम्भे ही लगे हैं घरों में कनेक्शन नहीं लगा है, मैंड्रिक्स उसके पहले पहुँच गई है। बिसनाथ को अपने गाँव का यह रूप-परिवर्तन निराशाजनक लगा। लगा कि जो हमने नहीं सोचा था, वह हो रहा है।

यह सिक्के का सिर्फ एक पहलू है। बहुत कुछ ऐसा है जो वर्तमान में घटित हो रहा है। आजादी का प्रतिफलन, बिस्कोहर में कितने रूपों में हो रहा है, उसके कितने आयाम हैं—यह देखना शिक्षाप्रद और दिलचस्प है। ज़मींदारी खत्म हो गई है। पुराने ज़मींदारों ने शिक्षा प्राप्त नहीं की या व्यापार नहीं किया तो उनकी हालत बहुत दयनीय हो गई। उनकी सन्तानों में जो सामन्ती दुष्प्रवृतियाँ, रईसपना था—काम-धाम न करना, ऐश-आराम की ज़िन्दगी बसर करना—यह जहाँ बना हुआ है, वहाँ वे लोग बहुत अपमानित, लांछित और ज़लील हो रहे हैं। अब गाँव में वही बेहतर है जो अपने हाथों से काम करता है। ज़ाहिर है इनमें सबसे ज़्यादा दलित जातियों के लोग हैं। इससे दलितों का आगे बढ़ने का रास्ता बहुत दूर तक खुल गया है। वे आगे बढ़ भी रहे हैं। स्वाधीनता के बाद, राजनीतिकरण और राजनीतिक शिक्षा में सबसे बड़ा महत्त्व चुनावों का है। एक सामान्य या गरीब से गरीब व्यक्ति जब देखता है कि बड़ा ज़मींदार, बड़ा रईस-सेठ या बड़ा मन्त्री आता है और उसके सामने हाथ जोड़ता है तो उसे अपने महत्त्व, एक व्यक्ति एक वोट का अधिकार के महत्त्व का पता चलता है।

इसका एक और आयाम है जो बिसनाथ ने देखा। वह घटना अपने आप में बड़ी विचित्र है। अनेक विडम्बनाओं से ग्रस्त भी है। लेकिन उसका एक रूप ऐसा है जिसे रोशनी का रूप कहा जा सकता है। गाँव के पच्छूँ टोले में बेड़िनों का डेरा है। जब गाँव के ज़मींदारों के यहाँ कोई मेहमान आता था या जब उनकी स्वयं की इच्छा होती थी तो उनका कारिन्दा या लठैत जाता और उस डेरे में से वेश्या लड़की को अपने साथ ले आता। उसमें किसी तरह की जबरदस्ती की जरूरत ही नहीं पड़ती। वह खुशी-खुशी, अपना कर्त्तव्य समझकर जाती थी। स्वयं को ज़मींदार की प्रजा मानती थी। हालाँकि बेलवा के ठाकुर उतने सम्पन्न नहीं हैं, न उनका

इतना प्रभाव और प्रताप है। लेकिन रहते वे भी उसी ढंग से हैं, कम-से-कम उनके तेवर और मुद्राएँ उसी ढंग की हैं।

बिसनाथ ने सुना कि एक ठाकुर साहब रात को किसी बेड़िन के घर पहुँच गए। बेड़िनों का एक मुहावरा है—'कमरा खाली है' या 'कमरा खाली नहीं है'। अगर पहले से कोई मेहमान मौजूद है या किसी को मना करना होगा तो कहेंगी—कमरा खाली नहीं है। जिसे नो वैकेन्सी कहा जाता है। ठाकुर साहब शराब पिए हुए थे। उम्र ज़्यादा थी। जिस बेड़िन के पास गए थे, वह उम्र में काफी कम थी। वह किसी वजह से इनके साथ आना नहीं चाहती थी। ये उसे जबरदस्ती खींचने लगे। पहले की बात होती तो जबरदस्ती करने की जरूरत ही न पड़ती। जब ठाकुर साहब जबरदस्ती करने लगे तो आसपास के घरों के बेड़िए इकट्ठे हो गए। उन्होंने पहले तो इनके हाथ-पैर जोड़े, बड़ी मिन्नत की। कहा कि—'बाबू अगर उसका मन नहीं है, बीमार है, नहीं जाना चाहती तो छोड़ दीजिए। किसी दूसरी से कह दीजिए, चली जाएगी।' लेकिन इन्होंने उसे मारना शुरू कर दिया। इसके बाद बेड़ियों ने भी ठाकुर साहब को मारना शुरू किया। उधर से ठाकुर आ पहुँचे, इधर से बेड़िए इकट्ठे हो गए। बड़ी मारपीट हुई। यह एक ऐसी घटना है जो आजादी से पहले सोची भी नहीं जा सकती थी।

अब उन बेड़ियों में से कई ऐसे हैं जो खेती करते हैं। उनके पास अपनी ज़मीन है। कइयों के मन में इस धन्धे से विरक्ति हो रही है। धीरे-धीरे उनका स्वाभिमान जाग्रत हो रहा है। यह कोई माभूली बात नहीं है।

कोई शक नहीं कि भ्रष्टाचार बहुत है। लेकिन यह भी देखना चाहिए कि यह भ्रष्टाचार या अशिक्षा दीर्घकालीन है। बिसनाथ अपने को वामपंथी विचारों का समझते हैं। वामपंथी समाधान कई देशों ने प्रस्तुत किया था लेकिन जहाँ यह समाधान प्रस्तुत किया गया था वहाँ सब आशा के अनुरूप नहीं हो पाया। एक सपना था जो पूरा नहीं हुआ। भारत में जनतान्त्रिकता के आधार पर एक रास्ता सुझाया गया था। कहा गया कि हम जनतान्त्रिक तरीके से सामन्तवाद और पूँजीवाद से लड़ेंगे। पूँजीवाद से तो हम नहीं लड़ पा रहे हैं और उसका तो विकास हो रहा है लेकिन पूँजीवाद के विकास से सामन्तवाद का ह्रास भी हो रहा है। जहाँ तक पूँजीवाद, सामन्तवाद को मिटा रहा है, वहाँ तक स्वागत योग्य है। यह बिस्कोहर में भी हो रहा है।

अब बिसनाथ गाँव जाते हैं तो कुछ बातें ऐसी हैं जो बहुत निराशा पैदा करती हैं। जैसे बाग कट गए हैं। बड़की बगिया अब नहीं रह गई है। लोग धरम का काम समझकर बाग लगाते थे, चारों तरफ बाग ही बाग थे, आम के तो बहुत

थे। अब लोग उन बागों को बेच रहे हैं, कटवा रहे हैं। गाँव में बहुत कम पेड़ बचे हैं। पोखरे बहुत थे। वे भी खत्म हो रहे हैं, पाटे जा रहे हैं। सब लोग घर या दुकानें बना रहे हैं

लेकिन स्कूल, अस्पताल खुल रहे हैं। टेलीफोन आ गया है। दलित, पहले से ज़्यादा सीना तानकर चल रहे हैं। उनकी आर्थिक स्थिति भी सुधर रही है।

●●●